Jona Kirchner

Zwischen Nil und Jordan

Das menschliche Leben im Paradigma der biblischen Symbolik

disserta
Verlag

Kirchner, Jona: Zwischen Nil und Jordan: Das menschliche Leben im Paradigma der biblischen Symbolik. Hamburg, disserta Verlag, 2014

Buch-ISBN: 978-3-95425-326-5
PDF-eBook-ISBN: 978-3-95425-327-2
Druck/Herstellung: disserta Verlag, Hamburg, 2014

Bibliografische Information der Deutschen Nationalbibliothek:
Die Deutsche Nationalbibliothek verzeichnet diese Publikation in der Deutschen Nationalbibliografie; detaillierte bibliografische Daten sind im Internet über http://dnb.d-nb.de abrufbar.

Das Werk einschließlich aller seiner Teile ist urheberrechtlich geschützt. Jede Verwertung außerhalb der Grenzen des Urheberrechtsgesetzes ist ohne Zustimmung des Verlages unzulässig und strafbar. Dies gilt insbesondere für Vervielfältigungen, Übersetzungen, Mikroverfilmungen und die Einspeicherung und Bearbeitung in elektronischen Systemen.

Die Wiedergabe von Gebrauchsnamen, Handelsnamen, Warenbezeichnungen usw. in diesem Werk berechtigt auch ohne besondere Kennzeichnung nicht zu der Annahme, dass solche Namen im Sinne der Warenzeichen- und Markenschutz-Gesetzgebung als frei zu betrachten wären und daher von jedermann benutzt werden dürften.

Die Informationen in diesem Werk wurden mit Sorgfalt erarbeitet. Dennoch können Fehler nicht vollständig ausgeschlossen werden und die Diplomica Verlag GmbH, die Autoren oder Übersetzer übernehmen keine juristische Verantwortung oder irgendeine Haftung für evtl. verbliebene fehlerhafte Angaben und deren Folgen.

Alle Rechte vorbehalten

© disserta Verlag, Imprint der Diplomica Verlag GmbH
Hermannstal 119k, 22119 Hamburg

Die Veröffentlichung dieses Buches wurde durch
die Stiftung *Zurückgeben* unterstützt.

Inhalt

Vorwort 11
Schema des hebräischen Alphabets 16
Aufbau der Bibel 18
Die Schöpfung : Kosmische Ordnung und menschliche Lebenswelt 19
Die Sintflut – in eine neue Weltzeit schwimmen 31
Archiv der Völker : Vom Menschen zur Menschheit 45
Abraham und Isaac oder Vom männlichen und weiblichen Prinzip 58
Jacob und Esau oder Von Leib und Seele 71
Joseph : Fall und Aufstieg eines Träumers 85
Auszug aus Ägypten : Weg zur Gemeinschaft 95
Am Sinai – wenn sich Himmel und Erde berühren 110
Der Tempel als Abbild der Raumzeit – die Welt steht Kopf 122
Rein oder nicht rein, das ist hier die Frage 135
Wandern in der Wüste – ein Leben lang 152
An der Grenze zwischen den Welten 168
Statt eines Nachworts 184
   Exkurs 1: Jacobs Segen und der Tierkreis 185
   Exkurs 2: Der Dekalog 193
   Exkurs 3: Von den dreizehn Eigenschaften Gottes 200
   Exkurs 4: Schma' Jissrael – Vom Hören und Verstehen 205
   Exkurs 5: Der Segen des Moses und das Land 210
Literaturhinweise 215

Vorwort

Die Bibel – unendliche Weiten, ein Kosmos, gewoben aus Zahlen, Zeichen und Bedeutung. Ein ganzes Universum lädt dazu ein, erforscht zu werden. Wer von uns hat das Buch der Bücher je mit solch einer Erwartung gelesen? Sind ihre Geschichten nicht schon oft genug erzählt und altbekannt? Gibt es dazu tatsächlich noch etwas Neues zu sagen? Sicher, nur dringen wir mit unserer Alltagsroutine zwischen Religionsunterricht und Gottesdienstbesuch in den biblischen Kosmos meist nur so weit vor, wie alle astronautischen Missionen der Menschheit ins Weltall bisher maximal gekommen sind: ein paar Mal bis zum Mond und wieder zurück. Dabei gibt es in den geistigen wie in den physischen Weiten des Universums noch viel mehr zu entdecken. Die alten Geschichten können und wollen immer wieder neu mit Leben gefüllt werden, denn für das Leben sind sie geschrieben. Zudem ist in ihnen noch eine Menge mehr faszinierender Information hinter der Information verborgen. Wollen wir auf Entdeckungsreise gehen, um diese zu ergründen, dürfen zwei Dinge auch in der Ausrüstung unseres virtuellen Raumschiffes nicht fehlen: ein Observatorium und ein Navigator. Nur ist unser Observatorium das wache Auge unserer Aufmerksamkeit, und das „Navi" ist die Bibel selbst. Anders als die Raumschiffcrews in Science-Fiction-Romanen und -Filmen werden wir also einen geistigen Kosmos bereisen, der ebenso echt ist wie der physische. Viele Bedeutungsschichten gibt es zu erkunden, die nicht so offen zutage liegen. Warum sie der Allgemeinheit noch nicht so bekannt sind, liegt zum Teil daran, daß dieses Wissen für lange Zeit nur in einem relativ kleinen Kreis von Gelehrten überliefert wurde, die es vor Mißbrauch schützen wollten. Denn je mehr einer in diese Tiefenschichten vordringt, um so mehr durchschaut er auch die Ordnung der Welt. Das konnte nach Überzeugung dieser Gelehrten ebenso gefährliche Kräfte entfesseln wie das Know-how der modernen Physik oder Biologie in den falschen Händen. Seine intensive Rezeption in mystischen und chassidischen Strömungen umgab dieses Wissen zusätzlich mit einer Aura des Geheimnisvollen. Über Talmud, Midrasch und weitere Kommentare transportiert, hat zumindest ein Teil davon auch die Hauptstränge der jüdischen Tradition durchlaufen und ist in einigen Gemeinden bekannt und präsent. Im Großen und Ganzen aber ist das alte Wissen heute vielmehr dadurch gefährdet, im Strudel des nachmodernen Nihilismus verloren zu gehen. Ähnlich wie die moderne Physik zeigt die Bibel Strukturen und Prozesse auf, die auch dann erhalten bleiben, wenn keiner sie durchdenkt. Die physikalische wie die geistige Grundordnung des Universums steht. Wenn aber die Menschen nicht mehr das ganze Wissen in ihre Lebensgestaltung einbeziehen, wird das ihr Leben ärmer machen.

Wie auch sonst auf Expeditionen ungeahnte Ereignisse und Unwägbarkeiten auf die Entdecker warten, gibt es auch hier durchaus Abenteuer zu bestehen. Was uns den Zugang zum unentdeckten Land und seinen Geheimnissen erschweren könnte, ist eine Sprachbarriere. Denn die Bibel ist im Original nicht auf Deutsch, Englisch, Spanisch oder Klingonisch erschienen, sondern auf Hebräisch – einer sehr alten Sprache, deren erste Anwender noch als Nomaden mit ihren Viehherden durch die Wildnis des Vorderen Orients zogen. Und bis in diese Zeit bezieht sich das zurück, was sie erzählt. Die Bibel ist prall gefüllt mit den spannenden Schicksalen einzelner Menschen und ganzer Völker. Und doch kratzten wir nur an der Oberfläche, würden wir die Texte allein beim Wort, nur wörtlich nehmen. Denn alle Buchstaben und somit alle Wörter haben auch Zahlenwerte, über die sich weitere Bedeutungen erschließen. Aus der hebräischen Sprachstruktur ergeben sich symbolische Bezüge und Sinnzusammenhänge, die somit erst im Original richtig sichtbar werden. Dennoch besteht guter Grund zur Überzeugung, einen großen Teil davon auch ohne ein jahrelanges Sprachstudium verstehen zu können. Zum Teil sind die Strukturen schon in der Übersetzung sichtbar; und zum Teil werden wir uns im Blick auf einzelne hebräische Wörter reichlich Sinngebung auch auf Basis der Entsprechungen zwischen Buchstabe und Zahl aneignen können. Um die Angaben überprüfbar zu machen, ist eine Übersicht des hebräischen Alphabets mit Lautung und Zahlenwerten am Ende dieses Vorworts zu finden.

Für eine sinnvolle Auswahl der zu besprechenden Texte bietet sich an, sich auf den Pentateuch, das heißt die fünf Bücher Moses zu konzentrieren. Sie gelten in der jüdischen Tradition als Kernbereich der gesamten Offenbarung und sind das, was dort im engeren Sinne Thora heißt, auf Deutsch *Weisung*. In diesen ersten fünf Büchern der Bibel ist das symbolische System bereits vollständig enthalten. Alle anderen Teile der Schrift wirken dem gegenüber wie weitere geschichtliche Ausgestaltungen und Reflexionen über das menschliche Geschick aus verschiedenen Perspektiven. Wo sie uns in Sachen Symbolik weiterführen, werden wir unser „Fernrohr" auch auf Passagen aus anderen Teilen der Bibel richten. Da es in der Zusammenstellung ihrer einzelnen Schriftstücke signifikante Unterschiede zwischen jüdischem und christlichem Bibelkanon gibt, hat es am Ende des Vorworts auch dazu eine vergleichende Übersicht.

Analog zu den vier Grundkräften des Universums in der modernen Physik – von denen die Gravitation die Bekannteste, aber nicht die stärkste ist – gibt es auch im biblischen Weltbild Kräfte mit unterschiedlicher Reichweite und Intensität. Wie sie wirken, ist besser zu verstehen, wenn wir uns erst einmal klar machen, was Symbolik eigentlich bedeutet. Der Begriff geht auf das griechische Wort *symbolon* zurück und spricht von etwas Zusammengetanem. *Symbalein*, das Verb vom gleichen Stamm, bedeutet ursprünglich zusammenwerfen oder zusammentun. Der Symbolik-Begriff wird speziell für Zusammenhänge benutzt, in denen sinnliche Zeichen zu Trägern geistiger Inhalte werden, die sonst in unserer von materiellen Formen dominierten Welt nur schwer erfaßbar sind. Ein Symbol ist ein Sinnbild. Dieser Technik bedienen sich übrigens auch die Naturwissenschaften. Auch da werden Formalismen und Modelle verwendet, um die Strukturen bestimmter Wirklichkeitsausschnitte symbolisch zu repräsentieren. Nicht zuletzt ist jede Sprache ein System aus Symbolen, das auf die Wirklichkeit verweist, von der sie spricht. Die Sprachstruktur des hebräischen Bibeltextes tut dies in besonderer Intensität und Dichte. Und auch hier sind die symbolischen Formen als Verweise auf die *Wirklichkeit*, nicht nur als Gleichnisse und freie Assoziationen zu verstehen. Die Struktur des Textes eröffnet einen für uns heute durchaus ungewöhnlichen Blick auf die Welt und ihre Ordnung. Neu ist er aber nicht. Für uns heute ist es zum Beispiel nur noch schwer vorstellbar, daß es Orte und Zeiten verschiedener Qualität gibt, lernen wir doch vor allem, Quantitäten zu messen und zu wägen. Der Chronometer tickt unaufhaltsam, aber sagt uns nichts über die Qualität der Zeit. Früher war es den Menschen noch selbstverständlich, daß Orte und Zeiten mit Bedeutungen gefüllt sind, die man meidet oder sucht. Im Wissen um diese Strukturen ordnet sich das Leben in Seins- aber auch in Sinnzusammenhänge ein. Das ist es, was das biblische Weltbild wie auch die Weltbilder anderer Religionen so sehr von allen sonstigen Systemen unterscheidet, die wir uns schaffen, um uns in der Welt zurechtzufinden: sie geben dem Leben auch Sinn. Nach wie vor. Unter der Patina einer Jahrtausende alten Religionsgeschichte leuchten die Farben einer Bildersprache noch immer unvermindert, in der die Menschen ihre Erfahrungen aufgezeichnet haben, die sie über die Zeit als Geschichte Gottes mit dem Menschen verstehen lernten. Wie sich im Einklang von Zählen und Erzählen die Struktur der Wirklichkeit entfaltet, werden wir uns an vielen Beispielen veranschaulichen. Die Aussagekraft dieser Bilder und Strukturen ist unabhängig von allen auch in der Bibel sichtbaren Geschichtsverläufen. Auf diese Inhalte, die jeder in seiner Zeit und seinem Umfeld neu entdecken kann, konzentriert sich hier alles. Darum wird auf das Einflechten möglicher aktueller Bezüge weitgehend verzichtet; die wären ohnehin so schnell veraltet wie die Zeitung von gestern.

Die symbolischen Strukturen in den Tiefenschichten der Bibel sind also keineswegs geheim; sie brauchen nur wiederentdeckt zu werden. Die Kommentare zur Hebräischen Bibel füllen ganze Bibliotheken und sind für jedermann zugänglich. Erschwert wird der Zugang allenfalls dadurch, daß entsprechende Aussagen weit verstreut in Büchern zu finden sind, die es zum Teil auch heute nur auf Hebräisch gibt. Wie gesagt, ist die Sprache das mögliche Haupthindernis beim Erschließen der Quellen. Friedrich Weinreb (1910-1988), ein Mathematiker und profunder Kenner der jüdischen Überlieferung, hatte vor einigen Jahrzehnten bereits versucht, ein deutsches und niederländisches Publikum mit ihnen vertraut zu machen. Die vorliegende Darstellung korreliert mit seiner Arbeit an den Stellen, wo sie sich auf gleiche Aspekte der Tradition bezieht. Ihre Interpretation orientiert sich aber mehr an zeitgenössischen Bemühungen um eine Erneuerung des Zugangs zur jüdischen Tradition, die vom nordamerikanischen Raum ausgingen, aber inzwischen auch Europa erreichen. Unter den Gelehrten, die das Alte neu zu erschließen suchten und dies immer noch tun, seien hier stellvertretend Aryeh Kaplan, Marcia Prager, Shefa Gold und Arthur Green genannt. Die Erneuerung sucht sich ihren Weg nicht durch bloßes Erfinden neuer Formen der Spiritualität. Es werden vor allem Aspekte der Tradition für die Praxis aktiviert bzw. reaktiviert, die dort längst angelegt sind. Zum Beispiel wird eine Balance zwischen kosmischem männlichen und weiblichen Prinzip dann nicht mehr nur theoretisch angenommen, sondern ausgelebt mit direkten Konsequenzen im Lebensalltag der Männer und Frauen von heute. Für diejenigen, die mit der Tradition leben, ist auch das Nachsinnen über die Schöpfungsordnung – über ihre Herkunft und das sie selbst überschreitende Ziel – nicht nur reines Gedankenspiel. Es resultiert bspw. in einer Ausdehnung der Speiseregeln auf eine auch ökologisch gerechte Gewinnung der Lebensmittel. Die Thora lädt eben nicht nur zum munteren Philosophieren ein, sondern vor allem dazu, die Lebenspraxis nach ihr auszurichten.

Wenn die symbolischen Formen aber Verweise auf die *Wirklichkeit* sind, welche Folgen hat dann eine Beschränkung der Bibellektüre auf die an der Oberfläche liegenden wörtlichen Textinhalte? Diese eindimensionale Herangehensweise, welche leider weit verbreitet ist, ermöglicht in der Tat nur eine äußerst magere Auslegung und zerstört sogar einen Teil der biblischen Botschaft. Sie ist es auch, die das dann nur noch vermeintlich biblische Weltbild gegen das moderne, wissenschaftlich fundierte Weltbild in Stellung bringt – eine Konfrontation, die nicht sein muß. Wir können vielmehr von der wissenschaftlichen wie von der biblischen Sicht auf die Welt gleichermaßen profitieren, da beide mit je eigener Kompetenz die Welt beschreiben und das Wissen an die Hand geben, sie schöpferisch weiter mit zu gestalten. Sie tun dies nur jeweils mit ihren eigenen Methoden. Schon allein, wenn wir das Wort *Welt* aussprechen, ist damit in beiden Denkschemata etwas anderes gemeint. Die Welt, wissenschaftlich betrachtet, ist das physische Universum, das in seinen größeren Zusammenhängen ebenso erforscht werden kann wie im Aufbau seiner kleinsten Bausteine. Hier wird der Mensch auch selbst zum Forschungsgegenstand, aber nur im Allgemeinen. Individuelle Züge müssen methodisch bedingt ausgeblendet werden. Aus dieser Perspektive erscheint die Erde als ein kleiner, blaugrüner Planet, der um eine unbedeutende, gelbliche Sonne kreist, die sich an einem relativ ereignisarmen Ausläufer eines Spiralarms der Milchstraße in einer lokalen Gruppe von Galaxien befindet. Beste

Bedingungen übrigens, um abseits von kosmischen Turbulenzen und innergalaktischen Kollisionen Leben entstehen zu lassen. So gesehen sind wir alle Staub der Sterne. Denn nur nachdem frühere Sterne starben, konnten neue mit Planetensystemen aus den von ihnen hinterlassenen schwereren Elementen und deren Zusammensetzungen entstehen. Was die wissenschaftlichen Erkenntnisse betrifft, ist die gemeinsame Schnittmenge des Verstehens kulturübergreifend sehr groß, weil hier personengebundene Erfahrungen in den Hintergrund treten. Dem gegenüber steht im Kosmos der Bibel der Mensch als konkrete Person jeweils im Mittelpunkt seiner Lebenswelt und aller organisatorischen Sorge. Aus dieser Perspektive gesehen, bleibt die Erde als Lebensort des Menschen im Mittelpunkt und das Weltbild gewissermaßen ein geozentrisches – jedenfalls solange die Expeditionen zu anderen Welten auf sich warten lassen. Auf unserer Entdeckungsreise soll mit dem Weltbild der Bibel eine solche, auf das persönliche Erleben hin angelegte Konzeption im Focus stehen. Auf dem gleichen Terrain tummeln sich viele Religionen. In diesem „Universum" sind wir definitiv nicht allein. Wir müssen es mit anderen teilen und werden uns zugleich mit ihnen immer nur auf der Basis einer relativ kleinen gemeinsamen Schnittmenge an Erfahrungen verständigen können. Zur gleichen Kultur gehören heißt, mit einer begrenzten Zahl von Menschen mehr Erfahrungen, Vorstellungen und Werte gemeinsam zu haben als mit anderen. Also müssen die Konzeptionen eines biblischen Verstehenshorizonts und der wissenschaftlichen Systematik schon aufgrund ihrer unterschiedlichen Zielsetzungen nicht miteinander konkurrieren. Im Gegenteil; so sie einander in komplementärer Weise ergänzen, können wir beide gut brauchen, nachdem wir an die Grenzen der Expansion unseres modernen Lebensstils gestoßen sind und einen Weg zurück suchen, zurück zum Ursprung und auch zu mehr Innerlichkeit.

Dieser kleine Reiseführer durchs biblische Universum ist für alle interessierten Menschen geschrieben – unabhängig von ihrer Konfession, das heißt auch für Menschen ohne eine solche. Er richtet sich an alle, die einen neuen Zugang zu den alten Schriften suchen oder ihren ersten Annäherungsversuch wagen. Entstanden und gewachsen ist all das in der jüdischen Tradition, die ihrerseits in dem noch um Jahrtausende älteren Kulturraum des Vorderen Orients wurzelt. Jeder Inhalt braucht einen Startpunkt, auch wenn er sich einen Weg in die breitere Öffentlichkeit sucht. Im Hintergrund aber steht ein altes Menschheitswissen, das auch in vielen anderen Kulturen präsent war und ist und das selbst unsere moderne Welt über unterirdische Kanäle noch immer nährt.

Schema des hebräischen Alphabets

Buchstabe		Umschrift	Bedeutung	Zahlenwert
א		'Aleph; Verschlußlaut oben im Hals, nicht immer mit transliteriert, aber mit der Wurzel angegeben	Kopf des Stieres	1
ב		Beth; am Wort-/ Silbenende Veth, deutsches w	Haus	2
ג		Gimel	Kamel	3
ד		Daleth	Tür	4
ה		Heh	Fenster	5
ו		Waw; als Halbvokal o oder u	Haken	6
ז		Zajin, weiches s	Waffe	7
ח		Cheth; tief im Hals gesprochener Reibelaut	Zaun	8
ט		Teth	Gebärmutter	9
י		Jud; als Halbvokal e oder i	Hand, Arm	10
כ	am Wortende ך	Kaph; am Wort-/ Silbenende Khaph (Reibelaut, wie ch; transliteriert kh zur Diff. vom Cheth)	Handballen	20
ל		Lamed	Ochsenstachel	30
מ	am Wortende ם	Mem	Wasser	40
נ	am Wortende ן	Nun	Fisch	50
ס		Samekh; scharfes s	Wasserschlange	60
ע		'Ajin; Verschlußlaut tief im Hals	Auge	70
פ	am Wortende ף	Peh; am Wort-/ Silbenende Phe (f-Laut)	Mund	80
צ	am Wortende ץ	Tzade; ts-Laut; wie im Deutschen z	Angel	90
ק		Qoph; ursprünglich ein Laut zwischen k und ch, wie in Schweizer „Kchäse"	Nadelöhr, Affe	100
ר		Resch	Haupt	200
ש		Schin oder Ssin (scharfes s; verdoppelt transliteriert zur Diff. vom Samekh)	Zahn	300
ת		Thav; t-Laut; ursprünglich gelispelt wie das englische th	Zeichen	400

Die hier verwendete Umschrift der hebräischen Wörter soll eine weitgehende Unterscheidbarkeit der Buchstaben sicherstellen. Zugunsten einer flüssigen Lesbarkeit wurde auf die Übernahme wissenschaftlicher Transkriptionsregeln verzichtet. Denn dieses Buch soll, wie gesagt, nicht nur Experten der Theologie oder andere Fachkräfte erreichen. Zugleich ist die hier genutzte Umschrift nicht einfach aus der amerikanisch-englischen Literatur übernommen. Es gibt lediglich vereinzelte Ähnlichkeiten, vor allem, wo es darum geht, das Cheth vom Khaph sowie das hebräische Zajin vom deutschen Zet-Laut zu unterscheiden, der seinerseits viel mehr dem hebräischen Tzade entspricht. Letzteres ermöglicht zugleich, die scharfen S-Laute Samech und Ssin abzugrenzen vom weichen S-Laut Zajin, für den das Deutsche kein eigenes Zeichen hat. Alle anderen Transkriptionen folgen im Wesentlichen dem deutschen Lautsystem. Die zur genaueren Betrachtung und Analyse eingeführten hebräischen Ausdrücke und Namen werden jeweils kursiv gesetzt. Sonst aber werden im laufenden Text für weithin bekannte Personen und Orte – wie Abraham oder Jerusalem – in der Regel die aus deutschen Bibelübersetzungen eher vertrauen Namen gebraucht. Das Hebräische kennt keine Groß- und Kleinschreibung; deshalb werden hier allein die Namen groß geschrieben und Substantive nur dann, wenn sie als eigene Begriffe weiter verwendet werden, wie etwa die *Thevah* als alternativer Name für die Arche Noahs. Auch die Auswahl der benutzten und empfohlenen Literatur richtet sich danach, daß dies zwar eine Expedition mit Anspruch ist, aber keine vornehmlich wissenschaftliche Mission. Deshalb sind selbst die Quellen möglichst nur so angegeben, daß sie auf Deutsch oder zumindest auf Englisch nachvollzogen werden können.

Aufbau der Bibel

Kanon der Hebräischen Bibel	Kanon der katholischen Bibel	Kanon der protestantischen Bibel
THORA	**PENTATEUCH**	**GESCHICHTSBÜCHER**
Genesis/ Bereschith	Genesis	1. Buch Moses/ Genesis
Exodus/ Schemoth	Exodus	2. Buch Moses/ Exodus
Leviticus/ Wajiqra	Leviticus	3. Buch Moses/ Leviticus
Numeri/ Bemidbar	Numeri	4. Buch Moses/ Numeri
Deuteronomium/ Devarim	Deuteronomium	5. Buch Moses/ Deuteronomium
PROPHETEN	**GESCHICHTSBÜCHER**	Josua
		Richter
Josua	Josua	Ruth
Richter	Richter	Samuel I und II
Samuel I und II	Ruth	Könige I und II
Könige I und II	Samuel I und II	Chroniken I und II
	Könige I und II	Esra
Jesaja	Chroniken I und II	Nehemia
Jeremia	Esra	Esther
Ezechiel	Nehemia	
die Zwölf	Tobith	**LEHRBÜCHER/ PSALMEN**
Hosea	Judith	
Joel	Esther	Hiob
Amos	Makkabäer I und II	Psalmen
Obadja		Sprichwörter Salomos
Jona	**WEISHEITSBÜCHER**	Prediger Salomo
Micha		Hohelied Salomos
Nachum	Jiob	
Chabakuk	Psalmen	**PROPHETENBÜCHER**
Zefanja	Sprüche Salomos	
Chagaj	Prediger Salomo/ Ecclesiastes	Jesaja
Sacharja	Hohelied/ Lied der Lieder	Jeremia
Maleachi	Buch der Weisheit	Klagelieder Jeremias
	Jesus Sirach/ Ecclesiasticus	Hesekiel
SCHRIFTEN		Daniel
	PROPHETENBÜCHER	Hosea
Psalmen/ Thehilim		Joel
Sprüche Salomos/ Mischlej	Jesaja	Amos
Ijob	Jeremia	Obadja
	Klagelieder	Jona
die fünf Rollen	Baruch	Micha
Hohelied Salomos/ Schir ha-Schirim	Ezechiel	Nahum
Ruth	Daniel	Habakuk
Klagelieder/ Echa	Hosea	Zefanja
Prediger Salomo/ Koheleth	Joel	Haggai
Esther	Amos	Sacharja
	Obadja	Maleachi
Daniel	Jona	
Ezra	Micha	
Nechemia	Nahum	
Chroniken I und II	Habakuk	
	Zefania	
	Haggai	
	Sacharja	
	Maleachi	

Die Schöpfung : Kosmische Ordnung und menschliche Lebenswelt

Am Anfang war der große Knall, der Urknall. So lautet die heute noch immer am weitesten verbreitete Theorie über den Beginn des physischen Universums. Ob das zugleich der Endpunkt der Kontraktion eines früheren Universums war oder ein absoluter Anfang, wissen wir bislang nicht. Das ist übrigens auch in der Bibel nicht klar geregelt. Geregelt ist, daß die Schöpfung den Rahmen setzt für alles, was in unserer Lebenswelt passieren kann und wird. Die Schöpfung verleiht auch dem gesamten ersten Buch des Pentateuchs seinen Namen: *Genesis*. Eine stille, ungeschriebene Voraussetzung gibt es aber doch, ohne die die Dynamik des gesamten Prozesses nicht verstanden werden kann. Nennen wir sie einmal so: die Geschichte der Welt und des Menschen nimmt ihren Ausgang in der *Einheit bei Gott*. Vielleicht können wir uns das als eine unvorstellbar große Konzentration von Energie vorstellen. Aus diesem Zustand, noch vor der Existenz von Raum und Zeit, kanalisiert sich die erste Schöpfungstat: „Am Anfang schuf Gott den Himmel und die Erde"; das ist der „Urknall" des biblischen Kosmos. Dabei entsteht nicht einfach *eine* Welt. Mit Himmel und Erde wird eine grundlegende Dualität geschaffen. Am Anfang war die Zwei. Zeitangaben werden hier noch nicht gemacht. Erst danach wird der weitere Verlauf der Schöpfung in einer Folge von Tagen erzählt. Sechs Tage dauert sie, und am siebten ist sie vollendet. Es ist allerdings fraglich, wie weit es sich bei den Tagen tatsächlich um Zeitangaben handelt. Sie enthalten wohl vielmehr die Information über eine Struktur; und die ist auch in jeder Bibelübersetzung sichtbar (Genesis 1:1-2:4):

Einheit bei Gott
Am Anfang schuf Gott eine Zweiheit: den Himmel und die Erde

Tag 1	Licht Finsternis	Tag 4	großes Licht/ Sonne kleines Licht/ Mond, Sterne
Tag 2	Wasser oberhalb des Firmaments Wasser unterhalb des Firmaments	Tag 5	Vögel am Himmel Tiere im Wasser
Tag 3	Land Meere samengebende Pflanzen fruchttragende Bäume	Tag 6	Wildtiere Herdentiere der Mensch, männlich der Mensch, weiblich

Tag 7/ Schabbat: Vorwegnahme der Rückkehr in die Einheit bei Gott
Tag 8: Einheit bei Gott

An sechs Tagen werden acht Teilaspekte der Natur geschaffen, die dual aufeinander bezogen sind. Genauer gesagt werden in zwei Zyklen zu je drei Tagen jeweils vier Schöpfungstaten genannt (vgl. F. Weinreb, Schöpfung im Wort, 34-40). Die zwei Schöpfungszyklen bilden folgerichtig auch in sich eine Dualität. Wie Gott seine Energie zum Einsatz bringt, umschreibt die Bibel als Schöpfung durch das Wort: „er sprach"… und „es ward". Auf diese Weise entsteht eine ganze Hierarchie von Dualitäten: Licht und Finsternis – erster Tag, die Wolken oben und ein Urmeer unten – zweiter Tag; und am dritten Tag gibt es eine zweifache Dualität mit Land und Meer sowie zwei Grundarten von Pflanzen. Der zweite Zyklus wirkt wie die Konkretisierung des ersten. Das Entstehen von Sonne, Mond und Sternen am vierten Tag korrespondiert mit der Scheidung von Licht und Finsternis am ersten. Die Funktion der Himmelslichter besteht nun darin, Tag und Nacht zu regieren, also die helle und die dunkle Zeit zu unterscheiden, was Voraussetzung ist für die Einteilung der Tage, Monate und Jahre und damit für jeden Kalender. Die Bildung der Vögel und Meerestiere am fünften Tag bezieht sich auf die Wasser oberhalb und unterhalb des Firmaments vom zweiten Tag zurück. Am sechsten Tag gibt es keine direkte inhaltliche Parallele, aber die verdoppelte Dualität des dritten Tages kehrt wieder. Tiere und Pflanzen entstehen in einer Unterscheidung, die für das Überleben des Menschen wichtig sein wird: Wild und Herdentier sowie Pflanzen allgemein und Pflanzen mit für den Menschen eßbaren Früchten. Und schließlich wird der Mensch geschaffen in männlichem und weiblichem Geschlecht.

Nun haben ja nicht nur die Menschen unterschiedliche Geschlechter, sondern viele Tier- und Pflanzenarten auch. Beim Menschen aber hebt die Bibel diesen Umstand so stark hervor, als handele es sich um zwei eigene Spezies. Dies hat weniger damit zu tun, daß Männer und Frauen auf bestimmte Rollen festgelegt werden sollen, sondern vielmehr mit einem alten Symbolismus. Auch andere Kulturen jenseits des biblischen Kontextes integrierten schon früh die biologischen Geschlechter in die umfassendere Konzeption eines kosmischen männlichen und weiblichen Prinzips. Der Mensch ist danach als Mann und Frau in Teilhabe am männlichen und weiblichen Urprinzip gestaltet. Diese Urprinzipien sind ihrerseits in der Einheit bei Gott aufgehoben und gliedern sich erst in der dualen Welt auseinander. Seit der Neuzeit hat sich das, was als Realität wahrgenommen wird, stark auf mechanische und kausal begründbare Vorgänge verengt. Im Zuge dieses Prozesses wurde das Bewußtsein um eher synthetisch und intuitiv erschlossene Qualitäten von Lebewesen und Dingen, von Orten und Zeiten in die Randzonen unserer Kultur verdrängt. Männlich und weiblich im kosmischen Maßstab – das kennt immerhin noch die Astrologie. Zu ihren Grundsymbolen gehören die Tierkreiszeichen, die sich in sechs männliche (Widder, Zwillinge, Löwe, Waage, Schütze, Wassermann) und sechs weibliche Zeichen (Stier,

Krebs, Jungfrau, Skorpion, Steinbock, Fische) aufgliedern. Diese bilden erst zusammen das gesamte Spektrum der Zeitqualitäten im kosmischen Spiel der Kräfte ab.

Die Welt entsteht und entwickelt sich also ausgehend von einer immensen Konzentration an Energie, die traditionell begrifflich in Worte wie „Einheit bei Gott" gefaßt werden kann. Daß alle Lebewesen und Dinge der Welt auch wieder in diese Einheit eingesammelt werden, ist symbolisch mit dem siebten Tag verbunden. Am siebten Tag wird nichts mehr erschaffen. Von ihm heißt es nur, daß er gesegnet sei als der Tag, an dem Gott von seinem Schöpfungswerk ausruhte. Das klingt scheinbar passiv; tatsächlich aber wirkt er unmittelbar auf die weitere Entwicklung der Schöpfung ein. Der siebte Tag gliedert die Zeit und gibt ihrem Lauf Richtung und Dynamik. Der Rhythmus wird sichtbar in der langfristigen Beobachtung von Sonne und Mond. Die Jahre werden bekanntlich am Lauf der Erde um die Sonne bestimmt, die Monate aber am Lauf des Mondes um die Erde. Die Zusammenfassung der Tage in Wochen ergibt sich da aus zwei Faktoren: Zum einen können die etwas mehr als 29 Tage dauernden Mondmonate ungefähr in vier mal sieben Tage unterteilt werden. Im Mittel sind es ja 28 Tage, sofern die reine (syderische) Umlaufzeit des Mondes 27,3 Tage, sein (synodischer) Umlauf bis zur Wiederholung der gleichen Mondphase aber 29,5 Tage beträgt, weil die Erde dann inzwischen auch ein Stück weiter um die Sonne gewandert ist. Zum anderen lassen sich die Monate in den Rhythmus der von der Sonne vorgegebenen Jahreszeiten einordnen. Die astronomischen vier Jahreszeiten beginnen mit den Tagundnachtgleichen im Frühjahr und Herbst und den Sonnenwenden in Sommer und Winter. Die Jahreszeiten selbst dauern dann jeweils drei Monate mit circa vier Wochen zu je sieben Tagen. Das alles zusammen führt zu einer natürlichen Einteilung der Tage in Siebenereinheiten. Auf Basis dieser kosmologischen Rhythmen begründet die Bibel den steten Wechsel von Arbeiten und Ruhen auch im menschlichen Leben und Streben. Dieser Wechsel ist nicht gleichzusetzen mit einem bloßen Hin- und Herschwingen zwischen Aktivität und Passivität. Qualitativ kann der siebte Tag eine sehr aktive Zeit sein, aber auf keinen Fall eine schöpferische. Etwas Neues zu generieren, ob geistig oder materiell, ist dem Arbeitsalltag der anderen sechs Tage vorbehalten. Der Sinn des siebten Tages besteht für den Menschen darin, sich gerade mit seinen Fähigkeiten, die ihn von allen anderen Lebewesen unterscheiden und immer auch von der Natur zu entfremden drohen, bewußt in ihre Rhythmen einzufügen. In der Struktur der Natur zeigt sich die Sieben auch an anderen Stellen als eine Grundzahl. Das können wir zum Beispiel in der Harmonielehre erkennen. Sieben Töne hat die Tonleiter. Das ist immer so, egal in welcher Tonart wir uns bewegen. Erst beim achten Ton beginnt die Tonfolge mit verdoppelter Frequenz (oder nach unten mit halbierter Frequenz) von vorn. Der achte Ton ist immer wieder ein erster. Wenn für uns ein siebter Tag vorbei ist, beginnt auch alles wieder von vorn, wieder mit einem ersten Tag. Ein echter achter Tag müßte eine ganz neue Qualität haben und in eine andere Existenzform führen, von der uns der siebte Tag nur eine Ahnung geben kann.

Es ist bemerkenswert, was Gott am ersten siebten Tag der Weltgeschichte tut: er ruhte aus von all seinen Werken (Genesis 2:2-3; vgl. Exodus 20:10f.). Ob Gott wirklich eine Siesta nötig hat? Viele Theologengenerationen haben solche Vergleiche mit menschlichen Eigenheiten bereits kontrovers unter dem Fachbegriff des *Anthropomorphismus* diskutiert – der Menschenförmigkeit. Die Antwort darauf, ob Gott wohl Nase, Ohren und Arme habe, um die Opfergaben zu riechen, die Gebete zu hören und in die Geschichte einzugreifen, liegt beim Menschen allein. Gott läßt das alles unberührt. Der Mensch allein braucht die Anschaulichkeit, um sich selber besser zu verstehen. Um sich selbst besser verstehen zu können, zeigt die Bibel ihm, woran er sich messen kann: als Geschöpf „im Bild und Gleichnis" Gottes (Genesis 1:26) – das ist Gleichnis nur im Handeln, nicht im Aussehen. Daran wird er testen können, wie weit es ihm gelingt, das Vorbild Gottes tatsächlich nachzuahmen. Am siebten Tag ruhen idealerweise auch menschliches Tagewerk und menschliche Schöpferkraft. Der siebte ist der einzige Tag, der im Hebräischen auch einen Namen hat: *Schabath*. Das dazu gehörige Verb *schavath* bedeutet *aufhören* und *ruhen*. Die anderen sechs Tage werden einfach nur durchgezählt: der Sonntag ist der erste Tag, Montag der zweite Tag u.s.w. Ist wieder einmal eine Woche um, können wir am Schabbat zurückschauen auf das große ganze Schöpfungswerk wie auf die gerade vergangene Woche: Was haben wir erreicht, was ist nicht so gut gelaufen? Und wir schauen nach vorn in eine Zukunft, die weit über die nächste Wochenplanung hinausweist. Denn der siebte Tag bringt auch eine Dynamik der Erwartung in den Zeitlauf, Erwartung einer individuellen und globalen Vollendung. Ansatzweise ist Vollendung in jedem gelungenen Moment des Lebens schon da; zugleich ist sie für immer am Kommen. Zu den gelungensten Momenten zählen wohl die, welche wir mit anderen teilen können.

Jetzt ist die rechte Zeit, schonmal ein wenig zu buchstabieren. Der duale Charakter der Schöpfung spiegelt sich auch in der Struktur der Sprache wider. Im Original lautet der erste Satz der Bibel: *„Be-reschith bara' Elohim eth ha-schamajim we-eth ha-aretz."* *Bereschith* lautet auch der hebräische Name des Buches Genesis. Denn das erste markante Wort in einer traditionellen Schrift ist in der Regel auch ihr Namensgeber. Das „am" (*be-*) des Anfangs (*reschith*) besteht aus einem einzigen Buchstaben: *Beth*. Da in einem Satz kein Buchstabe einzeln stehen darf, werden solche minimalistischen Bedeutungsträger an das nächste Wort angeklebt: *be-reschith*. Überhaupt ist das Hebräische ziemlich sparsam. Die Schrift besteht nur aus Konsonanten. Vokale hat es auch, aber keine eigenen Buchstaben dafür. Es gibt nur ein Set winziger Zeichen, mit dem sie an die Konsonanten geheftet werden können. Meist stehen sie darunter, manchmal dahinter oder darüber. Das nennt man dann „vokalisieren" oder „punktieren". Allein die Halbvokale *Jud* und *Waw* tauchen auch in unvokalisierten Texten auf, um die Erkennbarkeit bestimmter grammatikalischer Formen sicherzustellen. Eine Thorarolle ist wie die meisten israelischen Zeitungen nicht mit Vokalen ausgestattet. Vokalisiert wird nur für Anfänger, jedenfalls die Zeitung. Zu Studienzwecken werden aber auch Bibeltexte punktiert gelesen, um den Sinn genau zu erfassen. Eben um den Sinn der Texte genau festzulegen, haben sich schon vor einigen hundert Jahren ein paar Experten, die so genannten *Masoreten* („Überlieferer") einmal hingesetzt und die gesamte Bibel vollständig durchbuchstabiert und vokalisiert. Das Ergebnis liegt noch heute jeder buchförmigen Bibelausgabe zugrunde. Grammatikalisch mögliche Alternativen des Lesens und Deutens sind freilich nach wie vor erlaubt. Eine weitere Eigenart der hebräischen Sprache besteht darin, daß die Grundbedeutung der Wörter stets auf einer Reihe von Wurzelkonsonanten ruht. Meist sind es drei, aus denen sich über verschiedene grammatikalische Formen weitere Bedeutungsnuancen ableiten lassen. Diese Wurzelbuchstaben werden in den kommenden Erklärungen in der Regel mit angegeben.

Hebräisch ist eine Konsonantenschrift. Das heißt, auch der erste Buchstabe ist kein A, kein Vokal wie etwa im deutschen Alphabet, sondern lediglich ein im oberen Halsbereich erzeugter Verschlußlaut. Ihm kann dann als Vokal ein A folgen, muß aber nicht. Das *Aleph* für sich allein ist fast unhörbar; und das hat bereits einen tiefen symbolischen Sinn. Als erster Buchstabe mit dem Wert *eins* ist es zugleich ein Zeichen des *einen* Gottes, von dem alle Formen und Bewegungen der Schöpfung ausgehen, der aber selbst in ihnen nicht aufgeht. Im Blick auf die Zahlenwerte der 22 hebräischen Buchstaben fällt auf, daß sie nicht einfach durchnumeriert sind, sondern erst alle Einer, dann alle Zehner und schließlich die Hunderter bis zur 400 gezählt werden. Jede Zahl, die größer als 400 ist, kann nur aus verschiedenen Buchstaben zusammengesetzt dargestellt werden. So wird auch bei allen Zahlen zwischen 11 und 399 verfahren, ausgenommen die glatten Zehner und Hunderter bis zur 400. In dieser Folge steht das *Beth* an zweiter Stelle und hat den Zahlenwert zwei. Der erste Buchstabe in der Bibel überhaupt ist also nicht das *Aleph*, sondern der mit dem Wert zwei. Das *Beth* hat wie alle anderen Buchstabenbezeichnungen auch eine eigene Bedeutung. *Baith* heißt Haus. Die Welt ist das Haus für den Menschen und alle Lebewesen. Die Position des *Beth* an dieser Stelle sagt bereits aus, daß die gesamte Schöpfung von Rhythmen durchzogen ist, denen Dualitäten zugrunde liegen wie Tag und Nacht, einschlafen und aufwachen, einatmen und ausatmen, sehen und gesehen werden, geboren werden und sterben und vieles mehr. Erst das Zusammenspiel dieser Dualitäten ermöglicht das Leben auf unserem Planeten. Und sie wirken komplementär, sind Gegensätze, die ohne einander nicht auskommen. Die Struktur, die auf ihnen aufbaut, sollten wir uns aber nicht zu statisch vorstellen. Die Welt befindet sich in einem Prozeß, unterliegt also auch nach biblischem Verständnis einer Evolution. Diese kann symbolisch als eine Bewegung dargestellt werden, die von der Eins über die Zwei zurück zur Eins führt. Der zweite Teil dieser Bewegung, der das Ziel der Schöpfung angibt, ist in dem Wort bereits abgebildet, das die Bibel ausschließlich für die Schöpfungstaten Gottes benutzt. *Schaffen* heißt *bara'* und besteht aus der Wurzel *Beth* (2), *Resch* (200), *Aleph* (1). Von der Zwei, von der Grunddualität aus läuft das Leben durch viele Stufen der Entzweiung – angedeutet durch die Zwei auf der Hunderterebene – und wird schließlich wieder eingesammelt in der vereinheitlichenden Energie Gottes. Auch die Verdopplung der Zwei, die Vier, ist eine Grundzahl der Schöpfung. Die gesamte Vielfalt der Lebewesen und Dinge verästelt sich in eine räumlich ausgedehnte Welt hinein, für die traditionell die vier Himmelsrichtungen stehen. Vierheiten finden sich auch abgebildet in astronomisch bedingten Grundgegebenheiten. Da sind die schon erwähnten Jahreszeiten, die sich aus den wechselnden Sonnenständen mit ihren vier Eckpunkten zwischen den Tagundnachtgleichen im Frühjahr und Herbst sowie dem längsten und kürzesten Tag zur Sommer- bzw. Wintersonnenwende ergeben. Und da gibt es die vier Phasen des Mondlaufes, Neumond, zunehmender Mond, Vollmond und abnehmender Mond, die ebenfalls starken Einfluß auf das irdische Leben ausüben. Über die moderne, relativistische Physik haben wir mit der vierdimensionalen Raumzeit inzwischen eine weitere Vorstellung von der Struktur der Welt gewonnen, die mindestens genauso gut mit dem Symbol der Vier korreliert. Es ist kein Zufall, daß die Zählung des Alphabets bei der Vier auf der Hunderter-Ebene endet. Während die Vier die ausgedehnte, physische Welt selbst symbolisiert, drückt die 400 das Maximum an Entwicklungsmöglichkeit von allem aus, was sich in ihr befindet und ereignet. Alle Entwicklung spielt sich in diesem Rahmen ab. Ihn überschreiten hieße, die naturgesetzlichen Vorgaben zu sprengen. Übrigens hat das hebräische Wort für Welt, *'olam (Ajin, Lamed, Mem)*, auch eine räumliche und eine zeitliche Dimension. *Ha-'olam* – die Welt (*ha-* ist der bestimmte Artikel) ist *der Raum* der Welt, in dem wir uns bewegen. *Le-'olam* aber (die Partikel *le-* bedeutet „für" oder drückt eine Bewegung auf etwas zu aus) wird benutzt für immense Zeiträume; *le 'olam* heißt „für immer" und *le-'olam wa-'ed* – wörtlich übersetzt „für Welt und Zeit" – wird dann zum Ausdruck für solche Äonen überschreitenden Vorstellungen wie „für immer und ewig". Gab es da vielleicht schon eine intuitive Vorstellung der raum-zeitlichen Zusammenhänge, wie sie die Physik seit Einstein so genau beschreibt? Wenn die Ur-Hebräer hier auch nur ein vages Verständnis von dem hatten, was später wissenschaftlich erwiesen und technisch anwendbar geworden ist, dann ist das schon echte Science Fiction.

Eine Welt aus Zweiheiten wird geschaffen. Die Erzählung der Schöpfung bildet auch in sich eine Dualität, sofern es eigentlich zwei Schöpfungsgeschichten sind. In der ersten läuft alles auf die Erschaffung des Menschen zu (Genesis 1:1-2:4). Die zweite nimmt den Menschen als Ausgangspunkt und erzählt in mythischen Bildern, wie er seine Lebensbedingungen selbst mitbestimmt (Genesis 2:4-3:24). Auf den ersten Blick scheint sich die erste Geschichte auf die kosmische Ordnung zu konzentrieren und die zweite auf den Menschen. Letztlich aber geht es in beiden um die Welt als menschliche Lebenswelt. Die Verwendung unterschiedlicher Gottesnamen war ein entscheidender Anhaltspunkt für die akademische Bibelforschung, um den beiden Schöpfungsgeschichten eine jeweils andere Herkunft nachzuweisen. Die jüdische Tradition ist sich dieser Unterschiede auch längst bewußt, sieht darin aber keinen Grund, die Texteinheiten in gleicher Weise auseinanderzudividieren. Sie sieht sie vielmehr in einem tieferen Sinn verbunden. Dementsprechend repräsentieren die beiden Namen verschiedene Eigenschaften oder Handlungsattribute Gottes. So tritt Gott in der ersten Schöpfungsgeschichte als Begründer der Weltordnung und der Naturgesetze auf, welche auch dem Leben unabänderliche Rahmenbedingungen vorgeben. Dort heißt er *Elohim*, was ins Deutsche mit *Gott* übersetzt wird. Nach der hebräischen Grammatik ist *Elohim* ein Pluralwort. Auf -*im* enden die meisten männlichen Wörter in der Mehrzahl. Historiker mögen den Ursprung des Begriffes in einer polytheistischen Kultur sehen. In der Tradition hat er sich zu einem Ausdruck für die Einheit Gottes entwickelt, der die Vielfalt aller geistigen und materiellen Gestalten in der Welt ihre Existenz verdankt. Unter dem Namen *Elohim* wird Gott auch als gerechter und strenger Richter verstanden. Die zweite Schöpfungsgeschichte handelt schon speziell von den existentiellen Bedingungen des menschlichen Lebens. In ihr kommt zum Gottesnamen *Elohim* das Tetragramm, *JHWH*, hinzu, eine an sich unaussprechbare Form von Sein. In anderen Geschichten, zum Beispiel denen vom Volk Israel in der Wüste, tritt das Tetragramm dann auch allein auf. Sein heißt in der Ursprache *hajah* (*Heh, Jud, Heh*) – da gibt es noch keine Sprachschwierigkeiten. Aber jeder Versuch, es in der Form des Tetragramms auszusprechen, kann nur scheitern. Denn wir Menschen, auf der Zeitlinie lebend, können *sein* einfach nicht *gleichzeitig* in den Formen der Vergangenheit, der Gegenwart und der Zukunft sagen: war, ist und wird sein. Es geht beim besten Willen immer nur nacheinander (vgl. M. Prager, Path of Blessing, 84-88). Da die jüdische Gemeinde auch nur aus Menschen besteht, versucht sie es gar nicht erst und umschreibt das Tetragramm, wo immer es auftaucht, mit Ersatznamen wie *Adonaj* – dem Wort *Herr* in einer seltsamen Pluralform, in der sich die Vielheit der Zeiten zu spiegeln scheint –, oder *haSchem*, was nichts weiter heißt als *der Name*. In Übersetzungen steht an Stelle des Tetragramms meist „Herr", mitunter aber auch „der Ewige". Vokalisiert wird *JHWH* entweder gar nicht oder nur so, als stünde da bereits der Ersatzname *Adonaj*. Wer trotzdem probiert, das zu lesen, kommt dann auf so etwas wie „Jehowah" – klingt gut, ist aber falsch. Als Attribut gilt *JHWH* oder *ha-Schem* dem mitseienden und mitleidenden Gott, der uns an die virtuelle Hand nimmt und durchs Leben begleitet. Hier ist er ganz Person. Als Person ist er ansprechbar für den einzelnen Menschen und die gesamte Gemeinschaft. *JHWH* wird so zum Begriff für den *Gott des Erbarmens*. Zwischen diesen Polen, dem Gott der Gerechtigkeit (*Elohim*) und dem Gott des Erbarmens (*JHWH, ha-Schem*), entwickelt sich seine Wirkung in der Welt. Und nur mit beiden Eigenschaften zusammen können wir uns von ihm eine Vorstellung machen, sofern wir das überhaupt können. Auch diese Namen verhalten sich zueinander komplementär: ihre Bedeutungen ergänzen einander, ohne ineinander aufzugehen. Übrigens, wer sich die beiden Gottesnamen *JHWH* und *Elohim* so einträchtig beieinander stehend in der Übersetzung vorstellt, versteht jetzt auch, wie der „Herrgott" in den deutschen Sprachgebrauch kam.

Das Verhältnis des Menschen zu seiner Welt und zum *einen* Gott, der in der Welt präsent ist, aber nie in ihr aufgeht, ist das Leitthema der zweiten Schöpfungsgeschichte – der Geschichte vom Paradies (Genesis 2:4-3:24). Es spiegelt sich symbolisch im Verhältnis von *eins* zu *vier*, das dort mehrfach abgebildet ist:

Erstens werden *vier* Ströme erwähnt, die sich aus *einem* Fluß aufgliedern. Sie heißen Pischon (der um das Land Chawila fließt), Gichon (der das Land Kusch umschließt), Chidekel oder Tigris (der sich laut Text östlich von Assyrien befindet) und der Prath oder Euphrat (der südwestlich vom Tigris das Zweistromland umfaßt). Das „Paradies" erstreckte sich demnach von Vorderasien bis nach Nubien (Kusch) südlich von Ägypten (Genesis 2:10-14). Einer anderen Theorie zufolge könnte sich hinter dem Paradiesgarten aber auch die Erinnerung an ein ehemals üppiges, fruchtbares Tal im heutigen Norden des Iran verbergen. Auch hier gab es ein Kusch, wie der „Berg von Kusch", *Kuscha Dagh*, heute noch verrät. Das Wort *Paradies* kommt übrigens im hebräischen Text gar nicht vor. Dies ist eine persische Bezeichnung (orig. *Pardes*) und kam erst mit der griechischen Übersetzung in die Bibel hinein. Der hebräische Begriff des legendären Ortes ist *Gan be-Eden*, das heißt „ein Garten in Eden". Im Deutschen bleibt davon meist nur der „Garten Eden" – wie es in der Bibel selbst ja auch vorkommt (z.B. Genesis 3:23f.). Im Ursprung aber fällt das längst nicht in eins. Denn es wird erwähnt, daß der *eine* Fluß, der sich in vier aufgliedert, „von *Eden* ausgeht, um den *Garten* zu bewässern" (Genesis 2:10). Das Wort Eden hat wahrscheinlich seinen Ursprung im Sumerischen, wo *edin* erstmal nichts weiter meinte als eine unbebaute Ebene, also das platte Land. Die hebräische Wurzel von *'Eden – Ajin, Daleth, Nun* – nahm dann bereits die Bedeutungen jener Wonne und Fülle an, die sich mit der Vorstellung des paradiesischen Ortes verbanden, wo in einem Raum der ungebrochenen Harmonie das menschliche Leben seinen Ursprung nahm. Sollte sich das Vorbild der fruchbaren Ebene tatsächlich im Nordiran befunden haben, ist von Fülle und Wonne jedenfalls nicht mehr viel zu sehen. Denn die in Frage kommende Senke beherbergt heute die Millionenstadt Tebris. Wer dahin fahren wollte, um ins Paradies zu kommen, findet eventuell das gleiche vor wie an dem Ort, wo er losgefahren ist: ein Häusermeer. Wie es sich anfühlt, „jenseits von Eden" zu sein, haben uns Filmemacher und Schlagersänger bereits anschaulich zu machen versucht. Im biblischen Denken heißt das grundsätzlich, fern zu sein vom Ursprung. Fern vom Ursprung ist zunächst jeder von uns; und die Paradiesgeschichte erfaßt bildhaft, warum das so ist. Wir kommen gleich darauf zurück.

Zweitens wird berichtet, daß, bevor es Regen auf der Erde gab, alle Pflanzen durch einen *Dunst* belebt wurden, der sich wie Tau über dem Land ausbreitete und Feuchtigkeit spendete (Genesis 2:6). Der Dunst heißt auf Hebräisch *ed* – ein Wörtchen, bestehend aus *Aleph* und *Daleth*, also aus Eins und Vier. In dieser Kombination auseinandergelegt erscheint die Fünf immer wieder in der vierdimensionalen Welt. Immer wieder so getrennt, denn die Fünf entspricht symbolisch bereits dem achten Tag und verweist wie er auf eine neue, ganz andere Existenzform. Die Lebensaufgabe in dieser Welt, deren Rahmenbedingungen sich hier vorbereiten, scheint darin zu bestehen, in unserem Denken, Sprechen und Handeln die Eins Gottes mit der Vierheit der Welt in Beziehung zu bringen. Die Thora wird diese Aufgabe später *Heiligung* nennen. Die Heiligung des Lebens wird Gott vom Menschen fordern. Zuerst werden dazu Einzelne berufen und später ein ganzes Volk, denn es ist eine individuelle und eine gemeinschaftliche Aufgabe.

Ein weiteres Mal findet sich das Verhältnis von eins zu vier im Begriff des Menschen selbst. *Ha-Adam* lebt zunächst allein inmitten der Pflanzenwelt. *Ha-Adam* ist da noch der Mensch schlechthin, noch kein Individuum mit eigenem Namen und eigenem Willen. Die Individualität wird sich im Lauf der Geschichte erst nach und nach entwickeln. *Adam* (ohne den bestimmten Artikel *ha-*) wird mit *Aleph* (1), *Daleth* (4), *Mem* (40) geschrieben. Die Vier gibt es hier zweimal, auf der Einer- und der Zehnerebene. Diesen beiden Vieren ist die Eins wie ein Lebensziel vorangestellt. Ohne das Ziel, angezeigt im *Aleph*, bleiben nur *Daleth* (4) und *Mem* (40) übrig. Auch das ergibt ein Wort; *dam* bedeutet Blut. Ohne Rückbindung an die Eins bleibt nur der nackte körperliche Lebenserhalt übrig; ein Überlebenskampf, der auch im Blutvergießen enden kann. In nur ein paar Zahlen steckt die Information, was Un-Menschlichkeit letztlich bedeutet und was übrigbleibt vom *Adam*, wenn er nicht mehr bereit ist, mit seinem Leben die Vielheit der Welt der *Einheit* Gottes näher zu bringen. Eine Einheit in sich ist zunächst auch der Mensch selbst. Erst in einem nächsten Schritt kommt er als männliche und weibliche Gestalt in den Blick. In der ersten Schöpfungsgeschichte heißt es knapp: „Gott schuf den Menschen nach seinem Bild, im Bilde Gottes schuf er ihn, männlich und weiblich schuf er sie." (Genesis 1:27) Und die Paradiesgeschichte ist dazu gewissermaßen der Kommentar.

Denn die Sinngebung des Wortes *Adam* reicht noch weiter. Es hat dieselbe Wurzel wie das Wort des Erdbodens, *adamah*, geschrieben: *Aleph* (1), *Daleth* (4), *Mem* (40), *Heh* (5). Es besteht also eine enge Verwandtschaft zwischen den Wörtern für *Mensch* und *Erdboden*. Sie unterscheiden sich nur durch einen einzigen Buchstaben: das *Heh*, die weibliche Endung mit dem Auslaut *-ah* im Wort der Erde. In dieser sprachtechnischen Verwandtschaft spiegelt sich die mythische Aussage der Bibel wider, daß der Mensch aus Erde gebildet sei. Der Mensch ist ein Erdling. Als Gott *JHWH* dann feststellt: „Es ist nicht gut, daß der Mensch allein sei, ich will ihm gegenüber eine Hilfe machen", formte er – ebenfalls aus Erde – zunächst die Tiere auf dem Felde und die Vögel am Himmel und umgab den Menschen mit ihnen... (Genesis 2:18f.). Warum wird dieser Zwischenschritt eingelegt, bevor Adams weibliches Pendant entsteht? Sollte er mit den Tieren spielen? Nein, der Adam macht etwas, das ihn wesentlich von allen anderen Lebewesen unterscheiden wird. Der Mensch beginnt, den Tieren und Pflanzen Namen zu geben. Er bildet Begriffe und Ideen, baut sich Gedankengebäude daraus und richtet sich darin ein. Er systematisiert seine Welt, um sie zu verstehen. Und je mehr er versteht, um so mehr wagt er auch, in ihre Abläufe einzugreifen. Er wird diese Aktivitäten kultivieren und hoch entwickeln bis hin zu den Wissenschaften und ihren technischen Anwendungen. Diese Übergangsphase zeigt aber auch, daß zum Menschsein immer noch etwas Entscheidendes fehlte: die zwischenmenschliche Beziehung. Dafür brauchte der Adam ein menschliches Gegenüber, das seine Vermehrung ermöglicht, aber auch zur Begegnung herausfordert. So baute Gott die Frau aus einem Teil vom *Adam* selbst. Nicht aus Erde formte er sie, denn *der Mensch* ist ja schon geschaffen. Eine eigene Spezies soll das weibliche Gegenüber nicht werden, im Gegenteil. Wie sehr beide zusammengehören, zeigt das Hebräische, indem es für Mann und Frau das gleichen Wort verwendet, nur eben einmal in männlicher und einmal in weiblicher Form: *isch* (*Aleph*, *Schin*) und *ischah* (*Aleph*, *Schin* + die weibliche Endung *Heh*). Bereits Martin Luther hat in seiner bahnbrechenden Bibelübersetzung gezeigt, wie das auf Deutsch klingen würde, nämlich wie *Mann* und *Männin*. Wie der Urmann hat auch die Urfrau noch einen eigenen Begriff, den ihr übrigens Adam selbst verleiht. Er lautet Eva, in der Ursprache *Chawah*. Auch Eva ist hier noch nicht als Vorname gemeint. Wie Adam mit der Erde, so ist *Chawah* inhaltlich mit den aus der gleichen Wurzel (*Cheth*, *Jud*, *Heh*) gebildeten Begriffen *chaj* (*lebendig sein*) und *chajah* (*Lebewesen*) verbunden. Sie wird als die Mutter aller Lebewesen vorgestellt (Genesis 3:20), natürlich nicht aller Pflanzen und Tiere, aller Sträucher und Kühe. Um das einzuschränken, ergänzt die Tradition den Ausdruck „*em kol chaj*" – „Mutter alles Lebendigen" durch „*medaber*" – „sprechenden", also vernunftbegabten Lebens.

Diese inneren Verbindungen zwischen Adam und der Erde, zwischen Eva und dem Leben werden dann durch die folgende Passage vom Essen der verbotenen Frucht erst erklärt und verständlich gemacht. Den Apfel, der auf vielen Darstellungen zusammen mit Adam und Eva verewigt ist, wird der Leser in der Bibel allerdings vergebens suchen. Er entstammt einer Phantasie der christlichen Tradition, die allein von der Ähnlichkeit der lateinischen Wörter für den Apfel und das Böse lebt. Beides heißt im Latein *malum*. Und schlecht ist nach ihrer Interpretation auch, was hier geschieht. Ursprünglich wird die Frucht nicht näher benannt. Und ursprünglich muß von vornherein eingeplant gewesen sein, daß sich die beiden davon etwas nehmen. Sonst hätten sich die Menschen nie vermehrt, hätte es eine Menschheitsgeschichte nie gegeben und die ganze Bibel hätte nicht geschrieben werden brauchen. Herr und Frau Mensch entdecken nach dem Genuß der Früchte vom Baum der Erkenntnis einander zunächst einmal sexuell. Dieser Sinn ist im Verb erkennen, *jada'* (*Jud, Daleth, Ajin*), tatsächlich auch enthalten. Wenn er sie erkennt und umgekehrt, dann machen sie miteinander genau das. Sexualität und Scham sind aber längst nicht alles, was die beiden lernen. Das Gewächs, an dem die Frucht hängt, heißt ja vollständig „Baum der Erkenntnis des Guten und Bösen", *'etz da'ath tov wa-ra'*. Sie lernen zu unterscheiden, was logisch und was ethisch-moralisch richtig und falsch ist. Erst nachdem sie das wissen, können sie sich übrigens schuldig machen. Von einer Sünde oder gar Ur-Sünde kann keine Rede sein, so lange einer nicht weiß, was das überhaupt ist. Mit dem Leben als einfältigem, naivem Naturwesen war es jetzt aber ein für alle mal vorbei. Wichtige Grundtriebe im Menschen sind nun festgelegt: sein Forscherdrang und sein Kulturbedürfnis und sein freier Wille, mit dem er sich auch gegen das Gute entscheiden kann. Mit der Verbannung der Menschen aus dem Garten in Eden wird die menschliche Existenz dann noch einmal in eine andere Richtung hin ausdefiniert. War es zuvor die Unterscheidung vom Tierreich, geschieht nun eine Abgrenzung des Menschenwesens von Gott. Dies zeigt sich an dem Grund, warum die beiden den Garten verlassen müssen: Sie sollen nicht auch noch versuchen, vom Baum des Lebens, *'etz ha-chajim*, zu naschen. Nach seinen Früchten soll der Mensch zumindest nicht sofort greifen können. Das ist existentielle Bedingung für ein Leben in der Welt, wo Eins und Vier nur nebeneinander bestehen. Dort gibt es kein ewiges Leben. Die Abkürzung zur anderen Welt mit dem Baum des Lebens soll der Mensch nicht nehmen. Deshalb postiert Gott sogar die Cherubim, eine Art Engel, mit ihren „Laserschwertern" am Eingang des Gartens im Osten (Genesis 3:24). Das *Heh* am Ende des Wortes für Erdboden, *adamah*, mit dem Wert fünf deutet darauf hin, wie und wann der Erdling zum Baum des Lebens kommt: wenn er seine körperliche Existenz aufgibt, zur Erde zurückkehrt und diese Welt wieder verläßt. Daß Menschen wieder gehen, ist auch Voraussetzung dafür, daß andere in die Welt kommen können. Die Begegnung mit der Schlange, dem *nachasch* (*Nun, Cheth, Schin*) bereitet die Bedingungen dafür vor. Im Hebräischen ist die Schlange tatsächlich ein Er und die Verführung nicht automatisch weiblich. Zwiespältig ist das Wesen der Schlange. Zu Recht denken wir an Verrat und Hinterhalt. Zugleich ist sie das Werkzeug, mit dessen Hilfe die Geschichte erst in Gang kommt – mit allem, was dazugehört: daß Menschen geboren werden und sterben; daß die Frau unter Schmerzen Kinder gebiert, daß der Schmerz vergeht und etwas Neues entsteht. Die Verwandtschaft von *Adam* und *adamah* teilt Eva mit ihrem männlichen Gegenüber, denn aus ihm ist sie hervorgegangen. Aber nur ihr, *Chawah*, ist es vorbehalten, das Leben in die Welt zu bringen; allein die Frauen sind Mütter des Lebens. Die Kinder, die sie gebären, sind dann wieder weiblich *und* männlich. Das Leben des Menschen ist mühevoll. „Im Schweiße seines Angesichts" muß er seinen Unterhalt verdienen (Genesis 3:16-19). Und erst, wenn die Grundbedürfnisse gestillt sind, kann das Leben beginnen, mehr als bloßes Überleben zu sein. Am Ende jagt Gott *JHWH* die beiden nicht einfach aus dem Garten und überläßt sie nicht sich selbst. Er selber macht für den Adam und seine Frau ein Art Kleidung aus Leder oder Fell und zieht sie ihnen an, damit sie die noch frisch entdeckte Scham bedecken und sich schützen können, wo auch immer sie unterwegs sein werden (Genesis 3:21).

„Seid fruchtbar und vermehrt euch", hat es in der ersten Schöpfungsgeschichte (Genesis 1:28) geheißen; und die zweite buchstabiert weiter aus, was das eigentlich bedeutet. So gehören die kosmische Schöpfungsgeschichte und die Paradiesgeschichte eng zusammen, auch wenn sie – wie die historische Textkritik ermittelt hat – wahrscheinlich an unterschiedlichen Orten von verschiedenen Personen aufgeschrieben wurden. So läuft es oft in der Geschichte; erst die Inspiration und die Innovation vieler wachsen zu einem größeren Ganzen zusammen. In der Tradition kommt auch der Endredaktion große Bedeutung zu. Diese wird ihrerseits wieder gewürdigt durch weitere Interpretation. Denn die Tradition ist wie das Leben selbst, das sie begleitet – in Bewegung.

Die Sintflut – in eine neue Weltzeit schwimmen

Der erste Mann und die erste Frau sind wie alle Figuren in der Thora Beispielgestalten, die uns immer auch etwas vom Menschsein überhaupt erzählen, egal wie eigen sie sich bereits zeigen. Anders als spätere Vertreter etwa aus der Väterzeit oder der Gründungsära des Volkes Israel tragen Adam und Eva noch keine individuellen Züge; es sind reine Prototypen. Die Bibel nutzt andere Mittel, als wir es von den Naturwissenschaften her kennen, um das menschliche Wesen zu beschreiben. Sie geht nicht von einem Stammbaum der Arten aus, in dessen Verzweigungen irgendwann unter den Primaten auch der Mensch auftaucht. Sie zeigt den Menschen zunächst als eine noch konturlose Urgestalt, die sich in einem mythischen Bedeutungsraum bewegt. Wenn man hier einen Vergleich mit den modernen Wissenschaften versuchen wollte, dann läßt das erste Menschenpaar am ehesten an den menschlichen Gattungsbegriff denken. In der Erzählfolge der Geschichten durchschreiten die späteren biblischen Protagonisten weitere solcher Räume, die in ihrer Ausgestaltung unserer Erfahrungswelt immer ähnlicher werden. So wird vom ersten Menschenpaar ausgehend über eine bestimmte Anzahl von Generationen das Menschliche weiter ausdefiniert und bekommen die beteiligten Figuren auch individuellere Züge. Die Abfolge der Geschichten ist also nicht allein chronologisch zu verstehen. Es werden vielmehr verschiedene Schichten der Wirklichkeit durchlaufen, die auch im „wahren Leben" immer präsent sind – in der Außenwelt wie in unserem inneren Erleben. Dieser Weg führt nicht allein von der Gattung zum Individuum, sondern auch von der Menschheit zur Menschlichkeit.

Kurze Zeit nachdem Adam und Eva den Garten verlassen hatten, bekamen sie ihre ersten Kinder – zuerst den Kain, dann den Abel. Mit diesen Sprößlingen kommt zugleich der Konflikt in die Welt, und das weitere Geschehen schlittert geradewegs hinein in die erste Kriminalgeschichte der Menschheit. Den Mörder müssen wir nicht lange suchen; daß Kain den Abel tötet, wird schließlich gleich miterzählt. Aber seinem Motiv auf die Spur zu gehen, ist noch eine lohnende Aufgabe für den Detektiv. Was würde ein professioneller Ermittler zuerst tun? Sich das Umfeld der beiden Männer näher ansehen. Und da ist vor allem eines wichtig für das Verständnis des Konflikts zwischen den Brüdern: Er setzt voraus, daß tatsächlich schon mehr als vier Menschen auf der Welt existieren. Für eine vierköpfige Familie hätten ein Schrebergarten und ein Kaninchenstall zur Selbstversorgung gereicht. Kain und Abel aber sorgten für pflanzliche und tierische Nahrung in größerem Stil. Abel wurde Viehzüchter und sein älterer Bruder Bauer. Mit ihnen stehen sich nicht nur zwei Berufsgruppen gegenüber, sondern zwei Lebensweisen: die des nomadisch lebenden Viehhirten und die des seßhaften Ackerbauern. Und ganz nebenbei erfahren wir, daß es schon

Usus in jener Zeit war, Tiere und Pflanzen rituell zu opfern. So brachten auch Kain und Abel ganz selbstverständlich ihrem Gott etwas vom Ertrag ihrer Hände Arbeit dar (Genesis 4:3-16). Dabei stellte sich heraus, daß Gott das Tieropfer Abels offenbar mehr gefiel als das pflanzliche Opfer Kains. Vielleicht ist dies bereits ein Hinweis auf die zukünftige zentrale Stellung der Tieropfer im Tempelkult. Im Hinblick auf die beiden Lebensweisen bedeutet das aber, das Nomadenleben wäre eigentlich freier gewesen von der Versuchung, mehr Dinge anzuhäufen, als man tatsächlich zum Leben braucht. Mit der Seßhaftigkeit erst kamen der Besitz von Grund und Boden und damit der Zwist zwischen Besitzenden und Besitzlosen in die Welt. Dennoch haben Ackerbau und Viehzucht letztlich die Lebensweise der umherziehenden Viehhirten verdrängt. Aus der Perspektive von Geschichte und Archäologie gesehen, bewegen wir uns hier in der Jungsteinzeit (Neolithikum), als die Menschen erstmals dazu übergingen, sich in Dorfgemeinschaften niederzulassen und Landwirtschaft zu betreiben. Das Neolithikum setzte im Gebiet des fruchtbaren Halbmonds schon vor ca. 12.000 Jahren ein und in Europa zeitversetzt um ca. 6000 Jahre später. Aber kehren wir zurück zur Erzählweise der Bibel. Auch Kain gibt vom Besten, was er hat, nur bekommt er dafür nichts. Versagte Anerkennung tut weh. Sie weckt das Unrechtsempfinden ebenso wie ein vorenthaltener materieller Lohn. Dieser Herausforderung hält Kain nicht stand. Er lockt seinen Bruder aufs Feld und bringt ihn um. So kehrt ein Erdling (*Adam*) allzu schnell zur Erde (*adamah*) zurück und kann sein Lebenspotential nicht mehr ausschöpfen. Damit überschreitet Kain eine Grenze, die er bei allem Verständnis für seine Enttäuschung niemals auch nur hätte streifen dürfen. Kein materielles oder ideelles Gut wiegt ein Leben auf.

Vielschichtig ist das Geschehen; und auf einer der vielen Ebenen wird uns noch etwas ganz anderes mitgeteilt über das Verhältnis von Kain und Abel. Nicht nur an dem, was mit den beiden passiert, sondern auch an ihren Namen ablesbar wird von einer weiteren Grunddualität erzählt. Kains Name wird eigentlich *Qajin* geschrieben und trägt bereits das Thema *erwerben, um zu besitzen* in sich. Das Verb aus der gleichen Wurzel *qanah* (*Qoph, Nun, Heh*) heißt *erwerben, sich aneignen*. Erworben werden in erster Linie handfeste materielle Dinge, die den körperlichen Bedürfnissen dienen. Auch die Seele braucht Nahrung und hat letztlich keine Chance in der Welt, wenn sie nicht in einem gut versorgten Körper wohnt. Das Unsichtbare, nicht Greifbare der Seele aber ist der Sinn im Namen Abels. Abel wird auf Hebräisch *Hevel* ausgesprochen und bedeutet *Windhauch*. Mit dem gleichen Ausdruck wird noch der Prediger Salomo über den Sinn und Unsinn des Weltgetriebes nachgrübeln: „*ha-kol hevel u-re'uth ruach*" – „alles ist eitel und Haschen nach Wind". Martin Luthers Übersetzung trifft die Intention genau. Im Original klingt noch fragiler und zweifelhafter, was wir erreichen und behalten können: „alles ist ein flüchtiger Windhauch, ein Streben nach Wind" (Koheleth 1:14; 2:17 u.a.). Pustekuchen – am Ende bleibt nichts? Von der Seele des Menschen bleibt in der Tat nichts in dieser Welt, sobald ein Anschlag sie aus dem Körper vertreibt. Umgekehrt ist der Körper ohne sie nichts als leblose Materie. Das Verhältnis der Brüder erzählt also auch etwas über das Verhältnis von Leib und Seele im Menschen. So gesehen kann der Mord von Kain an Abel auch als Hinweis auf die mögliche Unterdrückung der seelischen Seite unter einer Vormacht des Leiblich-Materiellen verstanden werden – symbolisch erfaßbar auch im *dam* (Blut), dem *Adam* ohne *Aleph*. Die innere Verbindung zum *Aleph*, zur Eins des *einen* Gottes ist unentbehrlich für die Herausbildung der Menschlichkeit; und allein die Geist-Seele (*neschamah*) im Menschen ist dazu in der Lage, sie herzustellen. Das Hebräische unterscheidet zwischen zwei Seelenanteilen. *Neschamah* ist der Anteil, der den Menschen zur Person macht und auch noch dann erhalten bleibt, wenn sich die Konfiguration von Körper und Leibseele längst wieder aufgelöst hat. Die Leibseele (*nephesch*) hat der Mensch dagegen mit allen anderen Lebewesen gemeinsam. Sie ist das, was seinen Körper belebt und den Menschen in die Zusammenhänge der Natur integriert. Verbindung aber zu Gott *JHWH* und zu allen geistigen Dimensionen der Welt schafft im Menschen allein die Energie der *Neschamah*. Die Tendenz zur Verdrängung des Seelischen durch das Körperliche ist Ausdruck einer Fehlentwicklung, aufgrund derer der Mensch seine Kapazitäten allein auf Zusammenhänge der Physik und der Biologie beschränkt, und damit auf Qualitäten der *Nephesch*. Mit Kain und Abel führt die Bibel dieses Thema in den Geschichtsverlauf ein. Nach dem Mord irrte Kain in einer Welt umher, deren Formen und Gestalten er nicht durchschauen konnte. Ihm fehlte eine Verankerung in der Ordnung, die allen Seins- und Sinnzusammenhängen unterliegt, ihm fehlte die Orientierung. Orientierung ist ja nichts anderes als das Bewußtsein, eingebunden zu sein in einen Gesamtsinn. Ein immer Mehr an materiellen Gütern, ein immer Mehr an Zerstreuung allein befestigt dagegen gar nichts. Haltlos und sinnentleert ist Kains Existenz ohne *Hevel*. „*Na' wa-nad thihijeh ba-aretz*" – „unstet und flüchtig wirst du im Lande sein" (Genesis 4:12), hatte Gott ihm selbst prophezeit. Darauf wandte sich Kain von *JHWH* ab und verzog sich nach Nod. Der Name des imaginären Ortes *Nod* wie das Wörtchen *nad* gehören von der Sprachstruktur her zusammen und sind Ausdruck rastloser Bewegung. So lebte er nun abgeschnitten vom Ursprung „im Lande Nod östlich von Eden" (Genesis 4:16).

Das Verhältnis von Leib und Seele wird in anderen biblischen Figuren wiederkehren und weiter ausdefiniert. Die nächsten Kandidaten werden die Söhne des Erzvaters Isaac sein, Jacob und Esau. Der weitere Werdegang von Kain setzt wieder voraus, daß es schon weit mehr Menschen gab, als die biblische Geschichte bisher sehen ließ. Kain hatte plötzlich eine Frau. Sie bleibt namenlos, wie viele Frauen in der Bibel, und bekam von ihm ein Kind namens Henoch (hebr. *Chanokh*). Dann baute Kain eine Stadt, die er nach eben diesem Sohn benannte: Henoch (Genesis 4:17). Es waren also schon so viele Menschen da, daß sie eine ganze Stadt füllten, und wahrscheinlich nicht nur eine. Nur einen Vers lang hat es gedauert, und schon sind wir in der Bronzezeit angelangt (3200-1200 v.d.Z., Beginn in Europa ca. 1000 Jahre später), der in der Hochkultur Mesopotamiens bereits eine Epoche großer Städtegründungen vorausging (ab 3500 v.d.Z.). Lemech, der Ururenkel von Henoch, nahm sich schon zwei Frauen: Ada und Zilla. Von Ada bekam er zwei Söhne: Jabal wird als Vater der in Zelten wohnenden, also nomadisch lebenden Viehzüchter vorgestellt. Und mit Jubal erschienen die Zither- und Flötenspieler, also die ersten Musiker und Kulturschaffenden auf der Weltbühne. Auch Zilla bekam zwei Kinder, einen Sohn und eine Tochter. Der Sohn Tubal Kain wird zum Vater aller Erz- und Eisenschmiede erklärt; mit ihm beginnt also die Eisenzeit (1200-600 v.d.Z.). Das heißt, wenn wir uns das für einen Moment wieder historisch und archäologisch vorstellen, liegen zwischen Henoch und Tubal Kain wenigstens 2000 Jahre Menschheitsgeschichte. Von Tubal Kains Schwester erfahren wir den Beruf nicht, aber immerhin kennen wir ihren Namen: *Na'amah* bedeutet die Anmutige. Und das ist ja genau, was von Frauen in einer von Männerphantasien geprägten Welt am meisten erwartet wird: Schönheit. Nach diesem rasanten Ritt durch die frühe Menschheitsgeschichte kehrt der Text noch einmal zu Lemech zurück und berichtet, wie er vor seinen Frauen ein seltsames Lied zum Besten gibt (Genesis 4:23f.). Gott hatte Kain nach seiner Untat versprochen, er werde siebenfach gerächt, falls ihm jemand auf seinem schutzlosen, unsteten Lebenspfad etwas antun würde (Genesis 4:15). Das Kainsmal, das ihn schützen soll, tragen wir alle. In jedem Menschen steckt das Herdentier, in jedem der reißende Wolf, in jedem das Potential zur Großmut und zur Niedertracht. Deshalb bekommt Kain überhaupt noch seine Chance. Inzwischen hatte auch Lemech ein Leben auf dem Gewissen, mindestens eins, und brüstet sich damit: er selbst werde 77-mal gerächt. So wirkt das Prinzip von Gewalt und Gegengewalt, nachdem es das Eisen gibt. Von nun an kann noch effektiver gewerkelt und getötet werden.

Die große Flut konnte da keine entscheidende Neuorientierung gebracht haben, obwohl sie dafür auf die Menschheit losgelassen wurde: weil die Erde „verdorben war" durch alles „Fleisch", genauer gesagt durch alles menschliche (Un-)Wesen. Aber bekanntlich unterscheidet die entfesselte Naturgewalt weder zwischen Gutmenschen und Übeltätern noch zwischen den Menschen und sonstigen Lebewesen. Also verkündete Gott dem Noah (hebr. *Noach*) „das Ende allen Fleisches" (Genesis 6:12f.). Gott agiert hier in seiner Eigenschaft als *Elohim*, ganz passend zum Weltenrichter. Eingeleitet wird die Sintflut-Geschichte so: „*eleh tholedoth Noach*" (Genesis 6:9). Das wird oft mit „dies ist die Geschichte Noahs" übersetzt, was auch stimmt. Wir haben es hier aber auch mit einer festen Formel zu tun, die als Zäsuranzeiger im Buch Genesis immer wiederkehrt. Wo „*eleh tholedoth*" – „dies sind die Generationen" oder „dies ist die Genese von..." – auftaucht, tritt der Geschichtsverlauf meist in eine neue Phase ein. *Tholedoth* hat die Wurzel *Jud, Lamed, Daleth*. Aus ihr werden all die Worte gebildet, mit denen auf die Welt gebracht, gezeugt, geboren und sonst wie generiert wird. *Tholedoth*, so heißen auch die *Generationen*. Noah steht an einem Übergang zwischen zwei Weltordnungen. Er erfüllt eine Bindegliedfunktion zwischen der Welt vor der Flut und der Welt danach. Noah und seine Söhne Schem, Cham und Jepheth samt ihren Frauen sollen eine neue Menschheit begründen – nach der Vernichtung der alten. Warum eigentlich gerade Noah? Weil er ein vollkommen Gerechter gewesen sei, der „mit Gott wandelte": „*eth-ha-Elohim hithhalekh Noach*" (Genesis 6:9). Er war wohl der Einzige, der dem Gerechtigkeitsmaßstab Gottes standhielt. Der Plan mit Noah aber ging nicht auf. Der Keim der Entzweiung steckte auch in ihm; in seinen Söhnen wird er wieder offenbar.

Die Idee, daß nur die wenigen Insassen eines Schiffes eine große Wasser-Katastrophe überleben und ihr Gefährt schließlich an einem Berg strandet, ist älter als ihre biblische Aufzeichnung. Sie hat ein mesopotamisches Vorbild, das uns am besten in einer Version aus babylonischer Zeit (um 1700 v.d.Z.) überliefert ist. Dort ist sie eingebettet in eine selbst inzwischen berühmt gewordene Sage, das Gilgamesch-Epos (22./21.Jh. v.d.Z.), hatte mit ihr aber ursprünglich nichts zu tun. Die Bestandteile dieses Epos' haben ihrerseits ältere, voneinander unabhängige Vorläufer, deren Entstehung bis in die Zeit der Sumerer zurückreicht (28./27.Jh. v.d.Z.). Die sumerische Ära ging ab ungefähr 2000 v.d.Z. ihrem Ende entgegen, als sich die Akkader und weitere semitische Stämme in ganz Mesopotamien durchsetzten. Kulturell bildeten sie zusammen mit den Sumerern ein Konglomerat, aus dem schließlich die Babylonier hervorgingen (vgl. Gilgamesch-Epos, ed. Schott, 5-7). Tief reichen die Wurzeln der Bibel in die Geschichte. Sie entstand nicht im luftleeren Raum, sondern je nach Situation, in Auseinandersetzung oder im Dialog mit den Kulturen der nahen und ferneren Umgebung. Durch den Glücksumstand von Keilschriftfunden des Gilgamesch-Epos' haben wir die seltene Gelegenheit eines direkten Vergleichs. Was passierte mit Utnapischtim, dem babylonischen Noah? Er geriet in den Plänen der Götter zunächst zwischen die Fronten. Als man sich im mesopotamischen Pantheon unter der Leitung des Himmelsgottes Anu schwor, eine Sintflut über die Menschen kommen zu lassen, war man sich offenbar nicht einig über deren Ausmaß. Um den Windgott Enlil, einem Sohn des Anu, scharten sich diejenigen, die der Menschheit ganz den Garaus machen wollten. Der Wassergott Ea aber wollte wenigstens einen Teil der Menschen und Tiere am Leben lassen und gab Utnapischtim den Befehl, sein Haus abzureißen und aus dem Material ein Schiff, das heißt einen eher würfelförmigen Behälter zu bauen. In sieben Tagen mußte er damit fertig sein. Die Menschen in seiner Umgebung sollte er täuschen, damit sie von der kommenden Katastrophe nichts ahnen. Also erzählte Utnapischtim ihnen, daß er bei Enlil in Ungnade gefallen sei und daher nicht mehr bei ihnen in der Stadt Schuruppak bleiben könne. Außerdem gaukelte er ihnen mit der Ankündigung eines Regens von jungen Vögeln am Morgen und von Weizenkörnern am Abend ein Füllhorn reichen Wohlstandes vor. Utnapischtim ließ sich sogar von den an der Nase herumgeführten Anwohnern beim Bau des Schiffes helfen. Dann befüllte er es mit Gold, Silber und allerlei Arten von Lebewesen, mit Wildtieren und Haustieren und bestieg es nach sieben Tagen zusammen mit seiner Familie und seinen Hausgenossen. Als alle drin waren, verschloß er das Boot selbst hinter sich. An jenem Tage regnete es dann tatsächlich morgens Vögel und abends Weizen, aber davon sollten die Menschen nicht mehr viel haben. Denn am nächsten Morgen öffneten die Götter des Himmels, der Unterwelt und des Krieges sämtliche Schleusen, so daß Wasser von allen Seiten über die Erde strömte und quoll, sechs Tage lang. Die Götter erschraken und klagten und flohen in den Himmel, wo Anu thront; und die große, weise Ischtar schrie wie eine Frau in den Wehen. Am siebten Tag aber war die Flut vorbei. Das Schiff landete am Berg Nissir an, wo es zunächst für weitere sieben Tage blieb, ohne daß sich jemand rührte. Im Siebentagetakt rollen die Ereignisse ab. Denn die Völker Mesopotamiens hatten als Experten der Himmelsbeobachtung längst erkannt, in welchen Rhythmen das Weltgeschehen pulsiert. Am siebten Tag öffnete Utnapischtim schließlich die Luke, schaute hinaus und sah Wasser, Wasser, nichts als Wasser. Er sandte eine Taube zur Erkundung der Umgebung aus, die aber nichts fand, wo sie sich hätte niederlassen können. Der Schwalbe, die folgte, ging es genauso. Erst der Rabe fand einen Platz zum Aufsetzen und kam nicht zurück. Jetzt konnten die Insassen ihr Boot verlassen. Utnapischtim opferte den Göttern in Dankbarkeit für die überstandene Irrfahrt Spezereien auf sieben und noch mal sieben, also 14 Räuchergefäßen. Angelockt vom wohligen Geruch des Räucherwerks, surrten diese ihm wie ein Fliegenschwarm um die Ohren. Enlil war zunächst nicht darüber erbaut, die Überlebenden zu sehen. Im Zuge seiner Auseinandersetzung mit den anderen Göttern zeigt sich, daß auch in dieser Version die Katastrophe auf das üble Tun der Menschen zurückgeführt wird. Und auch hier wird beschlossen, daß ihre mißlichen Taten in Zukunft kein Grund mehr für solch eine verheerende Flut sein sollten. Was Ea zu Enlil schließlich sagt, kommt bereits einer Forderung nach persönlicher Verantwortlichkeit sehr nahe. Die Sünde solle nur auf dem Sünder selbst liegen und der Frevel nur auf dem Frevler. Sonst sollte die Zahl der Menschen allenfalls noch durch Löwe, Wolf, Hunger und Pest gemindert werden. Außerdem passiere ein jegliches Unglück möglichst nur noch mit begrenzten Folgen. Am Ende ist es Enlil selbst, der Utnapischtim und seine Frau in den Stand der Götter erhebt (vgl. Gilgamesch-Epos, ed. Schott 93-101). In der Bibel geht die Geschichte noch weiter. Hier wird Gott einen Bund mit den Menschen und allen Lebewesen schließen. Dies ist nur ein Detail, in dem das babylonische Vorbild seine weitere Ausdeutung findet.

Auch in der biblischen Version der Flutgeschichte wurde Noah die Katastrophe sieben Tage vor ihrem Ausbruch angekündigt und ihm angewiesen, einen wasserdichten Behälter zu bauen, der in den Übersetzungen oft *Arche* genannt wird. Das ist griechisch und bedeutet *Anfang*, verweisend auf den Neuanfang für das Leben nach der Flut. Das hebräische Wort für das Gefährt ist *thevah* (*Thav, Beth, Heh*) und kann mit *Kasten* übersetzt werden. Ein Schiff ist es auch hier nicht, dafür fehlen ihm entscheidende Teile wie ein Segel oder eine andere Antriebshilfe und nicht zuletzt ein Steuer. Das ist entscheidend; wenn wir diesen Kasten dennoch Schiff oder Boot nennen wollen, dann immer im Bewußtsein, daß Noah es nicht selbst lenken kann. Er muß sich ganz von Gott leiten lassen. Das Wort *thevah* wird in der Bibel nur an einer Stelle nochmals verwendet: am Beginn der Lebensgeschichte von Moses. Kurz nach seiner Geburt wird er in ein Kästlein, in eine kleine *Thevah* gelegt und auf dem Nil ausgesetzt. Seine Eltern hofften, daß er in die Hände einer wohlwollenden Person treibt und so dem Befehl des Pharao entgeht, alle männlichen Neugeborenen der Hebräer zu töten (Exodus 2:1-4). Die *Thevah* steht symbolisch in einer engen Verbindung zum Wort für Sprache oder Zunge, das auf Hebräisch *laschon* (*Lamed, Schin, Nun*) heißt. Wie entsteht der Zusammenhang? Die Maße, in denen die Arche gebaut werden sollte (Genesis 6:15), betragen 30 Ellen Höhe (30=*Lamed*), 300 Ellen Länge (300=*Schin*) und 50 Ellen Breite (50=*Nun*). Sie entsprechen damit den Zahlenwerten der Buchstaben, aus denen sich das Wort *laschon* zusammensetzt. Das Leben auf der Erde hier und das Baby dort, das als reifer Mann sein Volk in die Freiheit führen wird, beide werden gerettet durch das Wort. Gerettet nicht durch Proklamation oder Befehl. Die Information ist – über die Entsprechungen von Buchstabe und Zahl – ins Geschehen selbst eingewoben.

Nach sieben Tagen bestieg Noah schließlich mit seiner Frau und seinen Söhnen samt ihren Frauen die *Thevah*. Auch er nahm Proben von allem Leben mit, Paare von – siehe da – reinen und unreinen Tieren. Diese Unterscheidung gab es also schon vor der Offenbarung. Und wie Utnapischtim besorgte auch Noah reichlich Proviant für die Passagiere. Er brauchte aber mehr als sein babylonischer Kollege, denn seine Fahrt sollte länger dauern. Dann heißt es: „und *JHWH* schloß hinter ihm zu" (Genesis 7:16); *Adonaj*, nicht *Elohim* – da blitzt seine mitfühlende Seite auf, wie überhaupt an allen Stellen, wo das Überleben der Menschen und Tiere um Noah vorbereitet wird. Gott selbst machte das Boot dicht, und dann begann es zu regnen. 40 Tage lang standen alle Schleusen offen: vom 17. Tag des 2. Monats im 600. Lebensjahr Noahs an bis zum 28. des 3. Monats. Vierzig Tage lang stieg das Wasser an (Genesis 7:11f.). Die Symbolik der Vierzig und die des Wassers gehören inhaltlich eng zusammen. Das ist ablesbar am Buchstaben der 40, dem *Mem*, und dem Wort für Wasser, *majim*. Das *Mem* wird – in der Lautung nur geringfügig verschoben – im Nu zu *majim*, wenn man es in die Dualform bringt. Alle Endungen auf *-ajim* lassen auf eine Zweiheit schließen. Viele alte Kulturen kannten den symbolischen Zusammenhang zwischen dem Wasser und der Zeit in der Welt der Dualitäten. Und wie die Vier ein Symbol der Ausdehnung ist, so auch die Vierzig. Die Vierzig aber impliziert mehr die zeitliche Dimension und unterstützt zusammen mit der räumlichen Symbolik der Vier einmal mehr die Vorstellung einer vierdimensionalen Raumzeit. Ein Dauerregen in der frühen Menschheitsgeschichte und eine gigantische Hochwasserkatastrophe sind vielleicht auch historisch nachweisbar. Symbolisch umschrieben gingen die Menschen der Generation Noahs in den Wassermassen einer in sich abgeschlossenen Welt unter. Die Rückbindung an die Eins hat ihnen gefehlt. Ein menschliches Leben aber ohne Eins – ist keins.

Nach 40 Tagen stand das Wasser 150 Tage lang über der Erde (Genesis 7:24). Den maximalen Stand erreichte die Flut mit einem Pegel von 15 Ellen oberhalb der höchsten Gebirgszüge. Dann begann das Wasser wieder zu sinken (Genesis 7:20; 8:3). Am 17. des 7. Monats (von Noahs 600. Lebensjahr) lief das Schiff am Berg Ararat auf Grund, und am 1. des 10. Monats wurden alle Bergkuppen sichtbar (Genesis 8:4f.). Bis die Gebirge wieder ganz zu sehen waren, dauerte es nochmal 60 Tage. Dann war der Wasserstand um weitere 15 Ellen gefallen: 15 Ellen in 60 Tagen, das bedeutet, der Pegel sank um eine Elle in vier Tagen. Eins zu vier – dieses Verhältnis wird die Schöpfung auch nach der Flut prägen. Die Maße und Proportionen des Schiffes sind ebenso symbolisch, wie die des israelitischen Wüstenheiligtums oder des Jerusalemer Tempels. Symbolische Maße aber können wir nicht ohne weiteres in unser Metermaß übertragen. Die biblische Elle heißt auf Hebräisch *amah* (*Aleph, Mem, Heh*). Das *Heh* (5) am Schluß ist wieder die weibliche Endung; der restliche Wortstamm besteht aus *Aleph* (1) und *Mem* (40). Unter dem Zeichen einer an die Eins zurückgebundenen Vierzig rettet das Gefährt das Leben vor dem völligen Versinken im Zeitfluß. Das *Heh* am Ende des Wörtchens Elle hat eine ähnliche Funktion wie das am Ende des Wortes für Erdboden, *adamah*. Das *Heh* mit dem Wert Fünf weist immer über die im Geviert der Welt gesetzten Begrenzungen hinaus. Im Grunde ist das bei jeder weiblichen Endung auf „*-ah*" so. Von dem Moment an, als die Kuppen der höchsten Berge aus dem Wasser ragten, wartete Noah noch weitere 40 symbolische Tage, ehe er das Fenster der *Thevah* öffnete (Genesis 8:6). Als er zum ersten Mal hinausschaute, sah auch er nichts als Wasser und sandte Vögel zur Erkundung der Umgebung aus. Er schickte zuerst den Raben los, dann dreimal eine Taube; eine Schwalbe ist nicht dabei. Die Erkundungsflüge dauerten 21 Tage. Denn nach dem Raben schickte er gleich eine Taube los, die nächsten aber jeweils in einem Abstand von sieben Tagen. Am 21. Tag – das ist der 1. des 1. Monats vom Folgejahr – kehrte die dritte Taube nicht zurück. Es dauerte insgesamt noch einmal 40+20=60 Tage, bis der Wasserpegel um weitere 15 Ellen – also wieder im Verhältnis von vier zu eins – bis zum Boden sank und die Erde wieder freigab.

Es ist möglich, daß sich der Rabe bis zu diesem Überlieferungsstadium der Flutgeschichte auch zu einem Symbol für den Leib entwickelt hat und die Taube zu einem für die Seele. Auf diese Idee kann man jedenfalls kommen, wenn man sich nach weiteren Raben in der Bibel umsieht. Ein Rabe wurde von Gott geschickt, um für das leibliche Wohl des Propheten Elia in der Wüste zu sorgen, als er sich beim Bach Krit vor dem König verstecken mußte. Der Prophet trank aus dem Bach, und der Rabe versorgte ihn mit Essen und rettete ihm so das Leben (I. Könige 17:1-6). In der Geschichte Noahs steht wiederum die Taube in besonderem Maße mit der geistigen Seite in Verbindung. Dreimal sandte Noah eine Taube aus: einmal kehrte auch sie zurück, einmal kam sie wieder mit einer Pflanzenprobe im Schnabel, beim dritten Mal blieb sie fort. Der Rabe dagegen flog, als er noch nichts zum Aufsetzen fand, so lange umher, bis sich das Wasser zurückzog (Genesis 8:7-9). Beim zweiten Versuch brachte die Taube nicht ein Lindenblatt oder einen Grashalm, sondern einen Olivenzweig mit. Die Olive, aus deren Früchten die Menschen köstliches Öl herstellen lernen, ist symbolisch mit der Acht, also mit jener Zahl verbunden, die nicht nur auf eine andere Welt verweist, sondern auf eine Seite der Wirklichkeit, die immer schon die Begrenzungen dieser, unserer Welt übersteigt. Beide Worte haben in der Ursprache die gleiche Wurzel: Öl heißt *schemen* (Schin, Mem, Nun), und Acht *schemoneh* (Schin, Mem, Nun + Endung Heh). Die in dieser Symbolik angesprochene transzendierende Funktion rührt an das Unendliche selbst. Nicht umsonst sind die Mathematiker auf die Idee gekommen, auch in ihren Formalismen das Unendliche mit dem Symbol einer liegenden Acht zu umschreiben. Mit Öl wurden im Orient die Könige bei ihrer Inauguration gesalbt. Der gesalbte König bildete dann den Ausgangspunkt für die Vorstellung jenes Hoffnungsträgers, der nach der jüdischen Tradition einst das zukünftige Friedensreich anführen wird. *Maschiach* heißt er auf Hebräisch; auf Latein kennt ihn die halbe Menschheit – als Messias. Nicht alle geistigen Strömungen des Judentums verbinden mit dem Messianismus auch eine personale, konkrete Gestalt. Aber auf einen *thikun 'olam*, eine Heilung der Welt hoffen sie alle auf ihre Weise. Beim dritten Mal blieb die Taube fort, weil sie ihren Platz in der neuen Welt gefunden hatte. Am 1. Tag des 1. Monats in seinem 601. Lebensjahr sah Noah durchs Dach, daß sich die Wassermassen zurückgezogen hatten. Aber erst am 27. des 2. Monats stieg er mit seiner Familie aus dem Boot und ließ auch die Tiere heraus. Auch Noah opfert Gott – keine Räucheropfer, sondern Tiere. Und *JHWH* riecht wohlig den Geruch und denkt: „Ich will die Erde nicht weiter um des Erdlings willen verfluchen. Denn der Herzenstrieb des Menschen ist böse von klein auf. Ich werde nicht nochmal alles Leben so zerschlagen, wie ich es getan habe" (Genesis 8:21; vgl. ebd. 3:17).

Vom 17. des 2. Monats in Noahs 600. Lebensjahr an bis zum 27. des 2. Monats im Folgejahr waren sie in der *Thevah* unterwegs. Das sind insgesamt 365 Tage, genau ein Sonnenjahr. Ein Sonnenjahr dauert im Schnitt zehn Tage länger als ein Mondjahr. Ein Mondjahr setzt sich aus 12 Mondmonaten mit je 29,5 Tagen zu insgesamt 354 Tagen zusammen. So könnte die Aufenthaltsdauer von Noah und seiner Crew an Bord darauf hinweisen, daß auch die Sintflutgeschichte mit der großen Umbruchsphase in der Epoche des Neolithikums zu tun hat. Der Übergang von der nomadischen zur seßhaften und Ackerbau treibenden Lebensweise ging auch mit einer Verschiebung der Orientierung am Mond zur Orientierung am Lauf der Sonne einher. Die Wechselhaftigkeit der Mondphasen korrespondiert mit dem Wanderleben der Nomaden und ihren wechselnden Aufenthaltsorten. Der Mond bestimmt auch die Zyklen der Frau und steht symbolisch in Zusammenhang mit dem Wasser. Das Wasser ist nach der Flut weggetrocknet. Tatsächlich gab es einst eine viel üppigere Vegetation im Bereich des Mittleren Ostens. Erst gravierende klimatische Veränderungen verwandelten das Gebiet des fruchtbaren Halbmonds in eine karge Landschaft. Danach konnte man nicht mehr ohne weiteres die Früchte des Landes pflücken, Tiere jagen und für seine Nutztiere reichlich Nahrung finden. Danach blieben den Menschen zwei Möglichkeiten: entweder nachzuhelfen und den Ertrag durch Ackerbau zu steigern oder ganz fortzuziehen. Mit der Ausrichtung des Lebens an der Sonne traten die von den Phasen des Mondes bestimmten Rhythmen in den Hintergrund. In Folge dieser Umorientierung ging auch die Bedeutung der Frauen als geistige und gesellschaftlich mitbestimmende Größe zurück zugunsten einer Vorherrschaft des Männlichen. Den Männern kam nun die harte Aufgabe zu, den Acker zu beackern. Auf der seelischen und geistigen Ebene findet der Bedeutungsverlust des Weiblichen seinen Ausdruck in einer Verdrängung des Intuitiven und des Unbewußten zugunsten von intellektuellem Scharfsinn und analytischem Verstand. Das Denken wird zu einem Herrschaftsinstrument. Das Pendel dessen, was gerade im Vordergrund steht, schwingt hin und her im Laufe der Epochen. Es ist also auch eine Rückkehr von Qualitäten des Mondes zu erwarten, in welcher Form auch immer. Zu einem völligen Ausgleich der Prinzipien aber wird es wohl kaum kommen. Denn das wäre nichts als ein totes Gleichgewicht, das keine Entwicklung mehr zuließe. Der jüdische Jahreslauf schafft zumindest insofern eine Balance im Wechselspiel der Energien von Sonne und Mond, als er ein Mondkalender ist, der auf das Sonnenjahr abgestimmt wird.

Nach der Flut beschloß Gott also, nie wieder eine Katastrophe solchen Ausmaßes über die Erde kommen zu lassen (Genesis 8:21; 9:11). Die Weltordnung, wie sie nun eingerichtet wird, ist unseren Lebensbedingungen wieder ein Stück weit ähnlicher. Von nun an sollten der Wechsel der Jahreszeiten, von Wärme und Kälte, von Sommer und Winter, Ernte und Saat, Tag und Nacht nicht mehr aufhören (Genesis 8:22). Dazu werden auch erste Grundsätze für ein gemeinsames Leben aufgestellt, die für alle Menschen gelten, unabhängig von Volk, Kultur und Religion. Gott segnete Noah und seine Kinder als Vertreter aller Menschen. *Benej Noach*, Kinder Noahs sind sie alle – wie schon Adam und Eva zum Inbegriff der Menschheit wurden, ganz gleich, von wie vielen Menschen sie bereits umgeben waren. Alle Menschen heißen *Benej Adam*, Kinder Adams, damit sich niemand rühmen kann, eher da gewesen und privilegierter zu sein als irgendein anderer. Noch im modernen Hebräisch ist *Ben Adam* der Begriff des Menschen. Auch den Menschen nach der Flut, den *Benej Noach* werden, wie zuvor schon dem Adam, sämtliche Lebewesen zu Lande, zu Wasser und in der Luft in die Obhut gegeben (Genesis 1:28; 9:2). Sie sollen sich die Erde unterwerfen, auf daß sich die Tiere und Pflanzen vor ihnen fürchten. Das hatte, als es niedergeschrieben wurde, freilich noch einen anderen Klang als heute, da es kaum noch einen von Menschen unberührten Flecken Erde gibt. Damals bedeutete es noch große Anstrengung, sich gegen die Gefahren einer weitgehend ungebändigten, übermächtigen Natur zu behaupten. Gelungen ist es dem Menschen schließlich dank seiner Intelligenz, aber das auch nie ganz. Stürme, Vulkanausbrüche, Erdbeben erinnern ihn immer wieder daran, daß er niemals alles beherrschen kann. Die Menschen vor der Flut waren Vegetarier (Genesis 1:29; 9:3). Der Leser möge es nicht zu logisch ernst nehmen und sich fragen, warum Abel dann Vieh gezüchtet hatte. Wir werden noch viel mehr Stellen vorfinden, an denen sich zeigt, wie sehr sich die Erzählweise der Bibel von heute üblichen Abhandlungen unterscheidet. An dieser Stelle kommt es darauf an, daß den *Benej Noach* nun Regeln gegeben werden, die ihnen den Verzehr von tierischem Fleisch unter bestimmten Bedingungen erlauben. Die Tiere sind so zu schlachten, daß das Blut aus ihrem Körper abfließen kann, da es als Träger des Lebens nicht mitgegessen werden darf (Genesis 9:4). Das ist der Grund für die Praxis des Schächtens von Tieren, die unter den Völkern im Mittleren Osten bis heute weit verbreitet ist. Erst so ist das Fleisch dem Juden *koscher* und dem Muslim *halal*. Menschliches Blut dagegen darf überhaupt nicht vergossen werden, das heißt: kein Mord, kein Totschlag, keine Opfer. Rächen wolle Gott selber jedes getötete Menschenleben (Genesis 9:5). So schließt Gott, *Elohim* seinen Bund mit den Nachkommen des Noah und mit allen Tieren, die er aus der *Thevah* mitbrachte. Ungestört sollen die Naturgesetze ab jetzt walten. Besiegelt wird der Bundesschluß im Zeichen des Regenbogens. Nichts war dafür besser geeignet als dieses faszinierende Schimmern des Sonnenlichts in allen Spektralfarben. Die bunte

Brücke zwischen Himmel und Erde beginnt und endet im Niemandsland, ist niemandes Besitz und doch von allen zu bewundern. Ein Bund auch mit den Tieren – das kann durchaus als ein zusätzliches Gebot an die Menschen interpretiert werden: keine Massenschlachtungen, keine Jagd zum Spaß, keine Tierversuche; noch eins zu den sieben, auf die das Judentum schon gekommen ist. Ein achtes Gebot wäre das – Erlösung auch für die nichtmenschlichen Lebensgenossen unserer Welt.

Aber Moment, was hat es mit den sieben Geboten auf sich? Die Rabbinen, also einige jüdische Gelehrte mit großer Autorität haben bereits vor einigen hundert Jahren auf der Grundlage vom 9. Kapitel des Genesis-Buches sieben allgemeine Regeln für die Menschheit formuliert, die so genannten *Noachidischen Gebote* – nachzulesen im Talmud. Meist kennen die Menschen solche Regeln schon aus ihren eigenen Kulturen, sie müssen nicht im Talmud nachsehen. In dieser Weise aufgeschrieben wurden sie ja vor allem für die Juden selbst – mit dem Effekt, daß diese schon lange entspannt auf ihre Nachbarn schauen können, frei von jedem Drang, ihnen ihre Ideen und ihre Lebensweise beibringen zu wollen. Die Noachidischen Gebote sind für das Judentum so etwas wie der allgemeine Grund des Humanen; sozusagen das, was alle Menschen gemeinsam haben. Darüber hinaus können und sollen alle Völker ihren eigenen Weg durch die Weltzeit finden. Die – natürlich – sieben Noachidischen Gebote lauten (Babylon. Talmud, Sanhedrin 56 a/b, vgl. Talmud, ed. Mayer, 108f.):

1 Gebot gerechter Gerichtbarkeit
2 Verbot der Gotteslästerung
3 Verbot des Götzendienstes
4 Verbot von Inzest
5 Verbot des Blutvergießens
6 Verbot von Raub und Diebstahl
7 Verbot, das Fleisch eines lebenden Tieres zu verzehren

Es sind also ein positives und sechs negative Gebote. Die meisten von ihnen dürften aus sich selbst heraus verständlich sein. Der Inzest, die Fortpflanzung im zu engen Familienumkreis ist auch in anderen Kulturen Tabu, da die Gefahr genetischer Schäden am Nachwuchs schon früh erkannt wurde. Dieses Verbot wird später in den Lebensregeln für die Israeliten weiter präzisiert (Leviticus 18:6-18). Lebendes Tier nicht essen zu dürfen, ist identisch mit dem Gebot, nur das Fleisch von geschächteten Tieren zu verspeisen. In der jüdischen Praxis heißt nicht geschächtetes Fleisch auch *trephah* – Zerrissenes. Der Grund ist, daß auch ein vom Raubtier gerissenes oder sonstwie verunglücktes Tier unbrauchbar ist, weil es – schon tot aufgefunden – nicht mehr sachgerecht geschlachtet werden kann. Damit verbietet sich von nun an auch, auf die Jagd zu gehen. Denn auch beim Erschießen bleibt der Kreislauf des Tieres stehen, und das Blut kann nicht mehr abgeführt werden. Wir werden noch sehen, daß Jäger in der Bibel überhaupt keine gute Presse haben. Heikel für die allgemeine Nachvollziehbarkeit wird es bei den Verboten, Gott zu lästern und Götzendienst zu betreiben. Denn oft ist es ja so, daß, was dem einen sein Gottesdienst ist, dem andern als Götzendienst gilt. Die unterschiedlichen Wege, sich mit der großen vereinigenden Energie zu verbinden, sind mit Gott verehren *versus* lästern gerade nicht gemeint. Denn diese haben vielmehr mit den verschiedenen Erfahrungsweisen einzelner Menschen und ihrer Gemeinschaften zu tun. Persönliche Erfahrung aber ist kaum übertragbar bzw. kann immer höchstens zum Teil nachempfunden werden – geschuldet der je eigenen Perspektive. So, wie das schon beim Erleben von Wald, Wiese und Heide, in der Zuneigung zu bestimmten Menschen, in der Liebe zur Heimat oder zur Ferne ist, so ist das auch in der Religion. Die Erfahrungsgemeinschaft hat ihre Grenzen. In diesem Licht gesehen, ist so mancher dem anderen unterstellte Götzendienst eher Ausdruck des – gewollten oder ungewollten – Unverstands gegenüber seiner Spiritualität. Und die als Gotteslästerung empfundene Ablehnung des zum „einzig wahren Weg" hochstilisierten eigenen Zugangs erweist sich immer wieder auch als bloße Abwehr von Machtambitionen.

Die Aufzeichnung des Babylonischen Talmuds wurde ungefähr im 5. Jh.n.d.Z. abgeschlossen. Wie die meisten Informationen und Diskussionen, die er enthält, sind auch die Noachidischen Gebote älter. Denn die verschriftlichten Gedanken haben alle eine mehr oder weniger lange mündliche Vorgeschichte. Die Überlieferung der Noachidischen Gebote hat wahrscheinlich schon vor mindestens 2000 Jahren begonnen. Dafür gibt es jedenfalls selten klare Hinweise. Wir finden sie in der für das Christentum zentralen Schriftensammlung des Neuen Testaments. Bereits im Zeitrahmen, den das Neue Testament abdeckt (ca. 10 v.d.Z.-ca.110 n.d.Z.), entwickelte sich die frühchristliche Bewegung über die Grenzen ihrer jüdischen Mutterkultur hinaus. Schon bald nach dem Tod des Jesus von Nazareth verbreitete sie sich auch in der nichtjüdischen Bevölkerung des östlichen Römischen Reiches jenseits des kleinen Gebietes von Palästina/ Israel. Einträchtig beteten nun Juden und Nichtjuden miteinander. Aber durften sie auch zusammen essen, wohnen, einander heiraten? Fraglich war insbesondere, wie weit die nichtjüdischen Gemeindemitglieder die jüdischen Lebensregeln einhalten müßten. Hätte man das den christlichen Konvertiten seiner Zeit aufgetragen, wären sie aus ihrem ursprünglichen sozialen Umfeld herausgefallen und liefen Gefahr, die von ihren Herkunftsgemeinschaften verliehenen Rechte zu verlieren. Diese heikle Entscheidung drohte die noch junge Bewegung zu zerreißen. Sie hat es geschafft, das nicht zuzulassen. Die Aufzeichnungen des Neuen Testaments spiegeln den Konflikt und seine Lösung wider (vgl. Galater-Brief 2:11-21; Apostelgeschichte 15:22-31). Die frühen Gemeindevorsteher handelten einen

Kompromiß aus (Apostelgeschichte 15:29), nach dem die Nichtjuden voll und ganz am Gemeindeleben teilnehmen konnten, wenn sie sich enthielten:

a) von Götzenopferfleisch,
b) von Blutgenuß,
c) von Ersticktem,
d) von Inzucht.

Die dem Kompromiß zugrundeliegenden Regeln ähneln einem Teil der Noachidischen Gebote sehr. Es ist daher anzunehmen, daß diese schon im 1. Jh.n.d.Z. geläufig waren. Sie ermöglichten es, eine Tischgemeinschaft zwischen den Juden und Nichtjuden zu bilden und die Jesus-Anhänger wirklich zu *einer* Gemeinschaft zu formen. So durfte kein Fleisch verwendet werden, das in nichtjüdischen, nun auch nichtchristlichen religiösen Ritualen verwendet wurde (a), und das nicht koscher geschlachtet war (c); auch das Blut von Tieren pur zu genießen, war verboten (b). Damit wären eigentlich auch die christlichen Gemeinden verpflichtet, nur Fleisch vom geschächteten Tier zu essen: keine Blutwurst, keine „Schlachteplatte" … die Auslegungshoheit haben hier natürlich die Christen selbst. Zuletzt wird auch auf das Verbot der Inzucht zur Abwehr genetisch bedingter Erkrankungen (d) gedrungen. Die ungenannten Noachidischen Gebote, wie das Gebot, gerecht zu richten, und die Verbote von Mord und Diebstahl werden wohl deshalb nicht erwähnt, weil sie unter den Urchristen außer Frage standen und im Streit um die gemischten Gemeinden keine Rolle spielten. So fanden die Noachidischen Gebote wohl einmal sogar ihre Anwendung in der Geschichte als konkretes Schlichtungsangebot. Sonst haben sie vor allem die Funktion, allgemeine Menschenrechte und -pflichten im Gedächtnis zu verankern, während die Beschäftigung mit der Vollversion der Thora allein dem Volk Israel aufgegeben bleibt.

Archiv der Völker : Vom Menschen zur Menschheit

Wie schon erwähnt, erklärt die Bibel das, was das Menschenwesen und die Menschlichkeit ausmacht über eine bestimmte Folge von Generationen – ausgehend vom Adam und seiner Frau. Um in die Gefilde ihrer symbolischen Sprache weiter vorzudringen und uns diesen Verlauf genauer ansehen zu können, kehren wir noch einmal zum ersten Menschenpaar zurück. Nach Abels Tod bekamen Adam und Eva einen weiteren Sohn; der hieß Set (hebr. *Scheth*). Sein Name impliziert, daß etwas *gesetzt* bzw. ein *Fundament gelegt* wird. Denn mit ihm wird jetzt die Genealogie der Menschheit weitergeführt. Der nächste in der Reihe ist Sets Sohn Enosch (Genesis 4:25). Auch der Name *Enosch* ist im Hebräischen zu einem Begriff des Menschen geworden, wirkt aber etwas abstrakter als *Adam* oder *Ben Adam*. Aus ihm werden die Worte für Menschheit – *enoschuth* – und Menschlichkeit – *enoschijuth* – abgeleitet. Mit Set und Enosch wird das Fundament der Menschheit gelegt, nicht mit Kain. Um zu veranschaulichen, wie sich die Menschheit entwickelt und immer weiter verästelt, verläßt die Bibel mehrmals den Pfad der Erzählung und nutzt mit Namen- und Datenlisten gewissermaßen auch Mittel der Bürokratie. Bevor sie aber damit beginnt, bringt sie noch ein kleines, interessantes Detail zu Enosch an, das lautet: „In Enoschs Zeit begann man, den Namen *JHWH* anzurufen" (Genesis 4:26). Was kann das bedeuten? Haben die Menschen schon seinerzeit Gott, die gewaltige Energiequelle auch als ein personales Wesen kennengelernt? Das wird in der Tradition als eine Möglichkeit bejaht; später hätten sie dann den Sinn dafür wieder verloren. Andere wollten nichts weiter als den Hang der Menschen zum Götzendienst darin erkennen (vgl. Etz Hayim, 29f.). Es kann aber auch heißen, daß eine Beziehung zu dem emphatischen Gott in der gesamten Menschheit möglich ist und nicht nur *einem* ausgesuchten Volk vorbehalten bleibt. Unmittelbar danach beginnt die erste von vier Genealogiereihen, die einen großen Teil der im Altertum bekannten Völkerfamilien enthalten. Alle Genealogiefolgen beginnen mit der Einleitungsformel: „*eleh tholedoth*"– „dies ist die Geschichte" bzw. „die Genealogie..."; oder mit „*zeh sepher tholedoth*" – „dies ist das Buch der Genese von ...". Wie bereits bekannt, leitet sich *tholedoth* von der Wurzel *Jud, Lamed, Daleth* ab, die im weitesten Sinne Bedeutungsträger des Generierens ist.

Die erste Genealogiekette setzt mit Adam ein und rekapituliert noch einmal seine Erschaffung im Gleichnis Gottes und in Gestalt von Mann und Frau. Es wird betont, daß Gott, der beide segnet, auch beide *Adam* nennt (Genesis 5:1f.; vgl. ebd. 1:27). Dieser Textabschnitt ist mit der ersten Schöpfungsgeschichte verwandt bis in den Wortlaut hinein. Hier heißt es nun weiter über Adams Sohn Set: Adam zeugte ihn „in seinem Gleichnis gemäß seinem Bild" (Genesis 5:3). Fast genauso wurde im ersten Kapitel der Genesis die Schöpfung des Menschen eingeleitet, indem Gott sich feierlich vornahm: „Laßt uns einen Adam machen in unserem Bild, gemäß unserem Gleichnis" (Genesis 1:26). Die Betonung liegt auf „fast"; denn wenn man genau hinschaut, sind hier Bild (*tzelem*) und Gleichnis (*d'muth*) vertauscht. Gott schuf das Urbild des Menschen mit einem Potential an Eigenschaften, das weit über seine biologischen Funktionen hinausweist. Wir erinnern uns an die Gottesebenbildlichkeit im Handeln, nicht in der Gestalt. In der Fortpflanzung von Mensch zu Mensch aber wird eine Art Blaupause weiter übertragen, immer nach dem gleichen genetischen Programm. Das ist eben der entscheidende Unterschied zwischen Gott und Mensch. Die erste Liste der vier enthält insgesamt zehn Namen und reicht bis Noah. Sie benennt die Jahre, die die Männer jeweils bis zur Zeugung des nächsten entscheidenden Nachkommen lebten, die Jahre, die ihnen von da an noch bis zum Tod verblieben, und schließlich die Summe aller Lebensjahre. Zusammengefaßt sieht sie so aus (Genesis 5:1-31):

1	Adam	130	800	930
2	Set	105	807	912
3	Enosch	90	815	905
4	Kenan	70	840	910
5	Mahalal'el	65	830	895
6	Jered	162	800	962
7	Henoch	65	300	365
8	Methuschelach	187	782	969
9	Lemech	182	595	777
10	Noah	500	410	950 (Genesis 9:29)

Erste Genealogiereihe: Nachkommen Adams (Genesis 5)

All diese Männer – einschließlich Adam – zeugten noch eine Menge weiterer Söhne und Töchter. Auch daran ist zu erkennen, daß die biblische Erzählung nicht behauptet, es habe seinerzeit nur die wenigen, namentlich erwähnten Menschen auf der Erde gegeben. Diese dienen ihr nur als Repräsentanten der Menschheit, welche sie auf ihre so eigene Weise zu charakterisieren sucht. Allein über Noah steht am Ende dieser Liste, er habe in seinem 500. Lebensjahr drei Söhne gezeugt: Sem, Cham und Jefet. Aus ihnen wird sich schließlich das gesamte Völkergemisch nach der Flut entwickeln (Genesis 5:32). Die angegebenen Lebensdaten sind mit Sicherheit nicht biologisch zu verstehen, sondern stammen aus den mythologischen Tiefenschichten der Bibel. Daß dem so ist, zeigt sich zum Beispiel in der Passage, die von der Entscheidung Gottes berichtet, die Lebenszeit des Menschen auf maximal 120 Jahre zu begrenzen. Ihr ging eine seltsame Interaktion zwischen Göttersöhnen und Menschentöchtern voraus, in deren Folge die Riesen geboren wurden. In dieser Passage wurde ein Mythos weiterverarbeitet, den es wahrscheinlich schon lange vor seiner biblischen Ausdeutung gab (Genesis 6:1-4). Sobald die Göttersöhne in die biblische Interpretation eingingen, verloren sie ihr eigenständiges Wesen, um als Angehörige der himmlischen Heerscharen eine dem *einen* Gott gegenüber untergeordnete Position einzunehmen. Zudem wurden von nun an ihr Bereich und der Bereich der menschlichen Lebenswelt stärker voneinander abgegrenzt. Die Vorstellung, daß Menschen – wie in der babylonischen und griechischen Sagenwelt – in den Stand der Götter erhoben werden oder göttliche und menschliche Wesen Halbgötter zeugen können, wird so verdrängt. Solche Interferenzen zwischen Himmel und Erde sollte es in Zukunft nicht mehr geben.

Durch Zusammenrechnen der Lebensjahre aller in den Genealogieketten genannten Personen und der Laufzeit aller Königtümer und sonstiger bemerkenswerter Ereignisse wurde immer wieder einmal versucht, aus der Bibel das Alter der Welt insgesamt abzuleiten. Die Zahlen aus dem Geflecht der Symbole werden dabei wie quantitative Angaben behandelt, als seien sie aus dem Kalender abgelesen. Da eine Summe aus Symbolzahlen selbst aber nur wieder Symbol sein kann, ist eine Information über die Empirie so kaum zu erwarten. Außerdem ist fraglich, wie weit eine Summe vornehmlich männlicher Aktivitäten sinnvollerweise die Gesamtheit des Weltenlaufes darstellen kann. Einen lohnenden Nebeneffekt hatte der Versuch zumindest, da er dem Judentum seine eigene Zeitrechnung bescherte und somit ein Stück weit eigene Identität in der Vielfalt der Kulturen. Das ist wichtig, denn nicht nur jeder einzelne Mensch hat seine eigene innere Uhr; auch die Kulturen ticken nach ihrem je eigenen Zeitmaß. In sich noch einmal symbolträchtig scheint da, daß die jüdische Zeitrechnung nicht mit einem Ereignis aus den eigenen Gründungslegenden beginnt wie in vielen anderen Religionen, sondern mit dem Beginn der Welt als der Heimat aller Völker- und Traditionsfamilien.

Wie sonst unter den Völkern des Mittleren Ostens sollte sich auch unter den Israeliten der Brauch durchsetzen, daß möglichst der älteste Sohn das Erbe des Vaters antritt. Mit dieser Tradition bricht die Bibel mehrfach. Zum ersten Mal ist das an dieser Stelle zu sehen, da Kain, der erstgeborene Sohn Adams, in der Liste überhaupt nicht mehr vorkommt. An seiner Statt übernimmt Set das Erbe. Somit können auch der Henoch und der Lemech dieser Liste nicht identisch mit den gleichnamigen Nachkommen Kains sein. Der hiesige Henoch baute keine Städte, sondern „wandelte mit Gott" – „*hithhalekh eth ha-Elohim*". Da wird der gleiche Ausdruck verwendet wie für die Rechtschaffenheit seines Urenkels, Noah (Genesis 5:22; vgl. ebd. 6:9). Auch Henoch suchte die Nähe Gottes. Dafür lebte er nicht beinahe 1000 Jahre wie die meisten seiner Vorgänger und Nachfolger, sondern „nur" 365 Jahre lang – genau so viele Jahre, wie ein Sonnenjahr Tage hat. Hier ist wohl ein weiterer Hinweis auf die wachsende Bedeutung des Sonnenlaufes eingearbeitet. Dann wird über Henoch berichtet: „und er verschwand, weil Gott ihn weggenommen hatte" (Genesis 5:24). Dies hat bereits in der Antike Spekulationen darüber ausgelöst, ob er je normal gestorben sei oder irgendwie irgendwo am Übergang zwischen den Welten noch existiere. Vielleicht konnte er ja den Menschen dort dabei helfen, von hier aus kaum zugängliche Dimensionen der Wirklichkeit zu erschließen. So wurde Henoch zur Inspirationsquelle mystischer Bewegungen ebenso wie der Prophet Elia, der sich ebenfalls auf ungewöhnliche Weise aus dem Leben verabschiedet hat. Von ihm berichtet die Bibel, er sei in einem feurigen Wagen hinauf in den Himmel gefahren (II. Könige 2:11f.). Wer so verschwindet, könnte ja auch so wieder auftauchen. Das hofft die jüdische Tradition bis auf den heutigen Tag, jedenfalls für Elia (Maleachi 3:23f.).

Wo immer die Formel *eleh tholedoth* steht, gibt es also eine Zäsur im Geschichtsverlauf. Für die Zeit von Noah, mit dem die erste Kette endet, bedeutete das, die große Flut zerstörte zwar viel, aber die Menschheitsgeschichte ging unter veränderten Bedingungen weiter. Die zweite Genealogiekette beginnt mit den Überlebenden der Katastrophe (Genesis 10:1-32). Erst aus den Nachkommen Noahs werden sich, wie gesagt, die Völkerfamilien entwickeln (vgl. Abb. Zweite Genealogiereihe). Wer unter den Wißbegierigen sich mit Vergnügen in Archiven tummelt, um Kataloge und Datenbanken zu durchpflügen, der kommt bei dieser komplexen Aufstellung voll und ganz auf seine Kosten. Die Namen einzelner Personen weichen schnell denen ganzer Stämme und Völker, die sich nahezu explosionsartig auf der Erde ausbreiten. Zunächst erscheinen alle drei Söhne Noahs, Schem, Cham und Jepheth, nahezu gleichberechtigt nebeneinander. Bald aber wird sich die weitere Erzählung immer mehr auf einen der drei und seine Nachkommen konzentrieren: auf Sem (hebr. *Schem*), den Stammvater der Semiten. Die anderen Söhne Noahs interessieren vor allem im Verhältnis zu ihm.

Unter ihnen wirkt Jepheth ziemlich neutral, ja geradezu farblos. Kein Wunder, stammen von ihm doch Völker ab, die weit entfernt und, wenn es geht, noch hinterm Meer wohnen. So heißt einer seiner Söhne Jawan; aus dessen Nachkommen sollen sich die Inselvölker mit ihren je eigenen Ländereien und Sprachen herausgebildet haben (Genesis 10:5). Heute ist Jawan die hebräische Bezeichnung für Griechenland. Ein Sohn Jawans wiederum heißt Tarschisch. Auch sein Name stand Pate als Bezeichnung für einen weit entfernten Ort. Weit weg, nach Tarschisch wollte der Prophet Jona fliehen, um dem Auftrag Gottes zu entgehen. Wer seine Story kennt, weiß, er erreichte es nie (Jona 1:3-15). Auch der Name von Aschkenas, einem anderen Enkelsohn Jepheths, hatte Langzeitwirkung. Er wurde zum Inbegriff für das spätere Judentum Mittel- und Osteuropas.

Neutral steht Jepheth da; aber schlecht ist der Leumund von Cham, dem Vater der Kanaaniter und Ägypter. Eine zugegebenermaßen nicht sehr logische Begründung dafür ist der zweiten Genealogiereihe vorangestellt (Genesis 9:18-27). Auch da werden die Namen der drei Söhne Noahs genannt, ohne daß eine Liste folgt. Stattdessen gibt es eine kurze Erzählung, in der Noah als der erste Weinbauer nach der Flut auftritt. Er bekam auch als erster die Wirkung des gegorenen Traubensaftes zu spüren. Völlig berauscht lag er eines Tages in seinem Zelt und ward in seiner ganzen Herrlichkeit gesehen von Cham. Dies erzählte Cham seinen Brüdern und gab ihnen damit die Möglichkeit, ihren Vater zuzudecken, ohne selber allzu genau hinzuschauen. Im Grunde war er nur der Dumme, der die Unpäßlichkeit zuerst bemerkte. Unlogisch ist auch, daß der wiedererwachte Vater nicht Cham, sondern dessen Sohn Kanaan für die Tat verflucht und ihn dazu verdammt, Diener seines Onkels Sem zu sein. Aus sich heraus ist diese Passage kaum zu verstehen. Erst in der geschichtlichen Rückschau zeigt sich, daß es sich um eine von Wunschdenken geprägte Verhältnisbestimmung zwischen den späteren Volksgruppen handelt. Von Cham werden nämlich all die Stämme abgeleitet, mit denen sich die Israeliten werden unmittelbar auseinandersetzen müssen.

Ein weiterer Einschub in der zweiten Liste ist dem legendären Jäger, Nimrod, gewidmet. Der Jäger ist symbolisch ein Gegenmodell zu den Schafe, Ziegen und Kühe züchtenden Nomaden, die sich selber eher wie Herdentiere durch die Welt bewegen denn wie die Mitglieder eines Rudels. Nimrod gehört zu jenem Typus Mensch, der sich auch mit Gewalt nimmt, was er meint zu brauchen. Dieser Natur verdankte er seine Macht. Sofern er der erste gewesen sein soll, der sich im Kampf als Herrscher über Babylon, Erech, Akkad und Kalneh im Land Schinar etablierte, wird er zugleich zum legendären Begründer der großen Machtzentren Mesopotamiens erklärt (Genesis 10:8-10). Nach dieser kurzen Begegnung mit Nimrod, dem Sohn des Kusch und Enkel des Cham, geht die Aufzählung weiter mit Völkern und Ländereien, deren Namen zum großen Teil heute noch allseits bekannt sind. *Aschur* und *Bavel*, das heißt Assyrien und Babylonien werden Schicksalsorte für die Israeliten sein. In die Städte dieser beiden, aufeinander folgenden Reiche werden die besiegten Israeliten und Judäer einst umziehen müssen – gegen ihren Willen. So etwas heißt dann Exil. Wann das geschieht und mit welchen Folgen, wird zu gegebener Zeit noch erzählt. Mesopotamien flankierte das gelobte Land der Israeliten im Osten; und Ägypten (hebr. *Mitzrajim*) drückt auf seiner südwestlichen Seite dagegen. Ägypten wird ein Hauptschauplatz der frühen Geschichte Israels sein. Ein Aufenthalt dort führte erst dazu, daß aus einigen wenigen Personen, die zunächst einen kleinen Stämmebund bildeten, ein Volk geformt wurde – in einem schmerzhaften Prozeß. Ein wenig erinnert das an Werkstücke, die entweder unter Druck oder Hitze oder beidem geformt werden. Druck und Hitze Ägyptens werden heißen: Gefangenschaft, Abhängigkeit, Sklaverei. Auf wieder einer anderen Zeitebene werden die Philister auf den Plan gerufen. Sie liegt zwischen dem Aufenthalt der Israeliten in Ägypten (13./14. Jh.v.d.Z.) und den gewaltsamen Eingriffen, mit denen erst die Assyrer (8. Jh. v.d.Z.) und dann die Babylonier (6. Jh.v.d.Z.) ihren Einfluß auf die durch das Gebiet von Israel führenden Handelswege geltend machten. Dort im früheren Kanaan seßhaft geworden, lebten die Israeliten in der Pufferzone zwischen Mesopotamien und Ägypten nicht gerade gemütlich. Als ob es nicht schon gereicht hätte, Spielball der Großmächte zu sein, lauerte noch mehr Gefahr in der näheren südwestlichen Umgebung, wo die Philister saßen, am Küstenstreifen zwischen den Städten Ghaza und Aschdod. Sie kamen einst übers Meer, keiner weiß woher, ließen sich dort nieder und machten den Israeliten regelmäßig das Leben schwer (vgl. Richter 10:7.8; I. Samuel 4:1-7:1; II. Samuel 5:17-25). So hat auch die Geschichte des bärenstarken Richters Simson den Konflikt mit den Philistern zum Hintergrund (vgl. Richter 13-16).

Und dann gab es da noch ein Problem: Das Gebiet, das die Ur-Israeliten nach ihrer Zeit in Ägypten und ihrer Passage durch die Wüste besiedelten (12./11. Jh.v.d.Z.), war nicht leer. Auch dort trafen sie auf Kinder Chams: die Kanaaniter. Diese bestanden aus einer ganzen Reihe von Stämmen. Möglicherweise hängt das Wort *Kena'an* als Oberbegriff für die vielen kleinen Stämme inhaltlich mit der Lage ihrer Heimatgegend zusammen. Kanaan hat mit Handel zu tun und das bestimmt nicht, weil sie alle so fleißige Krämer waren, sondern weil sie eben an jenen Handelsrouten zwischen den drei Kontinenten Asien, Afrika und Europa wohnten. Die Jebusiter, Perisiter, Chiviter, Girgaschiter und Amoriter werden immer wieder im Zusammenhang mit Gottes Versprechen an die Erzeltern und an das Volk Israel aufgezählt, daß sie ihre Ländereien übernehmen werden. Übernehmen? Die Kanaaniter gaben diese natürlich nicht freiwillig her. Der erste Nahostkonflikt war vorprogrammiert. Gedanklich wird das fragliche Gebiet in der zweiten Genealogiereihe schon einmal abgesteckt. Die Rundreise mit dem Finger auf der Landkarte reicht von Sidon im heutigen Libanon über Gerar bis nach Ghaza an der Küste im Süden, geht von da weiter nach Sodom und Gomorra am Toten Meer, über Adma und Zevojim bis hin nach Lascha an seiner Ostseite (Genesis 10:19).

Vater	Sohn	Enkel	Urenkel	Ururenkel	Urururenkel	
Jephet						
	Gomer					
		Aschkenas Riphat Togarmah				
	Magog Madaj Jawan					
		Elischah Tarschisch die Kitim die Dodanim				
	Tuval Meschech Tiras					
Cham						
	Kusch					
		Seva Chawilah Savtah Raamah				
			Scheva Dedan			
		Savtecha Nimrod				
			Babel/ Babylonien Erekh Akkad Kalneh/ Schinar	}	nicht als Zeugungen, sondern als Reichsgründungen Nimrods angegeben	
				Aschur/ Assyrien		
	Mitzrajim/ Ägypten					
		die Ludim die Anamim die Lehavim	die Naphtuchim die Patrusim die Kasluchim			
			die *Pilischthim/ Philister* die Kaphthorim			
	Put					
	Kanaan					
		Tzidon Cheth der Jebusi der Emori der Girgaschi der Chiwi	der Arki der Sini der Arwadi der Tzemari der Chamati			
1 Schem						
	Elam Aschur **2 Arpachschad**					
		3 Schelach				
			4 Eber			
				5 Peleg Joktan		
					Almodad Scheleph Chazarmaweth Jerach Hadoram Uzal	Diqla Uval Avimael Scheva Ophir Chawila Jovav
	Lud Aram					
		Utz Chul	Gether Masch			

Zweite Genealogiereihe: Nachkommen Noahs (Genesis 10)

Danach werden weitere fünf Generationen von Sem bis Peleg genannt. Die Liste stellt auch die Kinder von Pelegs Bruder, Joktan, ausführlich vor (Genesis 10:26). Peleg selbst aber wird die Verbindung zur nächsten Namenreihe herstellen, die nur ein Kapitel weiter bereits auf den Leser wartet. Dazwischen gibt es einen Einschub, der erklärt, warum die zweite Genealogiereihe von einer Zersplitterung der Erde in der Zeit des Peleg spricht (Genesis 10:25). Natürlich zerspringt nicht die Welt selbst in tausend Stücke. Es geht vielmehr darum, daß sich die Menschen in ein immer größeres, unüberschaubares Völkergemisch aufgliedern. Woran aber lassen sich denn die Völker und Ethnien unterscheiden, wenn man mal von den biologischen Grundlagen absieht? Über Kultur und Sprache. Der Einschub gibt nun eine mythische Begründung für ihr Entstehen – in der Erzählung von der *Haphlagah*, der Zerteilung. Allgemeiner bekannt ist sie unter dem Titel „der Turmbau zu Babel" (Genesis 11:1-9). Was sie berichtet, ist übrigens auch schon in der Bedeutung des Namens Peleg enthalten. Seine Wurzel *Peh, Lamed, Gimel* ist die gleiche wie die des Wortes *Haphlagah*. Daher haben beide Wörter inhaltlich mit Zerteilung, Zersplitterung, Uneinigkeit zu tun. Die Passage vom Turmbau zu Babel ist in einer besonderen Form gestaltet, die der Fachmann der Textarbeit *Chiasmus* nennt. Das ist ein Stilmittel orientalischer Erzählkunst, welches die Anschaulichkeit steigert und bei der mündlichen Überlieferung hilft, das Ganze im Gedächtnis zu behalten. Seine Besonderheit besteht in der spiegelbildlichen Anordnung der Verse. Darin bahnt sich eine Entwicklung zunächst an und steigert sich bis zu einem Scheitelpunkt, der eine Wende im Verlauf ankündigt. Von da aus wird dann absteigend Schritt für Schritt rückwärts, wieder an den gleichen Themen vorbeikommend, die neue Situation vorbereitet, mit deren Eintreten die Geschichte schließlich endet. Beim Turmbau zu Babel geht das so: Die Menschen, noch vereint in Sprache und Streben, wünschen sich, diesen Zustand zu verewigen durch den Bau eines Turmes, der bis an den Himmel reicht. Den Scheitelpunkt bildet der Moment, an dem die Menschen ihr Ziel beinahe erreichten, wenn da nur nicht Gott dazwischengekommen wäre. Am Ende der Gegenbewegung steht die Sprachverwirrung, welche die Menschen uneins macht und unfähig, jemals wieder gemeinsam ein so großes Projekt in Angriff zu nehmen. Aus dem Textfluß gelöst und in Übersicht gebracht, sieht der Chiasmus wie folgt aus; er liest sich am besten von links oben nach links unten, dann von rechts unten nach rechts oben:

11:1 Auf der ganzen Erde gab es eine Sprache und einheitliche Wortbedeutungen.

11:2 Als die Menschen von Osten her heranzogen, fanden sie eine Ebene in der Gegend von Schinar vor und ließen sich dort nieder.

11:3f. Sie sprachen zueinander: laßt uns Ziegel brennen und eine Stadt bauen mit einem Turm, dessen Spitze bis an den Himmel reicht. Wir wollen uns einen Namen machen, namhaft werden, damit wir nicht über das Land verstreut werden.

11:5 Da stieg *JHWH* herab, um sich die Stadt und den Turm anzusehen, den sich die Menschen bauten.

11:9 Darum ist ihr (der Stadt) Name Babel, weil *JHWH* dort die Sprache der ganzen Erde durcheinander brachte (*balal*); und von dort aus versprengte er sie (die Menschen) über die ganze Erde.

11:8 So vertrieb *JHWH* sie von dort über alle Lande hin; und sie hörten auf mit dem Bau der Stadt.

11:7 Wir wollen also herabsteigen und ihre Sprache durcheinander bringen, auf daß der eine die Sprache des andern nicht mehr verstehe.

11:6 *JHWH* sagte sich: sie sind *ein* Volk und haben alle *eine* Sprache. Was sie da begonnen haben, ist erst der Anfang. Danach wird ihnen nichts mehr verwehrt sein von dem, was sie sich vornehmen!

Also gibt es nun verschiedene Völker mit unterschiedlichen Sprachen. Die Brüche gehen aber nicht nur zwischen den Volksgruppen entlang, sondern auch durch sie hindurch. Denn auch die Menschen innerhalb einer Kultur und einer Sprache können sich immer nur in begrenztem Maße verständigen. Die Erfahrungen und Motive der Einzelnen lassen sich nie völlig in eine kollektive Übereinstimmung bringen. Diese Vielfalt an Perspektiven erfaßt auch das menschliche Verhältnis zu Gott, was sich in einer Vielzahl von Religionen spiegelt. Jede Gemeinschaft, auch die religiöse, hat einen begrenzten Erfahrungshorizont. Im „Wir" der Gemeinde klingt immer auch das „Ihr" derer mit, die ihr nicht angehören können. Die *Haphlagah* sichert nicht nur unzähligen Dolmetschern und Sprachlehrern das Einkommen. Ein Sprachraum begrenzt immer auch den Raum des Denkens und Wertens. Daher kann es auch nie eine komplette Einigkeit der Menschen über ihre Vorstellungen von Gott und der Welt geben, und muß es auch nicht (vgl. K.J. Kirchner, F. Rosenzweigs Theorie, 134-136; 147-149). Die Annäherung an ein Ziel größeren Gemeinsinns ist traditionell dennoch geboten, und die in der Bibel begründeten Lebensregeln sollen dabei helfen. Zugleich baut die Tradition eine Sicherung ein, wenn es um das Streben nach einer totalen Vereinheitlichung der Gesellschaft mit allen menschenmöglichen Mitteln geht. Wo immer das versucht wurde, war nämlich am Ende nicht die Einheit total, sondern die Unterdrückung unzähliger Individuen (vgl. K.J. Kirchner, F. Rosenzweigs Theorie, 138-139). Die Bibel verlegt das Einheitsideal wohlweislich in eine ferne Zukunft, an das Ende der Zeit. So klingt noch heute jeder Gottesdienst in der Synagoge mit den Worten des Propheten Sacharja aus, die lauten: „an jenem Tag wird der

Ewige einer sein und sein Name einer" (Sacharja 14:9). Die Dynamik, mit der das Ziel zieht, wirkt aber durchaus direkt in das Hier und Jetzt hinein. Sichtbar wird dies, wo immer der Versuch, Gott näher zu kommen, auch die Menschen einander näher bringt. Wo das gelingt, *einigen sie* nach jüdischer Interpretation zugleich *den göttlichen Namen*. Dieses Streben geht Hand in Hand mit der *Einigung der Herzen*, auch des je eigenen. Wie oft sind wir uns schon mit uns selbst nicht einig, geschweige denn mit unseren Partnern oder Gegnern? Die Herzen zu einigen, ist eine lebenslange Aufgabe, und im „jetzt schon" Erreichten bleibt immer ein mehr oder weniger großes Quäntchen „noch nicht". Unser Leben läuft über viele kleine Ziele, die im Spannungsbogen einer größeren Erwartung stehen.

Mit der nächsten Genealogiereihe, die auf die *Haphlagah* folgt, verengt sich der Focus wieder, nachdem er sich mit der Entfaltung der Völkerfamilien von Noah her gewaltig geweitet hatte. Sie steht unter der Überschrift „*eleh tholedoth Schem*". Mit der Genealogie der Semiten erreichen wir die Zielgerade zu den Geschichten der Erzeltern (Genesis 11:10-26). Die dritte Liste nennt wieder eine Reihe von männlichen Personen zusammen mit dem Alter, in dem sie neben weiteren Töchtern und Söhnen den jeweils entscheidenden Nachkommen zeugten, und die Zahl ihrer darauf noch folgenden Lebensjahre (vgl. Abb. Dritte Genealogiereihe). Sie erwähnt namentlich also wieder nur jeweils einen direkten Nachkommen. Allein von Therach werden, ähnlich wie bei Noah, alle seine drei Söhne genannt: Abram, Nachor und Haran. Abram hatte also einen Großvater und einen Bruder namens Nachor.

	Sem	100	500
	Arpachschad	35	403
	Schelach	30	403
	Eber	34	430
	Peleg	30	209
1	Re'u	32	207
2	Sserug	30	200
3	Nachor	29	119
4	Therach	70	125 (Genesis 11:32)
5	Abram/ Abraham		
6	Isaac		

Dritte Genealogiereihe: Nachkommen Sems (Genesis 11)

Unmittelbar auf die Liste folgen noch ein paar Informationen über Therach und seine Familie, eingeleitet mit der Formel „*eleh tholedoth Therach*" (Genesis 11:27-32), weil hier der Werdegang der Familie und ihres Umfeldes weiter skizziert wird. Zunächst werden die Söhne Abram, Nachor und Haran noch einmal aufgezählt und mit Lot ein Enkel hinzugefügt, den Haran hinterließ und der auch später noch eine Rolle spielen wird. Haran starb sehr früh – zu früh, weil Vater Therach sein eigenes Kind überleben mußte, und zu früh, um seinen Sohn Lot als erwachsene, gestandene Person in ein selbständiges Leben entlassen zu können. Auch die Frauen von Abram und Nachor, Sarai und Milka, werden schon einmal vorgestellt. Denn dieser Personenkreis bildet den Background der Geschichte von Abraham und Sara, die hier noch Abram und Sarai heißen. Von Sem bis Peleg überschneidet sich die dritte Namensreihe mit der zweiten. Zu den fünf schon bekannten kommen sechs Generationen neu hinzu. Sechs werden es aber nur, wenn man auch den Namen von Abrahams Sohn, Isaac, mit hinzufügt. Dieser Schritt rechtfertigt sich dadurch, daß auch Isaac in Genesis 25:19 eine eigene Formel – *„eleh tholedoth Jitzchaq"* – erhält, ohne daß darauf eine Genealogiereihe folgt. Stattdessen wird die Information gegeben, daß Abraham den Isaac zeugte und Isaac 40 Jahre alt war, als er Rebecca zur Frau bekam. Die Formel aber verbindet Isaac mit den anderen Reihen, welche erst mit ihm zusammen eine lückenlose Abfolge der Generationen von Adam bis zur Gründung des Volkes Israel bilden. Er verbindet die Nachkommen Sems mit den Vorfahren des Moses, die dann in der vierten Generationenreihe aufgezählt werden.

Auch die vierte Liste setzt sich aus zwei Textpassagen zusammen. Die erste befindet sich in Genesis 37:2, wo es heißt: *eleh tholedoth Ja'aqov* – „dies ist die Genese von Jacob". Diese Formel läßt nähere Informationen über Jacob, den Sohn Isaacs, erwarten. Tatsächlich leitet sie die Geschichte Josephs, dem Lieblingssohn Jacobs und Enkel Isaacs, ein. Auch das hat seinen Grund. Denn der Werdegang von Joseph schafft die Voraussetzungen dafür, daß sich die gesamte Familie des dritten Erzvaters, Jacob, eines Tages in Ägypten einfinden wird. Jacob hat neben Joseph elf weitere Söhne. Einer von ihnen heißt Levi (hebr. *Lewi*) und stellt die direkte Verbindung zu Moses her. Mit Moses zusammen werden die Israeliten Ägypten wieder verlassen. Die vierte Namenreihe noch ziemlich am Beginn des zweiten Buches Moses stellt die Verbindung zwischen Jacob und Moses her (Exodus 6:14-20). Sie nennt zunächst die Namen von Ruben und Simon, beginnt also so, als wollte sie eine Aufstellung aller zwölf Stämme Israels bringen, die aus den Söhnen Jacobs hervorgegangen waren. Dann aber beschäftigt sie sich ausschließlich mit dem Stamm Levi, dessen berühmteste Söhne Moses und Aaron sind. Zusammen gesehen mit der Stelle aus Genesis 37 sieht die vierte Aufstellung wie folgt aus:

1 Jacob Genesis 37:2								
	2 Levi Exodus 6:16-20							
		Gerschon						
				Livni Schim'i				
		3 Kehat						
			4 Amram					
				Aaron 5 Moses				
					Nadab Abihu Elazar			
								Pinchas
					Ithamar			
			Jitzhar					
				Korach				
					Assir Elkanah Avi'asaph			
				Nepheg Sichri				
			Hebron Uzi'el					
					Mischael Elitzaphan Sithri			
		Merari						
				Machli Muschi				

Vierte Genealogiereihe: von Jacob über Levi zu Moses (Genesis 37/ Exodus 6)

Die „*eleh tholedoth*"-Formeln wirken also wie Scharniere zwischen den vier Genealogiereihen insgesamt wie auch innerhalb der letzten beiden Listen und bilden wichtige Knotenpunkte in der Übersicht der Menschheit von Adam bis Moses. In der Spanne von Adam bis Moses wird symbolisch alles ausgebreitet, was die Thora über das Menschsein und die Menschlichkeit mitzuteilen weiß. Nachdem sich der Focus in der dritten Genealogiereihe ganz auf die Erzeltern hin verengt hat, weitet er sich wieder am Ende der vierten. Die imaginäre Kamera schwenkt nun ab vom Geschick einzelner Personen, um die Aufmerksamkeit auf das Werden einer Gemeinschaft zu lenken. Das wird das Buch Exodus, das zweite der fünf Bücher Moses thematisch bestimmen. Der Blick auf die einzelnen Personen der Erzeltern-Familien hier und der Blick auf das Kollektiv der Israeliten da – erst diese beiden Perspektiven zusammen ergeben ein vollständiges Bild dessen, was den Menschen ausmacht. Erst individuell und gemeinsam gestaltet, kann das Leben ein ganzheitliches sein.

Aus der Zusammenschau aller Genealogien vom ersten Menschen, Adam, bis zum Propheten Moses ergibt sich – unter Berücksichtigung der oben begründeten Ergänzungen und Weglassungen von Überschneidungen und Verzweigungen – folgende Struktur:

sepher tholedoth Adam (Genealogie Adams) Genesis 5:1-32	tholedoth benej Noach (Auszug aus der Genealogie Noahs: Sem und seine Nachkommen) Genesis 10:21-25	tholedoth Schem (Auszug aus der Genealogie Sems) Genesis 11:10-26 tholedoth Jitzchaq (Geschichte Isaacs) Genesis 25:19	tholedoth Ja'aqov (Geschichte Jacobs) Genesis 37:2 schemoth benej Lewi letholedotham (Namen der Söhne Levis nach ihren Generationen) Exodus 6:16-20
Adam Set Enosch Kenan Mahalal'el Jered Henoch Methuschelach Lemech Noah	Sem Arpachschad Schelach Eber Peleg	Re'u Serug Nachor Therach Abraham Isaac	Jacob Levi Kehat Amram Moses

Übersicht über die vier Genealogiereihen: 26 Generationen von Adam bis Moses

Die Übersicht ohne Wiederholungen zeigt zehn, dann fünf, dann sechs und wieder fünf, also insgesamt 26 Namen. Haben wir dieses Muster nicht schon einmal gesehen? Genau, der vierbuchstabige Gottesname besteht aus einer Zeichenfolge mit den Werten *Jud* (10), *Heh* (5), *Waw* (6), *Heh* (5). Gern dürfen wir verblüfft sein. Welch ein Aha-Effekt! Dennoch steht in der Bibel nichts aus reiner Freude am Gedankenspiel. Im Grunde ist dies ein tiefes Bekenntnis zur Schöpfung als *einem* Sinnzusammenhang, in den die Menschheit untrennbar hineingehört. Dieselbe Menschheit, von der wir das so oft am wenigsten glauben können, wenn wir an die Geschichtsbücher denken, die Nachrichten, die eigene Erfahrung. Keine Predigt, sondern eine Reihe von Namen, so unscheinbar wie eine physikalische Formel, steht da als eine Einladung, auf die kreativen und ordnenden Kräfte im Kosmos zu vertrauen. Die ordnende Kraft der Datensammlungen ließ vielleicht die nötige Anschaulichkeit noch vermissen. Das wird sich ändern, wenn die hier zum Teil schon vorweggenommenen Ereignisse weiter mit Inhalt gefüllt werden. In diesem Sinne verlassen wir nach fröhlicher Verwaltungstätigkeit die Datenbanken der Thora wieder, kehren zurück ins erzählte Leben und begleiten den ersten Erzvater auf dem Weg zu seiner Bestimmung.

Abraham und Isaac oder Vom männlichen und weiblichen Prinzip

Mit Therach und seinen drei Söhnen treten erste einzelne Personen aus der Anonymität der Völkerfamilien – scheinbar echte Individuen mit eigenen Zielen und Handlungsmustern. Während Abram, der spätere Abraham, noch bei seiner Familie wohnte, starb sein Bruder, Haran, und hinterließ drei Kinder. Denn Lot hatte noch zwei Schwestern: die eine hieß Milka, die andere Jiska. Allein an Jiska erinnert sich kaum jemand, da sie später nicht mehr in Erscheinung treten wird. Der zweite Bruder, Nachor, gründete eine Familie mit eben jener Milka, seiner Nichte (Genesis 11:28f.). Abram aber heiratete eine Halbschwester namens Sarai. Sofern sie beide den Vater, nicht aber die Mutter gemeinsam haben, wie Abraham später selbst einmal erklärt (Genesis 20:12), ist auch Sarai eine Tochter von Therach. Nur, das ist in der Information, die der Text unter *tholedoth Therach* gibt, so nicht zu sehen. Da erscheint Sarai nur als Frau Abrams und als Schwiegertochter von Therach (Genesis 11:29-31). Nach Harans Tod hatte sich Vater Therach bereits vorgenommen, die chaldäische Heimat zu verlassen und Richtung Kanaan, dem heutigen Israel zu ziehen – ob auf Zeit oder für immer, wissen wir nicht. Wir wissen nur, daß er dort nie ankam. Er brach seine Reise auf halbem Wege ab und blieb in der Stadt Charan im Westen von Mesopotamien. Hatte er es sich anders überlegt oder wurde er krank? Der Text sagt dazu nichts. Seinen Sohn, Abram, dessen Frau und den verwaisten Lot hatte er mit sich genommen. Dann starb Therach mit 205 Jahren (Genesis 11:32).

Nach dem Tod des Vaters wird Abram die Reise fortsetzen und dies als eine Aufforderung Gottes verstehen: „Mach dich auf, verlaß dein Land, deine Heimat, dein Vaterhaus und zieh in das Land, das ich dir zeigen werde; ich will dich zu einem großen Volk machen..." (Genesis 12:1f.). Dein Land, deine Heimat? In Ur lebte er längst nicht mehr, aber noch immer in seiner Herkunft. Von der anderen Seite, aus dem Kernland Mesopotamiens war er herübergekommen. Genau das ist die Bedeutung, ein *'Ivri*, ein Hebräer zu sein: von der anderen Seite zu kommen (vgl. Josua 24:2f.). Die Wurzel von *'Ivri* besteht mit *Ajin, Beth, Resch* aus den gleichen Buchstaben, mit denen der Name des Urenkels von Sem, Eber (hebr. *'Ever*) geschrieben wird. *'Ever* war der Vater von *Peleg*, in dessen Zeitebene die Aufgliederung der Menschheit in die vielen Volksgruppen und Sprachfamilien einsetzte (Genesis 10:25). Wahrscheinlich erinnern die Namen von *'Ever* und *Peleg* an den Beginn einiger Auswanderungswellen aus Mesopotamien, an denen sich dann auch Therach und Abraham beteiligten. Nicht nur dort, sondern überall in der Welt schienen Volk und Land inzwischen so eng zusammen zu gehören, daß das eine geradezu unvorstellbar war ohne das andere. Nur deshalb konnte die Strategie vieler Eroberer so gut aufgehen, die von ihnen besiegten Völker zum Verschwinden zu bringen, indem sie ihre Eliten und Kulturträger ins Exil schickten und sie dort zwangen sich zu assimilieren – auch ein Preis der Seßhaftigkeit. Diesen Einklang zwischen Wohnort und Identität sollte Abram hinter sich lassen; dafür sollte er wieder zum Nomaden werden. Das machte ihn unter anderem zum Vorbild für das spätere Judentum, das wie er auf ein Land nicht mehr angewiesen sein würde – zumindest nicht, um seine Identität darauf zu gründen. Wenn dem so ist, muß freilich beantwortet werden, warum in der Bibel selber den Vätern und schließlich dem Volk immer wieder ein Land als ewiges Erbe versprochen wird. Was ist da so anders als bei all den anderen lieb gewonnenen, hart verteidigten, neu eroberten und wieder verlorenen Ländereien dieser Welt? Wir werden darauf zurückkommen und eine Lösung für dieses Rätsel finden.

Fünfundsiebzig Jahre war Abram alt, als er und seine Frau Charan verließen; sein Neffe Lot war wieder mit dabei. Natürlich waren sie nicht zu dritt. Mit ihnen zogen eine Menge Herdenvieh und die dafür benötigten Hirten samt weiterem Personal, das ihnen beim Haushalten half. Als sie Kanaan erreichten, blieben sie zunächst in Sichem (hebr. *Schechem*) – also da, wo heute Nablus liegt. Später zog Abram weiter Richtung Beith El und dann weiter Richtung Süden. In Sichem wandte sich Gott, JHWH erneut an Abram, um seinen Nachkommen dieses Land als Erbe zuzusagen (Genesis 12:1-7; vgl. ebd. 13:14-17). Abram selbst wird es nie besitzen. Aber bislang hatte er ja noch nicht einmal ein Kind. Mit einer Schwangerschaft wollte es bei Sarai einfach nicht klappen (Genesis 11:30; 16:1). Darauf angesprochen, erneuerte Gott sein Versprechen und stellte Abram eine Kindeskinderschar in Aussicht, die sich mit der Anzahl der Sterne am Himmel messen kann (Genesis 15:1-7). Sofern wir auf der nördlichen Hemisphäre ca. 3000 Sterne mit bloßem Auge sehen können, erscheint diese Erwartung in der Rückschau geradezu bescheiden. Für Abram war das noch ferne Zukunftsmusik. Er grübelte darüber nach, wie das überhaupt noch gehen sollte. Wie lange kann ein Mensch warten? In frühen Jahren hält der jugendliche Tatendrang die Geduld oft in Grenzen. Mit zunehmendem Alter wächst die Ausdauer, dafür wird die Zeit immer knapper. Darum schickte Sarai ihren Mann schließlich zu ihrer ägyptischen Dienerin, Hagar. Als die Magd prompt ein Kind erwartete, merkte sie aber schnell, daß da etwas nicht richtig war. *Dieses* Kind konnte es nicht sein. Aber nun war er da, Ismael, hebr. *Jischma'el* – der Junge mit dem Namen „Gott, *El* hat erhört". Nach der Natur hat es funktioniert, und damit war sie da, die Herausforderung für den Zusammenhalt der Familie Abraham und ihrer neuzeitlichen Nachfahren. Auch die Araber sind Kinder Abrahams und werden sich, insbesondere nach der islamischen Revolution ihrer Kultur, auf Ismael berufen. In der nächsten Begegnung zwischen Abram und Gott wurde die Vision noch gewaltiger. Nicht nur viele Kinder, sondern viele Völker werden es sein. Da war er bereits 99 Jahre alt. Dieses Mal wird die Verheißung in der Änderung seines Namens von Abram zu Abraham besiegelt. Der Sinn von *Avraham* wird im Text mit *av hamon gojim* erklärt: „Vater einer Menge von Völkern" solle er werden (Genesis 17:1-22), was aber eher ein Wortspiel ist denn eine schlüssige etymologische Herleitung. Symbolisch kommt es vor allem darauf an, daß der neue Name durch das Einfügen eines einzigen *Heh* entsteht. Über das *Heh* haben wir bereits im Zusammenhang mit dem Erdboden, *adamah*, gelernt, daß es auf eine Seite der Wirklichkeit verweist, welche das materielle Gefüge der Welt transzendiert, und auf eine Existenzform, in der Eins und Vier nicht mehr getrennt voneinander sind. Im Leben Abrahams scheint sich die Verbindung dorthin in besonderer Intensität zu zeigen. Auch Sarai wird über eine Namensänderung in das Geschehen mit hineingenommen – in der Ursprache sichtbar, indem das *Jud* am Ende durch ein *Heh* ersetzt wird. Sie heißt nun *Sarah*; das bedeutet Fürstin, die Erste.

Jetzt wird es aber auch ernst für Abraham. Er soll nicht nur etwas bekommen; auch Gott will etwas von ihm. Er will mit ihm und seinen Nachkommen eine besondere und dauerhafte Verbindung, einen Bund (hebr. *brith*) eingehen; eine Verbindung, die noch im Raumfahrtzeitalter Bestand haben wird. Und auch dann wird ihr Zeichen noch das gleiche sein wie in jener uralten Zeit. Jeder Junge bekommt es mit einem kleinen operativen Eingriff eingeprägt. Die Beschneidungszeremonie ist ein großes und feierliches Ereignis in muslimischen wie jüdischen Familien und Gemeinden. Daß sie in beiden Kulturen an den Jungs in einem anderen Alter vollzogen wird, hängt mit dem Stand der Geschichte zusammen, in dem Abraham das Gebot bekam und an seiner gesamten Familie und seinen Mitarbeitern (!) umsetzte. Ismael war bereits dreizehn Jahre alt, während Isaac, der lang erhoffte Sohn Saras, noch gar nicht da war. So kommt es, daß die Muslime die Beschneidung bis zum 13. Lebensjahr vornehmen, die Juden aber am achten Tag nach der Geburt des Sohnes. Es mag gute hygienische Gründe dafür geben. Das Risiko, an Unterleibskrebs zu erkranken, ist für Frauen von beschnittenen Männern erwiesenermaßen viel geringer. Wie viele andere Regeln in der Thora ist aber auch die Beschneidung nicht vollständig mit medizinischen oder anderen praktischen Gründen zu erklären. Beide Zahlen, die Dreizehn und die Acht, haben eine symbolische Bedeutung, von der wir eine schon kennen. Bei der Beschneidung wird ein Stück von der Hülle bzw. der Vorhaut des Penis entfernt. Ein Eingriff am Penis, der wie sonst kaum ein Körperteil auch symbolisch für die Übertragung des leiblichen Lebens steht, bedeutet, daß das Leibliche, das Physische gewissermaßen zurückgedrängt wird. Der Brauch, die Beschneidung am *achten* Tag nach der Geburt vorzunehmen, hängt mit dem achten Tag in der Schöpfungsordnung zusammen, den wir von hier, von der Welt der sieben Tage aus zumindest antizipieren können. Damit wird der Hoffnung Ausdruck verliehen, daß der Junge seinen Weg immer in der inneren Verbindung zum Stifter dieses Bundes geht.

Ähnlich ist es mit dem Land, das Gott Abraham und dann den Israeliten versprochen hat, letztlich aber allen Menschen verheißt: es ist eine weitere Umschreibung für jene, die materielle Welt überschreitende Seite der Wirklichkeit. So lange wir leben, bleibt diese Seite ein „gelobtes Land"; so lange haben wir für sie nur Metaphern. Die Dreizehn zu entschlüsseln, heben wir uns für später auf (vgl. Kap 6: Joseph) und kehren erst einmal zurück zur bislang immer noch kinderlosen Beziehung zwischen Abraham und Sara.

Eines Tages sitzt Abraham vor seinem Zelt, hält stille, nur nicht zu viel bewegen. Denn es ist Mittag im Nahen Osten. Die Sonne sticht, die Luft brennt. Man könnte Spiegeleier braten in einer Pfanne auf dem bloßen Boden. Da sieht Abraham durch die flimmernde Luft drei Gestalten auf sich zukommen. Vergessen sind Sonne, Hitze, Spiegeleier. Als inzwischen gut geschulter Beduine eilt er ihnen entgegen, um ihnen seine Gastfreundschaft anzubieten. Daß diese Leute eigentlich gar nichts brauchen, weil sie keine gewöhnlichen Männer sind, konnte er nicht ahnen. Die drei ließen sich ja auch zunächst von ihm bewirten mit frischem Brot und Butter, mit Milch und Kalbfleisch. Mit welch besonderem Besuch er es zu tun hatte, wurde erst in dem Moment offenbar, als sie sich nach seiner Frau erkundigten (Genesis 18:1-15).

Drei Leute unterhalten sich mit Abraham. Dann aber spricht nur noch einer. Er verspricht dem alten Ehepaar ein Kind, schon wieder, obwohl an Nachwuchs nach menschlichem Ermessen doch längst nicht mehr zu denken war. Die Idee fand Sara denn auch so witzig, daß sie hinter der Zeltplane herzlich darüber lachte. Und schon ist es passiert: das Kind war noch nicht geboren, aber hatte seinen Namen schon weg. Lachen heißt *tzachaq* (*Tzade*, *Cheth*, *Qoph*); und der Name des Jungen wird *Jitzchaq* sein: er lacht. Im Grunde kehrt an dieser Stelle aber ein Motiv nur wieder. Abraham hatte sich bereits während der mit dem Beschneidungsgebot verbundenen Verheißung auf dem Boden gekugelt vor Lachen bei der Vorstellung, mit 100 Jahren von seiner 90-jährigen Frau noch ein Kind zu bekommen. Und auch da war der Name des Kindes von Gott her schon beschlossen (Genesis 17:17.19.21). Allein Sara wird von *JHWH* für ihr ungläubiges Lachen gerügt, obwohl es doch für sie als Frau nach der Menopause um so schwerer sein mußte, das zu glauben. Nein, so kündigte der *Eine* in Gestalt der drei an, übers Jahr würden sie wieder vorbeischauen; dann werde sie ihr *eigenes* Kind in den Armen halten. Als sich die drei Männer wieder aufmachten, begleitete Abraham sie noch ein Stück. Bald aber wandelte sich ihre Gesellschaft für ihn zu einer „unheimlichen Begegnung der dritten Art" – als sie auf den Weg Richtung Sodom einbogen und er erfuhr, was sie dort vor hatten. Eigentlich war es ja wieder *JHWH* selbst der die ganze Zeit mit ihm ging. Und nun stand Abraham in seiner Gegenwart, erschrocken über den zerstörerischen Plan. Er konnte sich nicht damit abfinden, daß die Gerechten samt den Übeltätern umkommen sollten.

Das Vorhaben erinnerte in der Tat an einen Rundumschlag nach Art der Sintflut, nur regional begrenzt. Was sollte Abraham tun? Das, worin er auf dem Markt schon so oft so erfolgreich war: feilschen. Von 50 auf 10 Gerechte konnte er mit Gott herunterhandeln. Zehn Gerechte, um deretwillen die Städte nicht zerstört werden – weniger war nicht herauszuholen. Und schon marschierten die Männer weiter. Seine Empathie hatte Abraham bewiesen, leider hat das nicht gereicht (Genesis 18:23-33). Denn nichtmal ein Gerechter wurde dort gefunden.

Kann aber ein Ort in seiner Gänze so verdorben sein? Was war die Sünde von Sodom und von Gomorra? Es wird vermutet, die Städtchen lagen westlich neben dem Toten Meer. Heute ist da alles vertrocknet und versalzen. Einst gut von Menschen bewohnt, scheint sich dort nun auch die letzte Mikrobe auf dem Rückzug zu befinden. Kaum ein Grashalm hat eine Chance. Wo es so schlimm aussieht, da muß es doch auch schlimm zugegangen sein. Überlebt haben allein die Namen der Städte als Symbole des Verderbens: Sodom und Gomorra – das klingt schon wie Cosa Nostra und Camorra. Sie haben sich zu Sinnbildern für das abgründigste menschliche Tun verdichtet. Die Wirklichkeit ist meist schwerer zu durchschauen. Was ist aber mit dem Geschrei gemeint, das aus den Städten bis zu Gott hinauftönte: der Lärm der Sausen, die sie täglich feierten, oder der Kämpfe, die sie gegeneinander führten (Genesis 18:20f.)? Die Bibel gibt einen Einblick in die Mentalität der Bewohner von Sodom, indem sie erzählt, wie sie auf die Gastfreundschaft von Lot reagierten. Inzwischen alt genug, hatte er sich von Abraham getrennt und dort niedergelassen, weil ihr Viehbestand gemeinsam das Weideland allzu schnell leergefressen hätte (Genesis 13:5-13). An jenem Tag beherbergte er eben zwei der Männer, mit denen Abraham zuvor gesprochen hatte. Das war Lots Glück im Unglück. Die Sodomiter rannten ihm beinahe die Tür ein, um sich über die Gäste herzumachen. Diese retteten Lot und seine Familie vor dem Mob, indem sie ihn blendeten und er völlig orientierungslos abziehen mußte (Genesis 19:1-11). Die Gastfreundschaft Abrahams und die verächtliche Reaktion der Sodomiter auf dieselben Besucher stehen so einander diametral gegenüber. Den Fremden in den Bereich des Eigenen hineinlassen oder eben nicht – das ist das Stichwort für die spätere legendäre Ausgestaltung der Sünde von Sodom.

Eine Sünde Sodoms bestand in der Unfähigkeit zum Teilen. Die Legende erzählt: Wenn ein Fremder in die Stadt kam, gaben ihm die Einwohner Geld, richtig echte Goldstücke. Aber sie gaben ihm nicht, was er zum Leben brauchte. Er konnte sich dafür nichts kaufen, kein Brot, kein Getränk, keine Herberge... Und wenn er schließlich verhungert in einer Ecke lag, kamen sie und nahmen ihm das Geld wieder ab. Das hat mit Geben wahrlich nicht viel zu tun. Die zweite Sünde Sodoms bestand im Gleichmachen. So erzählt eine andere Version der Legende: Wenn ein Fremder in die Stadt kam, maßen die Sodomiter ihn, indem sie ihn auf ein Bettgestell legten. Wenn er dafür zu lang war, zerrten sie ihn kurz und breit oder hackten ihm die Beine und den Kopf ab. War er zu kurz, zogen sie ihn auf dem Streckbett an Armen und Beinen auseinander, bis er lang genug aber ebenso tot war (vgl. Bin Gorion, Sagen der Juden, 349). Das ist das *Mitath Sedom*, das „Bett von Sodom". In der griechischen Kultur gab es diese Vorstellung auch; da heißt das Mordinstrument „Prokrustesbett". Geiz und Ausgrenzung dessen, der sich nicht angleichen läßt, sind also die Sünden von Sodom und fordern in der Menschheit ihre Opfer, mehr Opfer als sämtliche Naturkatastrophen und Verkehrsunfälle zusammen.

Wie meistens im Leben tun sich nach erfülltem Wunsch oder erreichtem Ziel neue Probleme auf. So ging es auch Familie Abraham. Mit dem Kind kam die Gefahr eines Nachfolgestreites zwischen den beiden Söhnen Abrahams auf. Deshalb mußte der eine gehen, als der andere kam. Gott wollte es so, Abrahams Vaterliebe wollte es anders. Er mußte Hagar und Ismael fortschicken. Wenigstens war dafür gesorgt, daß die beiden in der Wüste nicht sterben (Genesis 21:9-21). Endlich war er also da, Isaac, der lachende *Jitzhaq*, die Freude des Alters von Abraham *und* Sara. Aber ein rechter Tausendsassa wollte er nicht werden. Sein ganzes Leben lang bleibt er seltsam passiv. Und das hat einen symbolischen Grund. Erinnern wir uns: am Anfang war die Zwei, denn die gesamte Schöpfung basiert auf dem Zusammenspiel zahlreicher Dualitäten. Diese können ihrerseits, bestimmt von ihren Qualitäten, auf eine noch grundlegendere Dualität zurückgeführt werden – auf die des kosmischen männlichen und weiblichen Prinzips. Seinen beiden, komplementär wirkenden Grundkräften unterliegen sämtliche Lebewesen, Dinge und Ereignisse in der Welt. Um das zu veranschaulichen, seien hier einmal exemplarisch einige symbolisch wichtige Gegenstände, Eigenschaften und Beispielgestalten dieser Ordnung entsprechend aufgelistet. Diese Zuordnung ist zudem seitenspezifisch. In der Aufstellung sind die ersten beiden Erzelterngenerationen mit angegeben, da das Prinzip in ihrem Werdegang besonders deutlich hervortritt (vgl. F. Weinreb, Schöpfung im Wort, 41-45):

Weibliches Prinzip	Männliches Prinzip
Zwei	Eins
Linke Seite	Rechte Seite
Mond	Sonne
Silber	Gold
Leib	Geistseele
Empfangen	Zeugen
Dunkelheit	Licht
Wasser	Feuer
Passion	Aktion
Sara	Abraham
Isaac	Rebecca

Alle der männlichen Seite zugeordneten Qualitäten gehören also auf die rechte, alle Gegensätze dazu beim weiblichen Prinzip auf die linke Seite. Die Grundspannung zwischen beiden Seiten lebt und webt in allen Weltzusammenhängen und wird nie ganz aufgehoben. In der Übersicht sehen wir Isaac auf der linken Seite beim weiblichen Prinzip stehen, bei Mond und Wasser. Abraham aber nimmt Platz auf der rechten Seite, dem männlichen Prinzip. Seine Zeichen sind Sonne und Feuer. Wie kommt das? Wäre nicht zu erwarten, daß die Väter auf die rechte und die Mütter auf die linke Seite gehören? Grundsätzlich ist es so, daß die biologischen Geschlechter zwar dem kosmischen männlichen und weiblichen Prinzip unterliegen, umgekehrt aber gehen die kosmischen Gegensätze nicht in den Geschlechtern auf. Woran läßt sich nun die Zuordnung der biblischen Figuren zu diesen Qualitäten festmachen? Die Verbindungen zeigen sich in dem, was sie tun, und in Details aus ihrem jeweiligen Umfeld. Abraham ist überall da, wo es brennt, wo verhandelt und gekämpft wird. Isaac verhält sich dagegen eher abwartend. Er läßt andere für sich machen, bleibt weitgehend passiv. Entsprechend unterschiedlich sehen die Lebensgeschichten von Vater und Sohn aus (vgl. Bin Gorion, Sagen der Juden, 526).

Abraham tritt von Anfang an stark und autark auf. Im Alltag eine eher friedliebende Natur, konnte er sich doch in einen durchtrainierten Krieger verwandeln, wenn es darum ging, sich und seine Leute zu verteidigen. Zum Beispiel kam Lot schon einmal in Bedrängnis, bevor ihn die Sodomiter überfielen. Er war bei Gefechten unter lokalen Warlords zwischen die Fronten geraten. Abraham und seine 318 Mann nahmen es zugleich mit mehreren dieser Stammesfürsten auf, um den Neffen zu befreien (Genesis 14). Und dann gibt es da die Affinität zum Feuer in seinem Leben. Als die drei Männer ihn bei Alonei Mamre besuchten, mußte unbedingt erwähnt werden, daß er in der Hitze des Tages vor seinem Zelt saß (Genesis 18:1). Die Hitze, auf Hebräisch *chom*, ist nahezu identisch mit einem alten Wort für Sonne, *chamah*. Abraham ist, wo das Feuer ist. Auch Sodom und Gomorra versanken in einem Schwefelbrand und nicht in einer Sturmflut. Als er am nächsten Morgen noch einmal an den Ort zurückkehrte, wo er verhandelt und gefleht und gefeilscht hatte, sah Abraham nur noch „Rauch vom Land aufsteigen, einen Qualm wie aus einem Ofen" (Genesis 19:28). Das Bild vom sengenden Ofen kam schon einmal in jener Verheißung vor. In der Gott dem Abraham Kindeskinder so zahlreich wie die Sterne am Himmel versprach (Genesis 15:1-21). Abraham, hier noch Abram, hörte Unglaubliches, als Gott einen Zipfel des Tuches lüftete, unter dem die Zukunft des Volkes *„in spe"* noch verborgen lag. 400 Jahre sollen seine Nachkommen in einem fremden Land eine leidvolle Zeit erfahren, ehe sie zurückkommen und dasselbe Land einnehmen werden, im dem er gerade umherzog. Das Gespräch mündete in ein Ritual, für das Gott ihn aufforderte, mehrere Tiere zu schlachten. Abram teilte die Tiere und legte die Hälften einander gegenüber aufgereiht hin. Das gehörte damals dazu, zu einem zünftigen Bundesschluß. Wenn Menschen etwas miteinander verbindlich ausmachten, besiegelten sie den Vertrag, indem sie gemeinsam zwischen den Tierhälften hindurchgingen. Deshalb heißt es auf Hebräisch auch wörtlich *liqroth brith*, einen Bund schneiden, was der Verständlichkeit halber aber mit „einen Bund schließen" übersetzt wird. Dann opferten sie einen Teil der Tiere; den anderen Teil aßen sie feierlich zusammen. So konnte das natürlich mit Abram und Gott nicht gehen. Als hier die Anordnung fertig dalag, fiel Abram in einen Tiefschlaf. Er war ebenso narkotisiert wie Adam, als Gott aus seiner Seite das Baumaterial für die Frau entnahm (Genesis 2:21). Das gleiche Wort, *thardemah*, wird dort für den tiefen Schlummer verwendet. Nach Sonnenuntergang fuhr dann, von Abram unbemerkt, „ein rauchender Ofen und eine Feuerfackel" zwischen den Fleischstücken hindurch (Genesis 15:17). Wieder ist in Abrahams Leben das Feuer gespenstisch nahe.

Das Leben von Isaac verlief dagegen weit weniger abenteuerlich und in viel engeren Bahnen. Statt sich selbst eine Frau zu suchen, mußte sein inzwischen betagter Vater einen Gesandten losschicken und aus seiner ursprünglichen Heimat eine mitbringen lassen. Das wird Rebecca (hebr. *Rivqah*) sein, die Tochter Betuels, einem Sohn von Abrahams Bruder, Nachor (Genesis 24). Isaac heiratete also seine Großcousine. Seine Position links, auf der Seite der Zwei beim weiblichen Prinzip spiegelt sich auch in der Tatsache, daß die Geschichte, wie der Gesandte Abrahams Rebecca am Brunnen als die richtige erkennt und sich darum bemüht, sie mit nach Kanaan zu nehmen, *zweimal* erzählt wird. Einmal im laufenden Geschehen und einmal, als sich der Mann bei Betuel mit seinem Anliegen vorstellt und die Ereignisse noch einmal *in detail* rekapituliert. Er war allein im Auftrag Abrahams in dessen alte Heimat gereist, weil sich Isaac einerseits nicht mit einer Frau aus der kanaanitischen Nachbarschaft verbinden sollte, andererseits aber nach dem Willen des Vaters das Kanaaniterland nicht einmal auf Zeit verlassen durfte – auch nicht, um den Gesandten zu begleiten (Genesis 24:5-8). So beredeten und beschlossen die beiden die Sache an Isaac vorbei. Und die Überredungskünste des Gesandten mußten reichen, um die Familie dazu zu bringen, ihre Tochter an einen Mann freizugeben, den sie noch nie gesehen hat. Rebecca wird schließlich in der Familie Isaacs auch eine aktivere Rolle einnehmen als ihre Schwiegermutter. Als Sara Hagar mit Ismael wegschicken wollte, mußte Gott Abraham noch selbst überzeugen, daß sie Recht hat. Sara war eher der Typ orientalische Frau, die keinen direkten Einfluß nehmen konnte. Wie dagegen Rebecca ihren Willen durchsetzt, werden wir noch sehen. Zudem geht es in Isaacs Umfeld auffällig oft ums Wasser. Immer wieder gräbt er Brunnen und muß um ihre Nutzungsrechte kämpfen (Genesis 26:12-33).

In seine passivste und beklemmendste Position aber geriet Isaac, als er noch bei seinen Eltern wohnte. Als sich sein Vater von Gott dazu aufgefordert fühlte, ihn auf einem Altar als Opfer zu verbrennen, war Isaac kein kleiner Junge mehr, sondern bereits 37 Jahre alt (Genesis 22:1-19). Abraham war tatsächlich bereit, seinen einzigen, mit Sara endlich zur Welt gebrachten Sohn zu töten. Weil es zur Vollendung der Opferhandlung am Ende nicht kam, heißt die Geschichte in der jüdischen Tradition nicht „Opferung", sondern „Bindung Isaacs", 'Aqedath Jitzchaq, oder ohne die Genitivverbindung einfach „Bindung", 'Aqedah. Warum verlangt Gott so etwas, und warum nur gehorcht Abraham so brav? In den Opferriten am israelitischen Heiligtum, wie sie die Thora später ausführlich beschreibt (Leviticus 1-7; 16; 22-23; Numeri 28; 29), werden ausschließlich Tiere und andere Speiseopfer dargebracht. Warum wird hier also jemand zu einem Menschenopfer aufgerufen? Eine Begründung wird gern darin gesucht, daß diese Geschichte gerade ein Plädoyer dagegen sei. Tatsächlich war die Haltung der Israeliten zum Menschenopfer lange Zeit ambivalent. Die Bibel erklärt es mit dem Einfluß der umliegenden Völker, daß sie ihre Söhne und Töchter ins Feuer schickten. Dies geschah bis in die Dienstzeit des Propheten Jeremia im 6. Jh.v.d.Z. hinein. Kurz danach kamen auch schon die Babylonier und ließen ihnen nicht mehr viel Zeit, etwas daran zu ändern. In der Bibel wird es jedenfalls immer wieder verurteilt als ein Gräuel in den Augen Gottes (Deuteron. 12:31; Jeremia 32:34f.).

In einem Abschnitt aus dem Buch der Richter, dessen Handlung zeitlich auf die Landnahme Kanaans durch die Israeliten folgt und der israelitischen Monarchie vorausgeht, gibt es ein plastisches Gegenbeispiel zur *Aqedah*. Aufgabe der Richter war es unter anderem, im Falle von Konflikten mit Gegnern aus der Umgebung, die Stämme für den gemeinsamen Kampf zu organisieren. Reibereien mit den ammonitischen Nachbarn gab es in jener Zeit reichlich im Gebiet um Gilead. In der Zeit des Richters Jiphtach war es wieder einmal soweit (Richter 11:29-40). Um sich der Hilfe Gottes zu versichern, kam Jiphtach zu einem folgenschweren Entschluß. Er wolle im Feuer opfern, was ihm zuerst aus seinem Hause entgegenkommt, wenn er siegreich von der Schlacht zurückkehren würde. Mit Vertrauen konnte das nicht viel zu tun haben. Wer immer der Betroffene gewesen wäre, auch die Familie des geringsten Dieners hätte Jiphtach unglücklich gemacht. Zu seinem Entsetzen begegnete ihm zuerst seine Tochter, sein einziges Kind, die singend und tanzend mit ihm den Sieg feiern wollte. Ein ähnliches Motiv gibt es in der griechischen Mythologie. Da hatte der kretische König Idomeneos mit seinem Schwur auf genauso verhängnisvolle Weise die Kräfte des Universums herausgefordert. Als er auf dem Rückweg von seiner erfolgreichen Schlacht gegen die Trojaner mit seinem Schiff in Seenot geriet, versprach er dem Meeres- und Wettergott Poseidon, das erste Lebewesen zu opfern, das ihm an Land begegnet – wenn er und seine Besatzung es je wieder heil erreichen würden.

Nach erfolgter Rettung traf er zuerst seinen Sohn, der in der von W.A. Mozart wunderbar vertonten Version der Sage Idamante heißt. Dort geht das Ganze für Idomeneos glimpflich aus: Poseidon ließ sich von der Liebe zwischen Idamante und der Tochter des trojanischen Königs beeindrucken, die zunächst als Gefangene in seine Nähe gekommen war. Der Meeresgott verzichtete auf das Opfer. So konnte zumindest in der Version des Librettisten, G. Varesco, die Liebe stärker sein als der Tod. Im antiken Original erging es dem Sohn des Idomeneos nicht anders als der Tochter von Jiphtach; er mußte für das Gelübde seines Vaters sterben.

Jiphtach und Idomeneos hatten das Unglück selbst heraufbeschworen. Hier aber heißt es, Gott selber verlangte von Abraham, seinen Jungen zu töten, um dann zu zeigen..., ja was? Daß es der Widder da hinten im Gebüsch auch tut? Als einzige Begründung will das einfach nicht reichen. Nicht reichen dafür, warum so demütig der eine das Holz trägt und der andere den Altar baut. War es eine Versuchung Abrahams, ein bloßer Test seiner Treue? Auch das ist letztlich makaber. In der Vielschichtigkeit der symbolischen Formen dürfen wir mit tieferer Sinngebung rechnen. Was geschah denn bei der Opferung eines Tieres? Bevor ein Schaf oder eine Ziege geschlachtet wurde, band man dem Tier die vier Gliedmaßen zusammen und verband damit sozusagen die Vierheit des Körperlichen mit der Eins. Der Vorgang des Schlachtens unterbrach dann den Blutkreislauf des Tieres. Das Blut – *dam* (*Daleth* 4, *Mem* 40) – der Träger des Lebens, hörte auf zu fließen. Auch Abraham band seinem Sohn Hände und Füße zusammen. Dann legte er Hand an, bis ihn eine Stimme von oben aufhielt und auf das Tier hinwies, das zum Opfer längst bereitstand. Nichts war hier zufällig, auch nicht, daß sich da ein Widder mit dem Gehörn im Gestrüpp verfangen hatte.

Denn Abraham befand sich an einem besonderen Platz: auf dem Berg Moria, dem Ort des Ursprungs. Dort herrscht eine andere Ordnung; das zumindest wußte er. Darum vertraute er sich der Situation an, auch wenn er keine Ahnung hatte, wie die Geschichte ausgehen würde. Auf dem Weg dorthin hatte Abraham seine *zwei* Diener zurückgelassen, zusammen mit dem Esel, der ihn durch die Welt der Zweiheit getragen hatte. Zu Fuß ging er weiter bis an den Übergang zum Bereich der Eins. Von der Zwei zur Eins gehend, ließ er die vielfältig zergliederte und schwer durchschaubare Welt hinter sich. In Moria aber liegt alles klar und offen vor einem. Der Name *Morijah* hängt über seine Wurzel strukturell mit dem Wort *Thorah* zusammen. Die gemeinsame Wurzel, *Jud*, *Resch*, *Heh*, trägt die Bedeutungen *Lehre* und *Weisung*. Am Ort Moria gibt es Einsicht in die Ordnung der Dinge. Ebenso bestätigt der Blick auf das Wort für Bindung, '*Aqedah*, bestehend aus *Ajin* (70), *Qoph* (100), *Daleth* (4) und *Heh* (5), daß sich Abraham an einer ungewöhnlichen Stätte befand. Die Summe der *Aqedah* ist 179. Der Schauplatz der zweiten Schöpfungsgeschichte, der Garten in

Eden, heißt ja in der Originalsprache *Gan be-'Eden*. Auch seine Bestandteile *Gimel* (3), *Nun* (50), *Beth* (2), *Ajin* (70), *Daleth* (4) und *Nun* (50) ergeben zusammen 179. Die *Aqedah* ist also strukturell mit dem Paradiesgarten verbunden; mit anderen Worten die Vier zur Eins zu binden, stellt eine Verbindung zum *Gan be-'Eden* her. Was soll das aber heißen? Der Baum des Lebens, der *'etz ha-chajim* steht am Ende des Lebensweges, wo wir die Gefilde der dualen Welt wieder verlassen. Der Baum des Lebens wird auch der „Baum, der Frucht hat und Frucht macht" – *'etz pri we-'osseh pri* – genannt. In unserer Erfahrungswelt gibt es so etwas nicht. Hier hat ein Baum entweder bereits Früchte oder sie müssen ihm erst reifen. Erst dann können sie geerntet werden oder fallen auf den Boden als Keim für das Wachstum neuer Bäume. Das verlangt das Prinzip von Ursache und Wirkung im Leben auf der Zeitlinie. Beim Baum des Lebens aber, der zugleich Frucht hat und Frucht macht, sind Weg und Ziel eins. Die Zeitlinie ist aufgehoben. So lange die Entwicklung andauert, wird es immer diese Diskrepanz geben zwischen dem, *was ist*, und dem, *was sein soll* und *werden kann*. Am Ziel aber ist das alles aufgehoben ins reine Ist.

Im Jahr der *Aqedah*, der Bindung des 37-jährigen Isaac, starb seine Mutter Sara mit 127 Jahren. Abraham hatte ein Land verheißen bekommen. Aber als es darauf ankam, hatte er nicht einmal ein kleines Grundstück, um seine Frau darauf zu beerdigen. So bat er die Einheimischen in seiner Nachbarschaft, ihm ein Stück Erde zu verkaufen (Genesis 23:1-20). Diese waren Chethiter, also Angehörige eines der zahlreichen Stämme Kanaans. Sie wollten ihm einen geeigneten Platz gar umsonst überlassen ob seines Rufes, ein guter und gerechter Mann Gottes zu sein. Einer von ihnen, mit Namen Ephron, bot ihm jenes Stück Land an, auf dem die Höhle Machpela lag. Abraham nahm das Angebot gern an, bestand aber darauf, das Land von Ephron zu kaufen. Das wird gern so verstanden, als wollte er bereits einen legitimen Grundstein für das Erbe seiner Nachkommen legen, wenigstens schon für ein Stückchen Kanaan. Wahrscheinlich aber wollte er nichts weiter als ein Familiengrab erwerben. Schon der Name der Höhle *Makhpelah* läßt ahnen, daß es nicht nur um den sauberen Besitzerwechsel eines Grundstücks ging. Seine Wurzel *Kaph, Peh, Lamed* bedeutet *Verdoppelung*. Noch in der modernen Sprache heißt *kaphul* doppelt. Mit dieser Doppelheit markiert die Höhle eine Nahtstelle zwischen den Welten, einen Übergang von der Sieben zur Acht. Das macht sie ebenso zu einem besonderen Ort wie die berühmte Stadt Jerusalem. Auch diese liegt an einer solchen Schnittstelle und macht das erkennbar an einer Dualität in ihrem Namen. In der Ursprache heißt sie *Jeruschalajim*. Die Endung -*ajim* zeigt an, daß dieses Wort im Dual steht, jener grammatikalischen Form der Zwei, die es in indoeuropäischen Sprachen nicht gibt. Diese kennen nur Singular und Plural, Eins und Viele. Die Zweiheit in der Endung spiegelt hier die Vorstellung eines oberen, jenseitigen und eines unteren, diesseitigen Jerusalem wider.

Der Name des Verkäufers, *Ephron*, steht wiederum über seine Wurzel (*Ajin* 70, *Phe* 80, *Resch* 200) im Zusammenhang mit dem Wort für Staub: *'aphar*. Beide Wörter unterscheiden sich nur in der Endung *-on* – bestehend aus *Waw* (6) und *Nun* (50) –, die im Namen des Chethiters hinzukommt. Die dem Buchstabennamen *Waw* eigene Bedeutung ist Haken oder Verbinder. Der Haken, das *Waw*, verbindet als „und" auch die Sinneinheiten in unzähligen hebräischen Sätzen. An dieser Stelle wird der Staub *'aphar* verbunden mit dem *Nun*, der 50. Die Fünfzig zeigt wie die Acht die Möglichkeit an, die Einschränkungen des Lebens in der 40, in seiner raum-zeitlichen Einbindung zu überwinden. Ohne den Halbvokal *Waw* geschrieben, würde Ephron insgesamt einen Zahlenwert von 400 haben, was dem Symbol für die maximale Entwicklungsmöglichkeit im Geviert der ausgedehnten Welt entspricht. Vom *Waw* angedeutet werden aber auch Verknüpfungspunkte außerhalb dieser Begrenzungen aufgesucht. In der Herkunft von Ephron wird dieser Bedeutungszusammenhang noch einmal bestätigt. Der Chethiter kann auch gelesen werden als „einer, der von *Cheth* kommt". Da *Cheth* zugleich den Zahlenwert acht hat, kann das heißen: „der von der Acht kommt". Dorthin, in die Höhle des Mannes von der Acht folgt Abraham schließlich seiner Frau. Er wird von seinen beiden Söhnen Isaac und Ismael zusammen dort begraben – welch ein Zeichen für die Zukunft (Genesis 25:8-10). Traditionell ruhen auch alle anderen Erzeltern dort, außer Rachel, der Lieblingsfrau von Abrahams Enkel Jacob. In ihrem Leben wird die Acht sich auf andere Weise zeigen. Sie stirbt unterwegs bei der Geburt ihres zweiten Kindes, dem *achten* Sohn von Jacob und seinen beiden Frauen, Lea und Rachel. Warum Abraham unbedingt bezahlen wollte, hängt ebenfalls mit dem Überschreiten von Grenzen zusammen. Das wird sich uns erschließen, wenn wir noch mehr Details der symbolischen Struktur kennen.

Wir haben bereits festgestellt, daß die Spannung zwischen den Grundqualitäten samt den ihnen zugehörigen Qualitäten nie ganz aufgehoben wird. Wohl aber gibt es ein verbindendes, vermittelndes Drittes, das diese Spannung zuweilen aufbricht. Mit der aus Zwei und Eins zusammengesetzten Drei tritt eine neue Qualität auf den Plan. Die Drei ist die erste Zahl, mit der Anfang, Mitte und Ende vorstellbar wird. Die für das Leben auf der Zeitlinie so elementaren Zeitdimensionen Vergangenheit, Gegenwart und Zukunft kommen in den Blick. Auch sind es nur drei Grundfarben, nämlich blau, rot und gelb, aus denen sich alle weiteren Farben mischen lassen, die es im Universum gibt. Die Ebene der geistigen Auseinandersetzung läßt sofort an das Zusammenspiel von These, Antithese und Synthese denken, das der große Philosoph, Georg W.F. Hegel, in höchster Vollendung beherrschte. Auch bildet die Drei in den Konzeptionen vieler Kulturen die Übergangsstelle zwischen dem absoluten *Einen* und der Vielfalt aller Formen und Gestalten in der Welt. Diese Vorstellung spiegelt sich in der Menschheit von den Amerikas bis in den fernen Osten über die Bildung diverser Triaden von Personen oder Gegenständen mit bestimmten Qualitäten und von Trinitäten göttlicher Prinzipien wider. Ähnlich wie bei der Gegenüberstellung von Eins und Zwei können wir uns auch über Grundqualitäten, Gegenstände und Beispielgestalten einen Überblick verschaffen, die mit der Drei verbunden sind:

Drei
Mitte

Kind
Merkur
Quecksilber
Geburt

Esau : Jacob
Rachel/Bilha : Lea/ Silpa

Planet und Metall seien hier der Vollständigkeit halber wieder mit genannt. Bei der Bestimmung der symbolischen Formen wollen wir uns aber weiterhin auf die Beispielgestalten der Hebräischen Bibel konzentrieren. Und da ist, wenn es um die Vermittlung zwischen männlichem und weiblichem Prinzip geht, eines von besonderer Bedeutung: die Geburt. Das Kind ist das Dritte. Im Erscheinungsbild der dritten Erzelterngeneration aber fällt etwas auf, das sie strukturell mit dem dritten und dem sechsten Schöpfungstag verbindet. Wie es da jeweils eine Doppelheit von Schöpfungstaten gab, kommt es hier nun zu einer Verdopplung der Personen. Denn der dritte Erzvater hat einerseits einen Zwillingsbruder und anderseits zwei Frauen. Die Vermittlung durch das Dritte, das Kind hebt die grundsätzliche Dualität natürlich nicht auf. Schließlich sind die Kinder, die geboren werden, wieder Jungen oder Mädchen. Deren Anlagen werden wiederum von beiden Urqualitäten bestimmt. Vom männlichen wie vom weiblichen Prinzip partizipieren beide Geschlechter, nur eben unterschiedlich stark. Jedes Kind hat auch das Potential, das Verhältnis von Leib und Seele neu zu bestimmen. Für die dritte Erzelterngeneration und deren Nachkommen gilt das in besonderem Maße. Und damit wird es Zeit, daß wir Isaacs Sohn, Jacob, näher kennenlernen und seinen Bruder, Esau.

Jacob und Esau oder Von Leib und Seele

Die Frucht der Begegnung zwischen dem Männlichen und dem Weiblichen ist das Kind. Mitunter entsteht nicht nur eins auf einmal. Bereits während ihrer Schwangerschaft bemerkte Rebecca, Isaacs Frau, ungewöhnlich heftige Bewegungen in ihrem Innern. Ganz verunsichert wendet sie sich an Gott, und der erklärt ihr, warum es in ihrem Bauch so rumort. Zwillinge ringen da miteinander und werden dies noch als erwachsene Männer tun. Auch ihre Nachkommen, zwei ausgewachsene Völker werden sich noch aneinander reiben. Das Rumpeln in Rebeccas Leib nimmt also spätere Ereignisse vorweg (Genesis 25:21-26). Was Jacob und Esau aber tun und wie sie sich geben, wird uns auch wieder einiges vom Menschsein überhaupt erzählen, vor allem von jenen zwei Grundanteilen im Menschen, die schon im Konflikt zwischen Kain und Abel thematisiert wurden. Dieses Mal verkörpert Esau den Leib und Jacob die Seele. Das heißt, wie sehr sie auch immer aneinander geraten, kommen sie doch ohne einander nicht aus. Die Geburt der Brüder war ein einziges Gezerre, an dessen Ende Esau als erster das Licht der Welt erblickte; Jacob aber hing an seiner Ferse. Die Sache mit der Ferse sollte für Jacob zum Dauerthema werden. Schon in seinem Namen *Ja'aqov* trägt er es mit sich herum. Die Wurzel dieses Wortes (*Ajin, Qoph, Beth*) ist dieselbe wie in *'eqev*, der Ferse. Das dazugehörige Verb *'aqav* bedeutet *die Ferse halten* und kann auch als Metapher fürs *Betrügen* verstanden werden. Dieses Motiv wird ihn begleiten sein Leben lang. Mal ist er der Betroffene; mal geht er selbst den krummen Weg, dann wird man ihm auf den Fersen sein. Äußerlich und charakterlich sind die Brüder so verschieden, wie es zweieiige Zwillinge nur sein können. Der eine, vom Scheitel bis zur Sohle rot behaart – so erscheint Esau schon äußerlich mit dem Charme eines Wilden. Der andere, eine feingliedrige Gestalt mit heller, glatter Haut – das ist Jacob, der es vorzieht, im Zelt zu bleiben. Sein Bruder treibt sich gern draußen herum. Esaus Lieblingsbeschäftigung ist die Jagd. Pfeil und Bogen, die Attribute der Männlichkeit und körperlichen Stärke, hat er immer dabei. Jacob, der kleine Stubenhocker, verbirgt sich dagegen wie die Seele im Leib, ist unsichtbar und trotzdem da (Genesis 25:27). Einem legendären Jäger sind wir bereits begegnet: Nimrod, dem Sohn des Kusch. Kusch aber ist ein Sohn des Cham und hat damit Brüder wie *Mitzrajim* (Ägypten) und *Kena'an* (Kanaan) an seiner Seite. Die Söhne Chams werden in der Bibel allesamt als Potentialträger weltlicher Prosperität und Macht ausgewiesen (Genesis 10:6-11). Und als Begründer Babylons reiht sich Nimrod selbst unter die großen Gegenmächte Israels ein. Als solche werden Chams Nachkommen regelmäßig zur existentiellen Bedrohung für die Israeliten, die Nachfahren Sems. Der Jäger Esau aber ist selbst ein Semit. Er eilt dem Wild hinterher, sucht das Abenteuer, den Adrenalinstoß auch ohne äußere Gefahr. Das macht ihn zum Sinnbild eines Menschen, der sich in das materielle Geflecht der Welt hineinwirft und immer weiter darin verfängt. Auch der Semit ist davor nicht gefeit – erst recht nicht Esau, der personifizierte Leib. Ihm allein fehlt das Gegengewicht der Seele, was einem Leben im Modus der Vier ohne Eins entspricht. Das erinnert an Kains unstetes, mobiles Leben; das erinnert auch an das unstete, mobile Leben des postmodernen Menschen, der von sich „Flexibilität" in einem Ausmaß verlangt, das nur noch sehr kurzfristige Planungen erlaubt. Familie, Beziehung, Zusammenhalt – all die Dinge, die Zeit brauchen, um zu wachsen – haben da nicht mehr viel Raum. *Na' wa-nad*, in hektischer Bewegung sein, bekommt so noch eine neue Konnotation: die von einem Rasen im Dauerstreß bis zum Burnout und die von einem blinden Gehorsam gegenüber Mechanismen, welche von wenigen Menschen erdacht sind und auch nur diesen wenigen nutzen. Jacob zog es dagegen vor, bei der Familie zu bleiben. Die Seele verlangt nach Beziehung. Sich der Welt da draußen stellen und sich zurückziehen, seinen Mann allein stehen und sich Verbündete suchen – beides ist Teil der menschlichen Natur; Jacob und Esau sind Brüder. Der Auserwählte nach der Bibel aber ist Jacob, denn in der Seele liegt die Verbindungsstelle zur Eins. Diese Seite zu entdecken, ist nicht einfach in einer Welt, in der immer erst einmal die materielle Hülle sichtbar ist. Das ist es ja auch, was Isaac vor allem sah, wenn er überhaupt noch etwas sah.

Um etwas zu erreichen, muß die Seele in das Gewand des Materiellen schlüpfen. Jacob mußte sich mit den Fellen Esaus vermummen, um den Segen vom Vater zu bekommen (Genesis 27:1-40). Isaac achtete sehr auf die Dinge, welche in dieser Welt Erfolg versprechen. Auch darum lebt er im archetypischen weiblichen Prinzip und steht auf der linken Seite. Rebecca dagegen agiert eher männlich und hat deshalb ihren Platz auf der rechten Seite. Weil sie das Recht der Seele durchsetzen wollte, riet sie ihrem Lieblingssohn, in Esaus Kleidung zum Vater zu gehen und sich den Segen zu holen, den ihm Isaac freiwillig nie geben würde. Esau war für ihn der Erste, aber seine Leidenschaft fürs Wildbret sollte ihm jetzt zum Verhängnis werden. Bevor er sich anschickte, Esau zu segnen, bestand er darauf, sein Lieblingsessen vom frisch gejagten Tier zu bekommen. Das mußte Esau erst einmal besorgen; und das war *die* Gelegenheit für Rebecca und Jacob. Als Jacob in seiner Verkleidung und mit dem Braten aus dem eigenen Viehbestand zu Isaac kam, hatte der Vater doch einen zwiespältigen Eindruck von der Gestalt, die sich ihm da näherte: „die Stimme ist die von Jacob, die Hände aber sind die von Esau" (Genesis 27:22). Bis zum Schluß ist er verunsichert, aber gibt ihm dann doch seinen Segen (Genesis 27:22-29). Sinn eines Segens ist, die Verbindung mit der Eins herzustellen. Auch Isaac will das bewirken. Sein Spruch (Genesis 27:28f.) besteht aus 26 Worten, einer

Anzahl, die der Summe des Gottesnamens, *JHWH* (*Jud* 10, *Heh* 5, *Waw* 6, *Heh* 5), gleicht. Und er besteht aus 111 Buchstaben. Das entspricht genau dem Zahlenwert des Wortes *Aleph* (*Aleph* 1, *Lamed* 30, *Peh* 80), welches in zweifacher Hinsicht Symbol für den *einen* Gott ist: als erster Buchstabe im Alphabet mit dem Wert *eins* und, sofern seine Summe 111 die Eins auf den Ebenen der Einer, Zehner und Hunderter abbildet.

Nach einer weiteren Auslegung der Geschichte vom gestohlenen Segen jagte Esau dem Tier für seines Vaters Lieblingsspeise bis zu dem Moment hinterher, in dem Jacob von Isaac den Segen erhielt. Erst danach blieb das Tier stehen. Die Kausalkette in Esaus Handlungsablauf wird unterbrochen von dem, was anderswo geschieht. Esau handelte also nicht wirklich selbst, sondern wurde von Jacob bestimmt (vgl. F. Weinreb, Schöpfung im Wort, 568-574). Das ist Ausdruck der Abhängigkeit des Leibes von der Seele, die Isaac später Knechtschaft nennen wird, als Esau wieder zurück ist und die Täuschung offenbar wird. Der Körper kann nur gehen, wohin die Seele ihn leitet. Als Esau zurückkam und feststellte, daß Jacob vor ihm da war, erschrak der Vater. Zu spät! (Genesis 27:32-37) Er konnte nur noch bestätigen, was längst geschehen war und mußte Esau auf ein anstrengendes Leben vorbereiten. Von seinem Schwert werde er leben müssen (Genesis 27:40). Das Schwert ist ein Symbol für Zerteilung und Entzweiung. Nicht immer wird tatsächlich etwas oder jemand durchbohrt oder in Stücke gehauen; nicht immer geht es um offene Aggression und Kampf. Es gibt das Schwert auch in der geistigen Auseinandersetzung. Die einen schlagen sich lieber mit dem Degen, die andern fechten besser mit dem Florett feiner Argumente. Auch wenn wir die Natur mit wissenschaftlichen Methoden erforschen, analysieren wir sie. In der Analyse werden Zusammenhänge gewissermaßen zerteilt und in immer kleinere Sinneinheiten zergliedert. Die Gefahr dabei besteht darin, im Spezialistentum den Blick aufs Ganze und damit die Orientierung zu verlieren. Völlig entfesselt wird diese Kraft nur, wenn Jacob seinen Platz verläßt und es Esau gelingt, sein Joch vom Hals zu reißen – eine Möglichkeit, die Isaac auch prophezeit (Genesis 27:38-40). Trifft das ein, zählt nur noch die körperliche Stärke des Einzelnen, und die gemeinschaftliche Organisation wird zur Technokratie. Am Anfang stand eine Frau an der Stelle, wo diese Kräfte losgebunden wurden. Als Eva von der Frucht der Erkenntnis nahm, entdeckte das erste Menschenpaar die Sexualität. Der Lebensprozeß im Wechsel von Werden, Vergehen und wieder Werden kam in Gang und setzte zugleich menschliche Neugier und Sinnsuche frei. An dieser Stelle nun steht wieder eine Frau, um dieser Entwicklung eine neue Richtung zu geben. Ohne seine Mutter wäre Jacob nicht auf die Idee gekommen, seinem Bruder auf so raffinierte Weise den Segen abzunehmen. Isaac hatte auf das Äußere geachtet, auf das Beobachtbare und Ertastbare. Mit Rebeccas Eingreifen bekommt das Geschehen eine Wendung, die Isaac schließlich auch anerkennt. Er macht nicht rückgängig, was oberflächlich gesehen unter dem Vorzeichen eines Betrugs geschah.

„Isaac liebte Esau wegen seiner Vorliebe fürs Wildbret. Rebecca liebte Jacob"... einfach so (Genesis 25:28). Esau hatte seiner Stärke vertrauen müssen. Wo das Materielle die Richtung vorgibt, muß man sich seine Anerkennung erst verdienen. Sie hängt an einer Bedingung. Der Jäger steht für den schnellen Zugang zum Fleisch, das selbst Symbol für das materielle Erstarken ist, nicht nur, weil sein Protein den Muskelaufbau fördert. Davon reichlich zu bekommen, heißt auch, gut in der Welt etabliert zu sein. Dem so Bevorteilten gehörte eigentlich der Segen des Erstgeborenen. Echte Wertschätzung auch all der Güter dieser Welt aber kommt aus der Seele. Und die hatte Esau schon früher nicht bewiesen. Die Geschichte vom gestohlenen Segen ist nämlich nur das Nachspiel zu einem Ereignis, das schon weiter zurückliegt (Genesis 25:29-34). Schon da ging es ums Essen als dem Sinnbild für den Erhalt des Leibes. Auch Jacob war ein guter Koch. Als Esau eines Tages müde und hungrig vom Felde kam, bat er seinen Bruder, ihm etwas von dem gerade zubereiteten Mahl zu geben. Jacob forderte einen folgenschweren Tausch: das Essen gegen das Privileg des Erstgeborenen. Esau willigte ein – für die rote Speise. Die Erzählung legt bei dem berühmten Linsengericht besonderen Wert darauf, daß es eine Mahlzeit aus *roten* Zutaten ist. Esau bittet ausdrücklich um eine Portion von „dem Roten da", *„haadom ha-zeh"*. Rot ist das Blut, das durch den Leib strömt, und rot ist die Behaarung Esaus. Auch der Name des Bergvolkes, das von Esau abstammen wird, hat mit rot zu tun: *Edom*. Deshalb wird Esau auch in dieser Szene bereits Edom genannt (Genesis 25:30). Edom aber steht über die gemeinsame Wurzel, *Aleph* (1), *Daleth* (4), *Mem* (40), in Zusammenhang mit dem Menschen, *Adam*, mit dem Erdboden, *adamah*, und schließlich mit *dam*, dem Blut, wo die Eins fehlt. Die Verbindung zur Eins besteht auch bei Edom. Nach dem Segen verlangte Esau letztlich auch. In der Verbindung von *Adam* und *Edom* liegt ein grundsätzliches Dilemma des Menschen symbolisch begründet. Einerseits ist er stolz auf jeden Sieg, mit dem er seine Herrschaft über die Natur scheinbar vervollständigt. Andererseits zieht sich in jedem wieder nur mit technischem Geschick und materiellen Mitteln errungenen Fortschritt der Segen immer weiter zurück. Wo der materielle Wohlstand steigt, wächst eben die Zufriedenheit nicht automatisch mit

Jacob fand keinen Gefallen an solchen Scheinsiegen, er blieb lieber zu Hause. Spätere Erzähler meinten gar, er habe dort die Thora studiert (Midrasch Bereschith Rabbah 63:15, vgl. F.Weinreb, Schöpfung im Wort, 579). Dieselbe Thora, die auch mit seinem eigenen Werdegang gerade erst entsteht? In der Tat haben die Weisen schon vor langer Zeit auf ihrem Gebiet das getan, was wir uns an Denkwegen heute erst wieder neu erschließen; nämlich nicht linear, sondern eher holistisch, vernetzt heranzugehen – so wie unser Gehirn schon immer arbeitet. Alles steht mit allem in Verbindung in einem großen Netzwerk von Bedeutungen, dessen Verknüpfungen nicht unbedingt vom Vorher und Nachher bestimmt sind.

Der weitere Lebensweg Jacobs verläuft allerdings nicht so, wie man sich das bei jemandem vorstellt, der Segen und Privileg eines Erstgeborenen übernommen hat. Erstmal mußte Jacob vor Esau fliehen und in die frühere Heimat seines Großvaters entweichen (Genesis 27:41-28:6), um dort einem Verwandten zu dienen und sich von ihm vorführen zu lassen. Er wird seine Söhne nicht nur einmal nach Ägypten schicken müssen, um überhaupt genug Lebensmittel ins Haus zu bekommen, während Esau relativ mächtig und wohlhabend in Ruhe und Frieden vor sich hinlebt. Irdischen Wohlstand konnte das Erstgeburtsrecht also in diesem Falle nicht verheißen. Überhaupt stünden wohl einige in den biblischen Geschichten als gesegnet vorgestellte Menschen heute eher als Loser da. Als erstes sichtbar sind immer der Leib und die materiellen Güter, mit denen sich der Mensch umgibt. In der Gestalt des Jacob aber verlangt auch die Seele, sichtbar beherrschende Kraft zu sein. In diesem Ringen führt der Weg zum Ziel oft nicht auf einer breiten Straße geradeaus. Als es für Jacob darum ging, erstmal aus dem Gesichtskreis seines zornigen Bruders zu verschwinden, riet ihm seine Mutter, dorthin zurückzugehen, wo Abraham einst losgezogen war. Danach rief auch Isaac seinen Sohn noch einmal zu sich, um ihn mit allen guten Wünschen und derselben Begründung nach Mesopotamien zu entsenden, mit der schon sein Vater, Abraham, für ihn selbst eine Frau aus der Herkunftsfamilie besorgt hatte: um sich nur ja nicht auf eine Frau aus der kanaanitischen Nachbarschaft einzulassen. Nur, von dieser Idee hatte Rebecca ihren Mann erst kurz zuvor erfolgreich überzeugt (Genesis 27:42-28:5). Jacob hörte auf seine Eltern und zog von Beer Scheva nach Charan zum Bruder seiner Mutter. Der hieß Laban und war wie sie ein Kind des Bethuel, dem Sohn von Nachor und Milka. Davon, daß Nachor zusammen mit Therach, Abram, Sarai und Lot nach Charan gezogen sei, war zuvor nie die Rede. Es ist eigentlich zu vermuten, daß er mit seiner Familie in Ur zurückgeblieben war. Aus der Erzählung von dem Gesandten Abrahams, der schließlich Rebecca als Frau für Isaac aus Mesopotamien mitbrachte, erfahren wir darüber nichts weiter. Sie nennt den Wohnort von Bethuel nur verklausuliert „die Stadt Nachors" (Genesis 24:10). Wenigstens ein Teil der Familie Nachors aber muß später auch nach Charan umgezogen sein, sonst hätte Jacob seinen Onkel dort nicht aufsuchen können.

Auf dem Weg dorthin hatte er einen Traum von der Qualität einer mystischen Vision (Genesis 28:10-22). Jacob übernachtete im Freien, suchte sich einen Stein als „Kopfkissen", legte sich hin... und plötzlich sah er, wie eine Leiter neben ihm zur Erde hinuntergelassen wurde, die oben bis hinauf in den Himmel reichte. Auf ihr schritten Engelboten Gottes hinauf und hinunter. Erst hinauf, dann hinunter? Ja, wahrscheinlich waren einige von ihnen schon die ganze Zeit mit Jacob zusammen unterwegs. Diese gingen nun hinauf; und andere kamen herunter, um ihn von da an weiter zu begleiten (Midrasch Bereschith Rabbah 68:12, vgl. Etz Hayim, 166). Dann spürte er eine Energie neben sich, ganz stark. *JHWH* stellte sich ihm als der Gott seines Großvaters Abraham und seines Vaters Isaac vor. Er versprach Jacob, daß er in das Land wird zurückkehren können, das er gerade verlassen mußte, und wiederholte seine Verheißung, den Landstrich zum ewigen Erbe seiner Nachkommen zu machen. Diese unverhoffte Begegnung mit dem *einen* Gott spricht dafür, daß sie in jeder Situation möglich ist, ganz gleich wo und in welcher Situation sich jemand gerade befindet. Überall auf der Welt kann sich ein Tor zum Himmel öffnen. Da gibt es aber auch Orte, zu denen die Menschen immer wieder zurückkehren, weil sie dort eine Präsenzerfahrung des Heiligen in einer Intensität machten, wie sonst nirgendwo, und hoffen, daß sie sich genau da wiederholt. Ein solcher Ort ist es, wo sich Jacob gerade befand. Als er wieder aufwachte, konnte er sich noch genau an alles erinnern und verstand, daß dieser Traum eine direkte Botschaft an ihn war. Er richtete den Stein, auf dem er geschlafen hatte, auf, übergoß ihn mit Öl und nannte den Ort *Beith El* – Haus Gottes (Genesis 28:18f.; vgl. die Parallelerzählung, Jacob auf dem Rückweg ebd. 35:9-15). Fachleute der Theologie nennen das eine Ätiologie. Das ist die Gründungslegende für einen über viele Generationen bereits als heilig anerkannten Ort. Ein solcher Platz war *Beith El* schon lange, bevor der erste Israelit dort auftauchte. Die Bibel erinnert sich, das der Ort früher Lus hieß (Genesis 28:19). Und noch in der Zeit, als sich die Stämme Israels im Land der Kanaaniter ausgebreitet hatten, war der Tempel von *Beith El* eine Institution. Institutionen, die von Riten mit wiederkehrenden Formen leben, gehören qualitativ auf die Seite des struktur- und gesetzgebenden Gottes, *Elohim*. Als Begegnungsstätten sind sie aber auch Orte der Präsenz von *JHWH*, dem ewigen Du. Deshalb bezieht sich das, was Jacob über diesen Platz sagt, auch auf *beide* Eigenschaften Gottes: „Oh, *JHWH* ist an diesem Ort; das hab ich nicht gewußt"; unheimlich war es ihm... „Wie furchtbar dieser Ort ist! Das kann nur ein Haus *Elohims* sein. Dies ist das Tor zum Himmel." (Genesis 28:16f.).

Schon sein Großvater, Abraham, hatte einen anderen Platz dieser Art aufgesucht, eine alte Tempelstätte mit priesterlichem Kult. Da hieß er noch Abram, hatte gerade eine erfolgreiche Schlacht geschlagen und seinen gekidnappten Neffen, Lot, zusammen mit weiteren Einheimischen befreit (Genesis 14). Noch bevor er mit dem König von Sodom, mit dem er sich während der Kämpfe verbündet hatte, den Verbleib der Kriegsbeute besprach, kam es zu einer denkwürdigen Begegnung zwischen Abram und einem Mann, den die Bibel als Priester von Salem (hebr. *Schalem*) vorstellt. Ob Salem tatsächlich einst Jerusalem war, wird sich historisch mit letzter Gewißheit kaum mehr nachweisen lassen. Im Gedächtnis der Menschheit werden diese Orte aber seit Jahrtausenden miteinander identifiziert. Sicher ist, daß an der Stelle von Jerusalem zuvor schon die Jebusiter ein politisches und religiöses Zentrum hatten. Die Namen des Priesters und des Gottes, dem er diente, sind bekannt. Der Mann heißt *Malki Tzedeq* – in Übersetzungen meist mit Melchizedek wiedergegeben. Er kam Abram mit Brot und Wein entgegen, um ihm für die Rettung seiner Stadt zu danken. Er segnete ihn im Namen des höchsten Gottes, *El 'Elijon*, dem Eigner von Himmel und Erde, *qoneh schamajim wa-aretz*. Der Name des Priesters ist wahrscheinlich ein Attribut seines Gottes: *Malki Tzedeq* bedeutet *König der Gerechtigkeit*. Einem Gast Brot und Wein oder Salz zu überreichen, ist eine in vielen Kulturen verbreitete Willkommensgeste. Das Brot steht für den elementaren Lebenserhalt; Wein und Salz aber sind schon mehr, als man unbedingt braucht. Sie sind dazu da, genossen zu werden und das Leben zu feiern. Über diese Begegnung wird *El*, eine alte Schöpfergottheit aus dem nahöstlichen Raum in Verbindung mit der frühen Väterzeit gebracht (Genesis 14:18-20); und das in einem Kontext, der nahtlos auch ohne diese Szene ausgekommen wäre. Darum darf wohl zu Recht vermutet werden, daß das Treffen von Salem erst später in den Text hineinkam. Und doch ist die Begegnung von Abram mit dem Priester in ihrer Sinngebung unentbehrlich. Seine Befreiungstat wird so nicht seinen Bärenkräften zugesprochen, sondern der Gunst dieses Gottes. Und nicht zuletzt wird hier der im späteren Israel für lange Zeit wichtige priesterliche Kult vorweggenommen. Wie die Israeliten es später auch mit ihrem Ertrag tun sollten (vgl. Leviticus 27:30-33; Deuteron. 14:22-26), übergab Abraham dem Priester von Salem bereitwillig den zehnten Teil seiner Habe.

Jacobs Ziel war also der Hof von Laban (hebr. *Lavan*), dem Bruder seiner Mutter. Der Onkel nahm ihn tatsächlich auf und ließ Jacob für sich als Hirte arbeiten (Genesis 29). Laban hatte zwei Töchter: Lea und Rachel. Ausgerechnet in die jüngere Rachel verliebte sich Jacob. Das sollte für ihn zum Problem werden. Als er den Onkel bat, sie zur Frau zu bekommen, bot Jacob ihm an, *sieben* Jahre für ihn zu arbeiten und seine Ziegenherde zu betreuen. Laban willigte ein, verschwieg aber, daß er die jüngere nicht vor der älteren Tochter weggeben konnte oder wollte. Jacob, der Vater und Bruder an der Nase herumgeführt hatte, bekam nun selbst zu schmecken, wie es ist, ausgetrickst zu werden. Seine Liebe zu Rachel ließ die Zeit vergehen wie im Flug. Aber als endlich die Hochzeitsnacht da war – keine Öllampe, keine Glühbirne brennt, alles schön dunkel, beste Bedingungen, um ganz allein mit der Liebsten zu sein –, lag doch plötzlich die ältere Lea in Jacobs Bett (Genesis 29:14-20). Um Rachel doch noch zu bekommen, sollte Jacob nun nochmals sieben Jahre arbeiten. Und er machte dies tatsächlich mit. Nochmals sieben Jahre auf sie warten mußte er allerdings nicht. Bereits nach der Hochzeitswoche für Jacob und Lea übergab ihm

Laban auch seine zweite Tochter, Rachel. So konnte sich Jacob wenigstens immer zum Feierabend schon auf sie freuen – zum Leidwesen von Lea. Beiden Töchtern gab Laban jeweils eine persönliche Dienstmagd mit in die Ehe: Silpa sollte Lea zur Seite stehen und Bilha ihrer Schwester, Rachel. Diese beiden werden noch eine wichtige Rolle spielen bei der Begründung des israelitischen Stämmebundes. Denn sie mußten, wie einst Hagar, einspringen, wenn sich die beiden Frauen mit einer Schwangerschaft schwer taten. Wer aber ist Laban? Wofür stehen er und seine Winkelzüge? Ein Blick auf seinen Namen kann uns hier weiterhelfen. Sein Name ist zugleich der Begriff für einen Farbton. *Lavan* bedeutet *bleich sein* oder einfach *weiß*. Das ist sicher kein Hinweis auf die Farbe seiner Weste, stellt aber den Zusammenhang zu einem anderen Wort her, das aus der gleichen Wurzel (*Lamed, Beth, Nun*) gebildet wird. Und das bezeichnet einen Gegenstand, der genau diesen Farbton trägt: *Levanah*. Und *Levanah* ist – neben *Jareach* – ein weiteres, altes Wort für *Mond*. Der Mond gehört in der Zuordnung der dualen Grundqualitäten bekanntlich auf die linke Seite, zusammen mit dem Weiblichen und der Zwei. Und was tat Laban? Er schob seinem Neffen eine Zweiheit unter, als er ihm erst die ältere und dann die jüngere Tochter übergab. So kommt es, daß es *drei* Erzväter, aber *vier* Erzmütter gibt. Auch das erinnert an die Struktur der ersten Schöpfungsgeschichte mit ihren zwei Zyklen zu *drei* Tagen, an denen jeweils *vier* Schöpfungsakte stattfinden. Die Drei, die Kombination aus Eins und Zwei, gilt wie die Eins als männliche Zahl und die Vier, die verdoppelte Zwei, als eine weibliche. Das Weibliche wird als mehr mit der Erde und dem Materiellen verhaftet angesehen, nicht zuletzt weil über die Frauen das leibgebundene Leben in die Welt kommt. Außerdem hängt an ihnen mehr oder weniger die gesamte Verantwortung für den Nachwuchs. Es ist der Einklang von *mater* und *materia*, von Mutter und Materie, den auch das Latein und die mit ihm verwandten Sprachen kennen. Auf ihm beruht auch die Vorstellung von der Mutter Erde. Das ist etwas ganz anderes als das Vaterland, das – von männlichem Geist zugeschnitten und eingegrenzt – oft mit Gewalt zuerst erobert wird und dann ebenso oft mit Gewalt verteidigt werden muß. Die Mutter Erde kennt solche Abgrenzungen nicht. Den Männern wird in allen Kulturen mehr oder minder ausgeprägt ein großer Abstand zum täglichen häuslichen Kleinkrieg zugesichert, um ihren Geist frei zu halten für andere, oft nur vermeintlich höhere Aufgaben. Ob das auch einer Notwendigkeit in der kosmischen Ordnung entspricht? Die Tatsache, daß sich Männer in fürsorgenden Berufen ebenso wohlfühlen können, wie auch Frauen die Aufgaben eines Geistesarbeiters, Wissenschaftlers oder Künstlers meistern, bestätigt eher die Wirksamkeit der männlichen *und* weiblichen kosmischen Qualitäten in *beiden* Geschlechtern.

Jacob hatte nun also zwei Frauen. Und die traten schon bald in einen ungewöhnlichen Wettstreit ein, einen Wettlauf der Geburten (Genesis 29:31-30:24; 35:16-20.23-26). Die Namen der Kinder sind voller Wortspiele, und ihre Anzahl ist erwartungsgemäß nicht zufällig. Von Lea kommen die ersten vier Söhne. Und nur auf die männlichen Kinder kommt es ja hier wieder an. Daß es auch im Hause Jacob noch mehr Kinder gab, zeigt sich an einer Stelle, wo berichtet wird, daß „alle seine Söhne und Töchter" nicht vermochten, Jacob über den – letztlich nur vermeintlichen – Tod seines Lieblingssohnes hinwegzutrösten (Genesis 37:35). Eine der Töchter, ein Kind Leas wird sogar im Kontext des Geburtenwettstreits erwähnt. Sie heißt Dina (Genesis 30:21). Dann bringen die Dienerinnen von Rachel und Lea je zwei Söhne zur Welt und Lea selbst nochmals zwei, ehe Rachel endlich eine eigene Geburt gelingt und später noch eine, die mit Erreichen der Zwölfzahl den Wettlauf beendet. Lassen wir die Geburten der Mägde einmal aus, die Rachel und Lea ja nur indirekt zuzuschreiben sind, ist Rachels erstes Kind, Joseph, das siebte und ihr zweiter Sohn, Benjamin, das achte.

Söhne von Lea		**Söhne von Bilha, Rachels Magd**		**Söhne von Silpa, Leas Magd**		**Söhne von Rachel**	
Ruben	1	Dan	5	Gad	7	Joseph	11/ 7
Simon	2	Naphtali	6	Asser	8	Benjamin	12/ 8
Levi	3						
Juda	4						
Issachar	9/ 5						
Sebulon	10/6						

Rachel stirbt bei der Geburt des *achten* Kindes in der Nähe des Örtchens *Beith Lechem*, dem früheren *Ephrath*. *Beith Lechem* heißt übersetzt *Haus des Brotes* und ist längst selbst zu einem Symbol für den Übergang zwischen den Welten geworden (Genesis 35:16-20; vgl. Ruth 1). Das war auch den Erzählern der Geschichte des Jesus von Nazareth bekannt. Bei allem, was sie ihm an Wirkung zutrauten, war das der passende Geburtsort für ihn – auch wenn seine Familie eigentlich aus dem Norden des Landes stammte und Jesus mit seinen Anhängern die meiste Zeit über um den See Genezareth herum aktiv war. Die Welt der Sieben und die Welt der Acht wirken immer aufeinander ein. Dauerhaft aber kann die Grenze zwischen beiden Welten nur um den Preis überschritten werden, nicht mehr auf gleiche Weise in diese Existenzform zurückkehren zu können. Davon zeugt Rachels zweite Geburt, die achte von Jacobs Frauen.

Als sie dem Kind das Leben schenkte und ihr eigenes verlor, hatte Jacob das Haus seines Onkels längst verlassen – ebenso fluchtartig wie sein Elternhaus, ebenso konfliktgeladen. Laban hatte ihn um eine Menge Arbeitslohn betrogen. 14 Jahre lang arbeitete Jacob lediglich für Kost und Logie. Das hätte Laban nicht mit einem Mann von Jacobs Qualitäten tun sollen. Im heutigen Wirtschaftsjargon würde seine Findigkeit wohl „innovativ" heißen. Als Pionier unter den Viehzüchtern hütete er zum Schluß die Ziegen nicht nur, er veränderte sie auch. Mit Laban hatte er ausgemacht, daß die Ziegen, die Jacob am Ende als Lohn aus dem Bestand des Onkels mit nach Hause nehmen durfte, ein bestimmtes Muster auf dem Fell haben sollten, und diejenigen, die er zurücklassen mußte, ein anderes. Laban wiegte sich in Sicherheit, das konnte ja nicht viel sein. Nun aber fütterte und kreuzte und züchtete Jacob, was das Zeug hielt. Und das Zeug hielt eine Menge mehr Tiere für ihn bereit als für den Onkel. So sorgte Jacob dafür, daß er schließlich doch noch etwas mehr als den Mindestlohn bekam, ehe er sich wieder nach Kanaan aufmachte (Genesis 30:25-43). Allerdings konnte er sich denken, daß Laban dieses Ergebnis nicht widerspruchsfrei hinnehmen würde. Deshalb machte er sich lieber mit all seinen Angehörigen und dem angehäuften Gut vorsorglich bei Nacht und Nebel aus dem Staub. Der Onkel jagte hinter ihm her, und so gab es doch noch die Gelegenheit, sich zu erklären und halbwegs zu versöhnen (Genesis 31). Das machte eine neue geträumte Erscheinung Gottes möglich. Der Träumer ist diesmal Laban, der durchaus seine ganz eigene Beziehung zu Gott pflegte. Einblick gibt hier ein Intermezzo, das Jacobs Flucht zusätzlich überschattete. Rachel stahl noch im letzten Moment eine Statuette vom Hausaltar des Vaters. Warum sie die rituelle Figur mitnahm, wird nicht erklärt. Für die Beteiligten bleibt sie trotz intensiver Durchsuchung der Habe Jacobs unauffindbar (Genesis 31:19.30-35). Vielleicht hing Rachel so sehr an dem, womit sie aufgewachsen war. Der Zwischenfall wirft möglicherweise noch ein anderes Licht auf ihren unerwartet frühen Tod. Jacob hatte nämlich gegenüber Laban mit der vollen Überzeugung seines Unwissens erklärt, daß derjenige, bei dem das Utensil zu finden sei, nicht am Leben bleiben werde. Es wirkte, als sei er wild entschlossen, den Täter selbst zur Strecke zu bringen, und zugleich sicher, dies nie tun zu müssen. So war es auch, denn am Ende wußten allein Gott und Rachel, wo die Figur abgeblieben war.

Die Rückkehr in die Heimat führte für Jacob unausweichlich zur erneuten Konfrontation mit Esau. Sein Reiseweg aber wurde unterbrochen gerade in dem Moment, als er sich anschickte, eine Furt am Fluß Jabbok zu überqueren. Mit einem riesigen Troß war er unterwegs und wahrscheinlich hinten allein zurückgeblieben, um selbst zu überwachen, daß alles wohlbehalten am anderen Ufer ankommt (Genesis 32:23-33). Da kam es plötzlich zur geheimnisvollen Begegnung mit einem Mann, einem Engel, einem Boten, einem außerirdischen Wesen..., wer weiß? Seinen Namen erfahren weder wir noch Jacob. Niemand wurde Zeuge seines Ringkampfes mit der unbekannten Macht. Jacob mußte sich ihr stellen, ausgerechnet als er sich auf die erneute Begegnung mit Esau vorbereitete. Ausgerechnet? Vielleicht hing das Auftauchen des Wesens ja sogar mit dieser Erwartung zusammen. Er rang – *wa-je'aveq* – mit dem Fremden (Genesis 32:25). Dieses Verb ähnelt dem Namen des Flusses *Jaboq* am Schauplatz des Geschehens zu sehr, als daß es ein Zufall sein könnte. Tatsächlich handelt es sich um eines der vielen biblischen Wortspiele, die von Wörtern auf der Basis gleicher Wurzeln leben. Hier haben das Verb und der Name des Flusses ihre Wurzel gemeinsam mit einem alten Begriff für *Staub*. Als Bezeichnung für den Staub ist *'afar* bis in die Gegenwart der geläufigere Begriff. Aber da gibt es auch noch das Wörtchen *avaq*, gebildet aus *Aleph* (1), *Beth* (2), *Qoph* (100). Zahlensymbolisch fühlt sich das an, wie aus der Einheit in die duale Welt kommen, um auf einer höheren Ebene in die Einheit zurückzukehren. Der Kampf hat eine Menge Staub aufgewirbelt. Bis zum Himmel hoch sollen die Wolken gequollen sein (vgl. Bin Gorion, Sagen der Juden, 512). Mut hat Jacob bewiesen; er bezwang das Wesen nicht nur. Er forderte von ihm auch noch einen Segen. Er ließ den Fremden nicht eher los, bis er ihm diesen Wunsch erfüllte. Die Zeit arbeitete für Jacob, denn der Gegner scheute das Sonnenlicht wie Graf Dracula, und inzwischen dämmerte es schon. Am Ende gab die Gestalt ihm nicht nur den Segen, sondern auch einen neuen Namen, der verrät, daß Jacobs Kampf mit Gott zu tun gehabt haben muß. Auch der Name des nächsten Ortes am Schauplatz des Geschehens weist darauf hin: er heißt *Pni El* – Antlitz Gottes. Der Fremde sagte zu ihm: „Du sollst nicht mehr Jacob heißen, sondern Israel. Denn du hast mit Gott und mit Menschen gekämpft und hast gewonnen" (Genesis 32:29). Einen *Gotteskämpfer*, *Jissrael*, hat er Jacob genannt. Dazu konnte nur ein von Gott gesandter Bote autorisiert sein. Gotteskämpfer aber kann heißen, er kämpfte *mit* oder *gegen* Gott. Der erste Teil seiner Ansage wird sich im weiteren Erzählverlauf allerdings nicht bestätigen. Als Jacobs Großvater Abram von Gott den Namen Abraham verliehen bekam, blieb es auch dabei. Nie mehr wurde er Abram genannt. Auch aus Sarai wurde für immer Sara. Die Bibel aber nennt Israel – den Erzvater wie auch die Gesamtheit der aus seinen Söhnen hervorgegangenen Stämme – später weiterhin auch Jacob. Von wegen „du sollst nicht mehr Jacob heißen...". Wie kommt das? Das hat mit der grundsätzlichen Unentschiedenheit in jedem Menschen zu tun, ob er denn nun mit oder gegen Gott kämpfen wird. In diesem Spannungsfeld ist Jacob der ganz reale Mensch, der Pragmatiker, der Überlebenskünstler, der auch manchmal krumme Wege geht, um gerade noch anzukommen. Israel aber ist der Mensch, wie er werden soll, der sich Gott und den Menschen stellt, der standhält und widersteht. Er geht das volle Risiko ein, auch auf die Gefahr hin, sich dabei die Hüfte zu verrenken. Im Menschen ist immer beides angelegt; jeder Mensch ist Jacob *und* Israel.

Im Zusammenhang mit diesen beiden Namen gibt es da auch noch eine interessante Struktur zu entdecken. Jacob wird im Original *Ja'aqov* gesprochen und besteht aus den Werten *Jud* (10), *Ajin* (70), *Qoph* (100), *Beth* (2). Das macht zusammen 182. *Jissrael* hat die Werte *Jud* (10), *Ssin* (300), *Resch* (200), *Aleph* (1), *Lamed* (30). Hier ist die Summe 541. Wenn man von der Summe *Jissraels* den Gesamtwert von *Ja'aqov* abzieht, also 541 minus 182 rechnet, erhält man den Wert 359. Das wiederum ist auch die Summe des Wortes Satan (*Ssin* 300, *Teth* 9, *Nun* 50). Satan bedeutet erstmal nicht mehr und nicht weniger als *Verhinderer* und bezeichnet eine die Lebenskräfte hemmende Energie; es ist Widerstreit, ist Gegensatz. Gegensätze prägen das Leben in der dualen Welt. Aber es findet immer auch dieser Kampf statt, in dem die seelische Seite sucht, das Körperliche, Begrenzende nicht bloß zu überwinden, sondern bestenfalls zu integrieren. Dabei werden Esau, der wandelnden Körperlichkeit, die Kräfte genommen, mit denen er Jacob eigentlich entgegentreten wollte. Esau rückte mit 400 Mann an, also mit der Vollzahl dessen, was die physische Seite an Kraft und Macht aufzubieten hat. Als er Jacob einen Tag später leibhaftig begegnete, hatte er keine Lust mehr, mit ihm zu kämpfen. Stattdessen küßte er ihn, wo er ihn doch am liebsten gebissen hätte. Die Worte für küssen (*nischeq*) und beißen (*naschakh*) sind in der Ursprache sehr ähnlich. Daß in der Situation unterschwellig noch etwas anderes im Gange war, zeigt jede Abschrift der Thora durch die Markierung des Verbs „und er küßte ihn...", „*wa-jischaqe-hu*" mit einem Punkt über jedem Buchstaben an (Genesis 33:4). Solche Textmarker gibt es in einer Thorarolle nur an ganz besonderen Stellen. Dies ist eine solche, weil der Biß sich in einen Kuß verwandelte und der Kampf zwischen Leib und Seele nicht stattfand (vgl. F. Weinreb, Schöpfung im Wort, 584). Esau kehrte am Ende ohne die 400 Mann allein in seine Heimat Se'ir zurück. Danach ist die Situation anders. Die Konkurrenz zwischen Esau und Jacob, zwischen Leib und Seele war gewichen, vorerst. Das konnte aber nur eine Zwischenetappe auf dem Weg zum Ziel einer Beziehung sein, in der beide einander ergänzen. Denn die Spannung zwischen den Protagonisten der Geschichte bleibt. Im weiteren Geschichtsverlauf wird es noch einigen Konfliktstoff mit den Nachkommen Esaus geben. Ein bleibender Antagonismus zwischen Jacob und Esau wird schon darin aufgebaut, daß sich Esau demonstrativ Frauen von den Kanaanitern nimmt. Ihrem zweiten Sohn hatten Rebecca und Isaac dringend geraten, das zu vermeiden (Genesis 27:46-28:2). Deshalb zog Jacob ja schließlich zu Laban nach Charan. Auch die Israeliten sollten sich später noch dem Willen Ihres Gottes möglichst mit diesen Stämmen nicht mischen. Esau dagegen nahm sich gleich drei Frauen, von denen zwei aus diesem Umfeld stammten. Die eine hieß Ada und war die Tochter von Elon, einem Chethiter. Die zweite Frau hieß Oholibama und war die Tochter von Ana, einem Angehörigen der Chiwiter. Und dann gab es da noch Basmat, eine Tochter eben jenes Ismael, den Abraham und Sara verstoßen hatten (Genesis 36:1-5). An anderer Stelle wird sie Machalat genannt; und zwar genau in dem Kontext, da Esau – noch völlig frustriert und enttäuscht über den verlorenen Segen –

bei Ismael um eine Frau wirbt, schon allein um seine Eltern zu ärgern (28:7-9). Jene Machalat ist aber wohl identisch mit Basmat, denn beide werden als Tochter Ismaels und Schwester von Nevajot vorgestellt (Genesis 28:9; 36:3). Mit seinen drei Frauen zeugte Esau insgesamt fünf Söhne, deren Nachkommen schließlich ein komplexes Geflecht an Stämmen bildeten. Auch Esaus Söhne wurden zu Stammvätern (Genesis 36). Für den weiteren Lauf der Geschichte ist besonders eine Linie seiner Nachkommen interessant. Mit Ada hatte Esau einen Sohn, der Eliphas hieß. Dieser Eliphas brachte mit seiner Nebenfrau, Timna, ein Kind namens Amalek zur Welt (Genesis 36:10-12).

Amalek aber ist ein Reizwort unter den Hebräern bis auf den heutigen Tag. Denn aus diesem Enkel Esaus entwickelte sich ein Stamm, der den Israeliten und den Juden später noch schwer zusetzen wird: auf der Wüstenwanderung (Exodus 17:8-16; Numeri 14:40-45), in der Zeit des ersten israelitischen Königs Saul (I. Samuel 15) und noch Jahrhunderte später unter der Herrschaft der Perser (Esther). Insbesondere die letzte Begegnung mit Amalek brachte ein sonderbares Fest in den jüdischen Kalender. Hintergrund bildet das Leben der Judäer im Herrschaftsbereich der Perser, wo sie sich wiederfanden, nachdem sie von den Babyloniern ins Kernland von Mesopotamien zwangsumgesiedelt wurden (587/ 86 v.d.Z.). Auch das Großreich von Babylon hielt nicht ewig und wurde schließlich von Persien abgelöst (539 v.d.Z.). Nach der Legende von Esther und Mordechai, unter dem Titel *Esther* in jeder Bibel mit abgedruckt, begegneten sie Amalek wieder in Person eines Hofbeamten, der sich im Umkreis des persischen Königs Xerxes (hebr. *Achaschwerosch*) hochgedient hatte. Sein Name war Haman. Aus der märchenhaften Geschichte von Esther, die sich der persische König zur Frau wählte, entwickelten sich die ausgelassensten Bräuche, die das Judentum zu bieten hat. Sie erzählt, wie sich Esther, die auch als Königin im Grunde eine rechtlose Frau war, erfolgreich für ihr Volk beim König einsetzen und einen teuflischen Plan Hamans vereiteln konnte. Der hatte nämlich vor, die gesamte jüdische Einwohnerschaft zu vernichten, allein weil Esthers Ziehvater, Mordechai, ihm nicht wie einem Gott huldigen wollte. Am Ende fand Haman selbst den Tod. Das, nein natürlich nicht das, sondern die Rettung der Juden vor der Bedrohung wird bis auf den heutigen Tag mit dem Purim-Fest bedacht. Zu diesem Anlaß ist es einmal im Jahr ausdrücklich erwünscht, so viel zu trinken, bis man lallend nicht mehr Haman von Mordechai unterscheiden kann. Ein Spaß für die ganze Familie ist auch die Lesung der Esther-Geschichte, zu der in einigen Gemeinden nicht nur die Kinder phantasievoll verkleidet in der Synagoge erscheinen. Die Lesung wird aufmerksam verfolgt, da keiner die Momente verpassen will, jede Erwähnung von Haman in einem riesigen, tobenden Lärm von Ratschen, Tröten und Rufen versinken zu lassen. So erfüllen die jüdischen Gemeinden alle Jahre wieder fleißig das Gebot der Thora (Exodus 17:14-16), sich daran zu erinnern, Amalek zu vergessen.

Joseph : Fall und Aufstieg eines Träumers

Von allen seinen Söhnen liebte Jacob am meisten den ersten Jungen Rachels, Joseph. Die Geburt des ersehnten siebten Sohnes nach den sechs ersten Kindern Leas – das erinnert doch stark an den siebten Tag in Gottes Schöpfungswerk, mit dem alles erst vollendet und bereit war, sich aus eigener Kraft weiter zu entwickeln. Als sichtbares Zeichen seiner Liebe schneiderte der Vater für ihn einen bunten Rock (hebr. *Kethoneth Pasim*, vgl. Genesis 37:3). Aus vielen Stoffstücken in verschiedenen Farben zusammengesetzt, die Nähte krumm und schief wie das Leben selbst, das ist Josephs Gewand. Erst zusammengefügt bilden die Teile ein sinnvolles Ganzes. Ebenso ist die Bibel aus vielen einzelnen Lebenslinien und den Flächen großer epochaler Ereignisse zu einem Ganzen gewoben. Die Nahtstellen bilden Unterbrechungen der Kontinuität im Geflecht menschlicher Organisation und unvorhergesehene Wendungen im persönlichen Erleben. Wäre es allein aus den kausalen Abfolgen sinnlicher Erfahrung und materiellen Prozessen zusammengenäht, hätte das Kleid nur eine Farbe. Das Gewand aber ist bunt. Eine Unterbrechung ist auch immer da eingebaut, wo einem jüngeren Nachkommen das Erbrecht oder ein großer Auftrag zuerkannt wird, der nach gesellschaftlicher Konvention dem Ältesten zugestanden hätte.

Jacob hüllte seinen siebten Sohn in das Gewand seiner Liebe. Aber Streicheleinheiten sind nicht gerade das, was Joseph mit dem bunten Rock erlebt. Da sind schließlich noch eine Menge Halbbrüder, die – immerhin allesamt vom gleichen Vater – auch dessen Zuneigung und Anerkennung suchen. „Mit siebzehn hat man noch Träume..." – nur hörten es die Brüder nicht gerade gern, wenn Joseph, frisch ausgeschlafen, von seinen neusten Traumvisionen berichtete. Denn die ließen sie nicht gut aussehen. Einmal sah Joseph, wie er und seine Brüder Garben banden auf dem Feld und sich plötzlich sein Getreidebuschl aufrichtete, während sich die Ähren der Brüder zur Erde neigten. Ein anderes Mal verneigten sich Sonne, Mond und Sterne vor ihm im Traum. Eine Sonne, ein Mond und elf Sterne, also auch seine Eltern. Das war selbst dem Vater zu viel; er herrschte seinen Liebling an. Zugleich gab es ihm zu denken, und so behielt er es im Gedächtnis (Genesis 37:4-11). In den Köpfen der Brüder dagegen braute sich ein Gemisch aus Eifersucht und Neid zusammen. Voll Zorn und Groll schauten sie auf ihren privilegierten Bruder. Und schließlich bot sich *die* Gelegenheit, all das an ihm einmal richtig auszulassen. Eines Tages schickte der Vater den Siebzehnjährigen zu den Brüdern Richtung Sichem. Dort, wo sie sich um das Vieh kümmerten, sollte er nur mal nach dem Rechten sehen (Genesis 37:12-36). Nach dem Rechten sehen? Jetzt soll er uns auch noch auf die Finger schauen?! Als

Joseph ihr Lager bei Dotan ansteuerte, sahen sie ihn schon von weitem. „Da kommt er ja, der Träumer", das Nesthäkchen... Und schon schlossen sich zehn Hirne zu einem Gedanken zusammen: ihn zu beseitigen. Ein Brudermord? Das wollte Ruben nicht zulassen und redete auf sie ein: „Wir dürfen ihn nicht töten. ... Vergießt bloß kein Blut!" Also einigten sie sich, ihn in eine Grube in der Wildnis zu werfen. Sie konnten es gar nicht erwarten, ihm das Kleid, das Symbol seiner Sonderstellung vom Leib zu reißen. Als Joseph schon eine Weile halbnackt in dem Loch saß, hatten die Brüder noch eine „bessere" Idee. Denn inzwischen kam eine Karawane von Ismaeliten des Weges mit dem Ziel Ägypten. Beeindruckt von den Bedenken seines Bruders, meinte Juda: „Warum sollten wir unsern Bruder töten und müssen dann sein Blut verbergen? Kommt, wir verkaufen ihn an die Ismaeliten ... Er ist doch unser Bruder, unser Fleisch" und Blut. So verkauften sie Joseph für zwanzig Schekel an die Leute der Karawane. Nur, davon bekam Ruben nichts mit. Als der die Grube leer vorfand, zerriß er schockiert seine Kleider. Das ist ein alter Brauch zum Ausdruck tiefer Trauer. Noch heute ist es in der jüdischen Kultur möglich, durch einen Riß in der Kleidung ein äußeres Zeichen dafür zu setzen, daß im Innern etwas kaputtgegangen ist. Ruben glaubte, sein Bruder sei tot. Verzweifelt wandte er sich an seine Brüder, aber über ihre Reaktion sagt der Text nichts. Es sieht aus, als ließen sie ihn im Unklaren. Es wird nur berichtet, daß die Brüder Josephs Gewand zerfetzten und mit dem Blut eines geschlachteten Ziegenbocks bekleckerten, um das auch dem Vater glauben zu machen. Es sollte aussehen wie der Angriff eines wilden Tieres. Auch Jacob zerriß seine Kleider, als er sah, was von dem schönen bunten Rock übrig geblieben war. Seine Söhne – und eben auch die Töchter – konnten ihn unmöglich trösten (Genesis 37:32-35). So traurig und leidvoll es für Jacob auch war; langfristig gesehen, war diese Intrige ein notwendiger Schritt auf dem weiteren Entwicklungsweg seiner Familie über den Stämmebund zum Volk Israel. Oft ist es im Leben nicht das glückliche in sich Ruhen, sondern die Herausforderung von Mißgeschick und Verlust, die zur weiteren inneren Entwicklung antreibt. Einige Jahre wird der geknickte Vater nicht wissen, daß der Verlust nicht endgültig ist.

Die Motive von Gewand und Traum durchziehen den Verlauf der Geschichte Josephs wie ein roter Faden. In Ägypten angekommen, verkauften die Händler Joseph an Potiphar, einen hohen Beamten am Hof des Pharao. Schnell und geschickt gewann er das Vertrauen seines Herrn; und alles, was er in die Hände nahm, gelang. So war Joseph bald kein Sklave mehr und entwickelte sich zum erfolgreichen Manager von Potiphars Geschäften (Genesis 39:1-4). Wäre es dabei geblieben, hätte man hier das Ende des Films einblenden können. „Und wenn sie nicht gestorben sind...", dann wäre die Geschichte Israels dort aber auch versandet. Stattdessen stand Joseph nun eine weitere Prüfung bevor, die ihn seiner Lebensaufgabe näher bringen sollte. Dabei wird wieder ein Gewand die entscheidende Rolle spielen. Joseph ist schön. Das wird selten von einem Mann so gesagt (Genesis 39:6). Seine Anmut bleibt von Potiphars Frau nicht unbemerkt. Sie sucht die Liebschaft mit ihm, er aber nicht mit ihr. Ihre Verführungsversuche sind permanent und penetrant. Über längere Zeit konnte er sich ihr erfolgreich entziehen, bis zu diesem einen Tag, als er zwar sich selbst in Sicherheit bringen konnte, nicht aber seinen Überzieher. Was hat sie wohl wirklich an ihm geliebt, wenn sie ihn nun – mit dem Gewand in der Hand – beschuldigt, er habe sie genötigt und vergewaltigt? Und wie „blauäugig" muß erst ihr Mann gewesen sein, wenn ihm das in ihren Händen zurückgebliebene Kleid als Beweis, als Corpus Delicti reichte? Wie dem auch sei, Joseph landete erst einmal im Karzer. Aber selbst dort mußte er nicht darben (Genesis 39:7-23).

Was im weiteren Gang der Ereignisse besonders auffällt, ist eine Häufung von Verdopplungen (Genesis 40), nachdem Joseph schon für 2x10 Schekel verkauft worden war. Das Doppeltsehen haben wir ja inzwischen gelernt und können es auch hier wieder gut gebrauchen. *Zwei* Hofangestellte erzählten Joseph im Gefängnis ihre Träume. Der eine war der oberste Mundschenk des Königs, der andere der Chef aller Bäcker am Hofe. Der eine preßte frischen Traubensaft von einem Weinstock mit drei Reben in einen Kelch und reichte ihn dem Pharao im Traum. Dem anderen fraßen Vögel das leckere Gebäck aus dem obersten der drei Körbe, die er auf seinem Kopf trug. Joseph konnte ihnen die Bedeutung ihrer Träume klarlegen. Der eine werde nach drei Tagen in sein Amt zurückkehren können, der andere aber werde in drei Tagen erhängt und sein Fleisch von den Vögeln gefressen. *Zwei* Jahre saß Joseph im Gefängnis, bis er zum Pharao gerufen wird. Schnell hatte der Mundschenk vergessen, was er Joseph versprach, nämlich sich nach seiner Rückkehr in den Dienst beim Pharao für ihn einzusetzen. Erst als sich der König selbst mit unerklärlichen Träumen plagte, erinnerte er sich an den Mann im Gefängnis und berichtete von seiner Fähigkeit; erst nachdem sämtliche Koryphäen am Hofe die Träume des Pharao nicht deuten konnten (Genesis 41:1-36). Endlich wurde Joseph gerufen und befragt. *Zwei* Träume hatte der Pharao. Einmal wurden sieben schöne, kerngesunde Kühe von sieben dürren, häßlichen Kühen aufgefressen. Dabei erholten sich die dünnen Viecher nicht einmal; sie blieben so mickrig wie zuvor. Alle Kühe waren aus dem Nil, dem Lebensstrom Ägyptens gestiegen, an dessen Ufer der König zu stehen träumte. Im zweiten Traum wurden sieben fette Getreideähren, die aus einem Halm wuchsen, aufgefressen von sieben anderen, völlig verdorrten und versengten Ähren. Häßlich waren sie wie die dürren Kühe. Zwei Träume, ein einziger Alptraum. Diese Träume werden *zweimal* wiedergegeben: einmal im Verlauf der Geschichte, wie der Pharao nächtens von ihnen überrascht wird, und noch einmal, als er Joseph davon erzählt.

Warum konnten die Ägypter die Träume nicht deuten? Joseph selbst hatte schon im Gefängnis gesagt, Träume könne nur Gott allein erschließen, und wiederholte dies vor dem König (Genesis 40:8; 41:16). Er war sich bewußt, ihm ist die Gabe nur geliehen. Ägypten werden wir noch ausführlich als einen Ort kennenlernen, der wie keiner sonst zum Sinnbild des leidvollen Anhaftens an den diesseitigen Verhältnissen der Welt geworden ist, eines Lebens in der Vier ohne Verbindung zur Eins. Dieses Symbol ist allerdings nicht identisch mit dem geschichtlichen Pharaonenreich und erst recht nicht mit dem modernen Ägypten. Wie Israel, das alte und das neue, weit davon entfernt war und ist, ein himmlischer Ort zu sein, herrscht auch im historischen Ägypten nicht die reine Aussichtslosigkeit. Den symbolischen Ägyptens und Israels aber können wir überall auf der Welt begegnen. Symbolisch geht es bei Ägypten um die Entwicklung der leiblichen Seite sowie der maskulinen Kraft und Potenz. Nicht nur dort, sondern im gesamten vorderasiatischen Raum galten Rinder, das heißt vornehmlich ordentlich ausgewachsene Ochsen als Symbol dieser Potentiale. Daher wurde den Wünschen nach Fruchtbarkeit und den Bitten um leibliche Prosperität bevorzugt in Stierkulten Ausdruck verliehen. Die Ähren, aus denen die Körner für das gute Brot gewonnen werden, sind ein Zeichen des Lebensnotwendigen. Des Brotes Laib nährt den Leib. Die Bewohner des kargen Landes Kanaan mußten sich mehr als einmal in die reiche Kornkammer am Nil begeben, um ihre Vorräte aufzufüllen – auch die Familie Israel. Joseph wußte nun, was auf die Pharaonenmacht zukam. Die Dürre erreichte auch sie: zwei Bilder, ein Motiv. Die Sieben aber signalisiert auch einen Ausweg. Joseph erklärt dem Pharao, die sieben Kühe und Ähren bedeuten sieben Jahre. Sieben reiche Erntejahre werden gefolgt von einer siebenjährigen Dürre. Insgesamt geht es also um eine Zeitspanne von *zweimal sieben* Jahren. Im Individuellen hatten wir das schon einmal, sofern Jacob *zweimal sieben* Jahre für Laban arbeiten mußte, um die Frau zu bekommen, die er wirklich liebte.

Wie beim oftmals unverschuldeten Leid im eigenen Leben stellt sich auch im globalen Ausmaß immer wieder die Frage nach Sinn und Unsinn des Häßlichen, Lebensfeindlichen und Boshaften. Die Berater des Pharao wußten nicht, wie der Verfall des Lebens zu stoppen war. Die Experten im Reich der Vier ohne Eins konnten die Warnung aus der anderen Welt nicht deuten, weil sie dieses Terrain der Wirklichkeit nicht kannten. Ihnen fehlte die Verbindung zwischen den Welten, zwischen denen sich das Leben erst in seiner Ganzheit erstreckt. Darum wird das Leben im Hebräischen auch mit einem Wort im Dual geschrieben: *chajim*, wie *Jeruschalajim*, das doppelte Jerusalem. Erst diese Verbindung eröffnet die Chance, dem Dürren, Häßlichen, dem Lebensfeindlichen seine Wirkung zu nehmen. Die Träume des Pharao hatten die Tatsache als unabwendbar gezeigt. Das Häßliche schien das Leben zu besiegen – und zwar recht bald, sah Joseph doch die Verwirklichung der Traumbotschaft in sehr naher Zukunft, eben weil der König sie gleich *zweimal* hintereinander bekam. Aber Joseph hatte dem König noch mehr mitzuteilen als das. Er riet ihm, die Verwaltung der Ernten unter die Aufsicht eines verständigen und weisen Koordinators zu stellen und von den Erträgen der reichen sieben Jahre den jeweils fünften Teil einzuziehen. Die Bauern sollten jeweils *vier* Anteile behalten und *einen* fünften Teil einlagern lassen (Genesis 41:17-36). Das ergibt übrigens wieder ein Verhältnis von vier zu eins.

Josephs Vorschläge fanden die Zustimmung des Pharao. Der König sprach vom Geist Gottes, der in diesem Manne stark sei, und vertraute Joseph selbst die Aufgabe der Vorratsverwaltung an. Und nicht nur das, er ernannte ihn quasi zum Vize-König. Wieder zeigt die Kleidung den Statuswechsel an. Der Pharao gab ihm seinen Siegelring, kleidete ihn in kostbare Leinengewänder und hängte ihm eine stattliche Kette um den Hals. Als Zeichen der inneren Verbundenheit mit der weltlichen und geistlichen Macht Ägyptens durfte Joseph Asnat, die Tochter des Priesters von On, Poti Phera, heiraten (Genesis 41:37-45). Hollywood hätte es schöner und glatter nicht inszenieren können. Doch ein langer Schatten legt sich auf den glücklichen Ausgang der Geschichte durch eben das, was Joseph selber tut. Er selbst nämlich schuf nun die Bedingungen und die gesellschaftlichen Mechanismen, die ein späterer, geschichtsvergessener Pharao nur noch zu nutzen brauchte, um die Nachkommen Israels mit Ausbeutung und Unterdrückung zu belegen. War Joseph als Landwirtschaftsminister doch nicht die beste Wahl? Wahrscheinlich war das Ausmaß der Dürre von keinem Menschen auf der Welt zu bändigen. Es geschah, was immer passiert, wenn die Güter knapp werden und die Nachfrage nicht sinkt: es steigen die Preise. Für Ägypter wie Ausländer. Das Getreide gab es auch in den Hungerjahren nicht umsonst. Erst kauften sie es für Geld. Und als sie keins mehr hatten, verkauften sie ihr Vieh, ihr Land und schließlich sich selbst (Genesis 47:13-26).

Joseph hielt nun viel Macht in den Händen. Und sein Äußeres wird als attraktiv beschrieben in Worten, wie sie die Bibel sonst nur für Frauen benutzt: er war „schön von Gestalt und schön von Aussehen" (Genesis 39:6). Beides sind sichere Indizien dafür, daß er auf die linke Seite gehört. *Mater* und *materia* ... Joseph wurde zur nährenden Mutter eines ganzen Landes, einer ganzen Region. Schließlich standen auch seine Brüder vor ihm, um das Korn einzukaufen, das ihnen im Kanaaniterland wieder einmal ausgegangen war. Der Pharao hatte Joseph auch einen neuen Namen verliehen: Tzaphnath Pa'eneach (Genesis 41:45). Das machte die Tarnung perfekt. Zusätzlich verschanzte er sich hinter der ägyptischen Sprache und ließ sich übersetzen. So erkannte er sie sofort, sie aber erkannten ihn nicht. Jetzt konnte Joseph es ihnen endlich einmal richtig zeigen. Jacob hatte Benjamin zu Hause behalten und nur zehn Brüder ziehen lassen. Dem zweiten Rachel-Sohn sollte nicht auch noch etwas zustoßen. Joseph trieb sie in die Enge, beschuldigte sie, sie seien Spione. Sie redeten sich um Kopf und Kragen: Nicht doch! „Wir, deine Knechte, sind zwölf Brüder, die Söhne von einem Mann im Land Kanaan; der jüngste blieb bei unserem Vater, ein anderer ist nicht mehr da..." (Genesis 42:1-13). Drei Tage setzte er sie fest, dann ließ er sie wieder gehen, bis auf einen. Simon mußte im Gefängnis zurückbleiben, bis sie nach Ägypten zurückkämen – mit ihrem jüngsten Bruder, um ihre Rede zu beglaubigen. Joseph wußte, welche Angst er bei den Männern auslöste. Die wiederum begannen zu ahnen, daß diese Ereignisse irgendwie mit dem zu tun haben, was sie Joseph angetan hatten, auch wenn scheinbar erstmal kein äußerer Zusammenhang bestand. Sie bezahlten ihr Getreide und kehrten mit „hängenden Ohren" heim. Noch unterwegs, als sie in einer Herberge ihre Esel füttern wollten, entdeckten sie neben der Ware auch ihr Geld. Nie war der Anblick von Geld so gruslig wie bei diesem Blick in ihre Säcke. Das war nicht logisch (Genesis 42:25-28). Zu Hause angekommen, berichteten sie ihrem Vater, was sie in Ägypten erlebt hatten. Dann rückte der Tag immer näher, an dem auch diese Vorräte ausgingen und sie sich wieder nach Ägypten aufmachen mußten. Ohne Benjamin konnten sie sich vor Tzaphnath Pa'eneach nicht sehen lassen. Jacob sträubte sich erwartungsgemäß, ihn mitgehen zu lassen. Aber ohne eine Krume zu Essen hatten sie auch keine Zukunft. Da ergriff erneut Juda die Initiative und wandte sich an den Vater: „Laß den Jungen mit mir ziehen... ich will Bürge für ihn sein; von meiner Hand sollst du ihn fordern...". Unter dieser Bedingung ließ der Vater Benjamin am Ende schweren Herzens gehen (Genesis 43:8-14). Juda ist der vierte von den Söhnen, die Jacob mit Lea hatte. Alle Lea-Söhne waren eher geboren als die Söhne Rachels. Nachdem Jacob das Erstgeburtsrecht der Seele erkämpft hatte, stehen symbolisch die ersten vier Söhne Leas, von Ruben bis Juda, auf der seelischen Seite im Menschen. Mit der Verantwortung für Benjamin übernimmt Juda eine herausragende Rolle unter ihnen. Den Lea-Söhnen gegenüber manifestiert sich in den beiden Söhnen Rachels, Joseph und Benjamin, die Leib-Seite. Deshalb konnte Joseph so mächtig werden in dieser Welt.

Die Brüder hofften, die Situation zu klären und Simon wieder frei zu bekommen. Aber es kam noch schlimmer. Erst sah die Lage ganz gut aus. Tzaphnath Pa'eneach lud sie in sein Haus ein. Sie bekamen Gelegenheit, über das Geld zu sprechen und ihr Geschenk zu überreichen. Sie aßen zusammen, wenn auch räumlich getrennt. Denn die Ägypter pflegten aus Reinheitsgründen (!) keine Tischgemeinschaft mit den Hebräern. Die Brüder wunderten sich nur, daß sie in der Reihenfolge ihres Alters platziert wurden. Und seltsam war auch, daß Benjamin fünfmal so viel wie alle anderen aufgetischt bekam (Genesis 43:18-34). Am nächsten Morgen schienen sie in Ruhe und Frieden mit frischem Korn im Gepäck nach Hause zurückkehren zu können. Aber dann, nur ein paar Meter vor der Stadt wurden sie aufgehalten. Als nun Benjamin verdächtigt wurde, den kostbaren Kelch des Ministers gestohlen zu haben, den Joseph hatte in seiner Tasche verstecken lassen, zerrissen sie ihre Kleider, als sähen sie ihren Vater schon tot. Sie wußten, noch mehr solche Zwischenfälle würde er kaum überstehen. Und nun soll Benjamin als Sklave in Ägypten zurückbleiben? Wieder wagte sich Juda hervor, erzählte von der Not des Vaters und von der Bürgschaft. Schließlich stellte er sich selbst als Sklave zur Verfügung (Genesis 44:18-34). Symbolisch gesehen, wollte er mit Benjamin den einzigen Anteil von der Leibseite retten, der Jacob noch geblieben war – nachdem Juda sie selber in Gestalt von Joseph beim Verkauf an die Karawane mit preisgegeben hatte. Nun brachte seine Bereitschaft, sich für Benjamin zu opfern, die Wende in die verfahrene Situation. Der Versuch aller zusammen, ihn zu schützen, hatte noch gar nichts bewirkt. Erst als Juda mit der Bürgschaft auf ihn eindringt, bricht Josephs Drohkulisse zusammen. Er gibt sich zu erkennen; der Fremde wird wieder zum Bruder (Genesis 45:1-5). Als er im Namen des Pharao die gesamte Familie nach Ägypten einlud, beschenkte er seine Brüder unter anderem auch mit *Gewändern*. Jeder bekam eins, nur Benjamin erhielt fünf (Genesis 45:22), wie sie ihm schon beim Bankett zuvor fünfmal mehr serviert hatten. In der Fünf lag bereits der Keim zur Lösung. In ihr ist die Beziehung von Eins und Vier in einem Wert aufgehoben. Das Leben in dieser Welt ist so gestaltet, daß es die Eins und die Vier nur getrennt gibt, bis auf die seltenen Momente, die als Erlösung oder höchstes Glück empfunden werden. Dauerhaft wird der Zustand, wie gesagt, nur für den, der die Grenze zwischen den Welten für immer überschreitet. Aber selbst dieses Überschreiten nimmt seinen Ausgangspunkt hier, aus der leibseelischen Einheit heraus, nicht ohne oder gegen sie.

So deutet sich in Joseph und Juda das Verhältnis von Leib und Seele weiter aus. Joseph wird von Jacob so sehr geliebt, nicht weil er der Leib ist, sondern weil er als Leib sich schon mit der Seele in Harmonie befindet. Juda aber ist reine Seele. Weil er die Vorzugsstellung des nach ihm geborenen Joseph zunächst nicht akzeptieren konnte, war Juda mit am eifrigsten dabei, Joseph das bunte Kleid vom Leib zu reißen. Im Ringen zwischen Jacob und Esau galt die Aufmerksamkeit mehr der Seele. Sie hatte ihr Eigenrecht gegenüber physischer Übermacht und materiellem Sachzwang eingefordert. Die Gegenüberstellung von Joseph und Juda bzw. Benjamin und Juda beleuchtet das Verhältnis von Leib und Seele nun von der anderen Seite. Das andere Extrem heißt Leibfeindlichkeit. Dieser Schieflage begegnet die Seele, indem sie sich für den Leib einsetzt. Denn nur in der Einheit von Leib und Seele kann das menschliche Leben ein heiliges, also ganzheitliches sein. In der christlichen Kultur haben Menschen das Prinzip des *ora et labora*, der täglichen Arbeit und täglichen Besinnung entwickelt, um ein solches Leben zu verwirklichen. Der gleichen Maxime folgen auch die Rabbinen, wenn sie ihren jüdischen Glaubensgenossen raten, sich in beides einzuüben, denn: „ohne Mehl (Speise) keine Thora (Weisung), ohne Thora kein Mehl" (Babylon. Talmud, Mischna Avoth III, 21, vgl. Talmud, ed. Mayer, 376).

In Ägypten wird die Familie Jacobs mit ihren zwölf Söhnen zur Urzelle für das auf zwölf Stämmen aufbauende Volk Israel. Die Namen der Söhne werden mehrfach in der Thora aufgelistet. Zum ersten Mal in der Folge der Geburten, dann wieder, als der greise Vater die zwölf zu sich bittet, um ihnen vor seinem Tod noch ein paar Worte mit auf den Weg zu geben (Genesis 49). Was in diesem Kontext auffällt, ist die Sonderstellung, welche die beiden Söhne Josephs, Ephraim und Menasse, genießen. Die Liebe Jacobs zu Joseph übertrug sich auch auf sie. Und so kam es, daß Jacob, noch bevor er die zwölf Söhne zu sich rief, Joseph mit den beiden Enkeln kommen ließ, um ihnen einen eigenen Segen angedeihen zu lassen. Dieses Privileg hatte keines der Kinder seiner übrigen Söhne. Dabei war Asnat, die Mutter von Ephraim und Menasse, noch nicht einmal eine Hebräerin. Die Dame aus dem Priestergeschlecht von On gehörte sogar zum Establishment des Pharaonenreiches (Genesis 41:45). Die Herkunft spielte für Jacob keine Rolle; seit je lag ihm viel mehr an der Beziehung. Und just in diesem Moment passierte es wieder: Menasse war der ältere. Deshalb versuchte Joseph mit Nachdruck, ihn unter Jacobs rechte Hand zu stellen und Ephraim unter seine linke. Der Vater war gerade dabei, die Anordnung genau umgekehrt anzugehen. Aber das hatte der zwar schon sehschwache alte Herr längst bemerkt. Also überkreuzte er seine Arme, um dem Jüngeren die rechte Hand aufzulegen, welche die größere Nähe zu Gott symbolisiert. Dann segnete er Joseph und seine Söhne (Genesis 48:13-21). Als Jacob aber danach alle zwölf Söhne segnete, gab er nur zweien echte Wünsche für eine glückliche Zukunft mit auf den Weg: Joseph und Juda, den Repräsentanten von Leib und Seele (Genesis 49:1-28). Alle anderen Äußerungen setzen sich aus Erinnerungen Jacobs an Ereignisse aus dem Leben der Söhne sowie einem Katalog von Charakterzügen zusammen, die unterschiedlich gemischt jeden Menschen prägen (mehr dazu vgl. Exkurs 1).

Die Listen der späteren Stämme Israels zeigen Joseph dann in der Regel aufgegliedert in Ephraim und Menasse, was sonst bei keinem Stamm geschieht. Beispielhaft ist das in den Erhebungen der zum Wehrdienst tauglichen Männer im vierten Buch Moses (Numeri 1-3) zu sehen. Da wird allerdings Levi nicht mitgezählt; er bekommt seine eigene Liste. Seine Leute sollten schließlich nicht mit kämpfen, sondern sich um das Heiligtum kümmern. Bei Joseph wird also einer durch *zwei* ersetzt, was die Zahl der Personen bzw. Stämme latent von zwölf auf dreizehn verschiebt. Das ist nicht nur eine historische Ungereimtheit, sondern hat einen ähnlichen symbolischen Sinn wie der Übergang von der Sieben zur Acht. Was es aber mit der Zahl 13 auf sich hat, erfahren wir über eine Analyse des Wortes Eins. Es lautet *echad* und setzt sich aus *Aleph* (1), *Cheth* (8) und *Daleth* (4) zusammen. Addiert man die Werte dieser Buchstaben, kommt man auf Dreizehn. Die Eins als Symbol des *einen* Gottes kennen wir bereits. Das gilt für das *Aleph* als den Buchstaben mit dem *Wert* eins ebenso wie für das *Wort* eins. Da die Summe dieses Wortes Dreizehn ist, verweist auch sie auf den *einen* Gott. Na, wenn das so ist, dann können wir, wenn wir einmal wieder ein Hotelzimmer buchen wollen, ruhig ins Zimmer 13 ziehen. Und wenn mal wieder ein besonderer Anlaß zum Feiern naht, können wir unsere Gäste getrost auch an einem Freitag, den 13. einladen. Unter welches Zeichen kann man sich besser stellen als unter das des *einen* Gottes? Und keine Zeit ist besser geeignet als ein Freitagabend, an dem der Schabbat beginnt – der Tag, da Gott von seinem Schöpfungswerk ausruhte und an dem auch wir relaxen dürfen. Der Schabbat ist immer eine gute Zeit, zusammenzukommen und das Leben zu genießen.

Was bedeutet aber der latente Übergang von der Zwölf zur Dreizehn? Wie die Vier, die 40 und die 400 Vollzahlen sind und zugleich die Grenzen der vierdimensionalen Raumzeit markieren, ist auch die Zwölf eine Zahl des Limits. Wo sie steht, begrenzt sie Gemeinschaft. Die Zahl der Söhne Jacobs und der späteren Stämme Israels beträgt zwölf, weil auch ihre Erfahrungsgemeinschaft endlich ist. Und wie die Acht, die Fünf und die Fünfzig über die innerweltlichen Zusammenhänge hinausweisen, tut es der Zwölf gegenüber auch die Dreizehn. Sie macht die Grenzen menschlicher Gemeinschaft transparent. Somit sind in der Reihe der Söhne Jacobs symbolisch gleich zwei Übergänge angelegt, welche die Begrenzungen des irdischen Lebens transzendieren. Das sind die Übergänge von der Sieben zur Acht und von der Zwölf zur Dreizehn. Der erste ist in der Zählung der leiblichen Söhne von Lea und Rachel ablesbar, der zweite in der Sonderstellung der Josephsöhne, Ephraim und Menasse.

		Reihenfolge der Söhne Jacobs nach ihre Geburten		Reihenfolge der Söhne im Segen Jacobs	Die Stämme des Volkes Israel
		(Genesis 29: 31-30:24; 35:16-19)		(Genesis 49:1-28)	(Numeri 1:17-53; 2:1-33; 3:14-39; 26:1-51.57-62)
1	1	Ruben	Lea	Ruben	Ruben
2	2	Simon	Lea	Simon	Simon
3	3	Levi	Lea	Levi	Gad
4	4	Juda	Lea	Juda	Juda
5		Dan	Bilha	Sebulon	Issachar
6		Naphtali	Bilha	Issachar	Sebulon
7		Gad	Silpa	Dan	Joseph/ Ephraim
8		Ascher	Silpa	Gad	Joseph/ Menasse
9	5	Issachar	Lea	Asser	Benjamin
10	6	Sebulon	Lea	Naphtali	Dan
11	7	Joseph	**Rachel**	Joseph	Asser
12	8	Benjamin	**Rachel**	Benjamin	Naphtali
13					Levi

Einen Übergang von der Zwölf zur Dreizehn gibt es auch im jüdischen Kalender. Im Zusammenhang mit der Sintflut ist bereits ein Umbruch zur Sprache gekommen, in dessen Zuge die Mondzyklen ihre Bedeutung zugunsten der von der Sonne bestimmten Jahreszeiten einbüßten. Das Judentum hat sich weder für einen reinen Mondkalender noch für einen reinen Sonnenkalender entschieden. Sein Kalender hat zwölf Mondmonate zu je 29,5 Tagen mit insgesamt 354 Tagen. Um die hohen Feiertage des Judentums wegen ihrer zum Teil auch landwirtschaftlichen Bedeutung in bestimmten Jahreszeiten zu halten, wird der Kalender auf den Jahreslauf der Sonne von ca. 365 Tagen abgestimmt. Da die Mondmonate um wenigstens zehn Tage kürzer als die Sonnenmonate sind, kommt es ziemlich schnell zu ziemlich großen Diskrepanzen. Nach drei Jahren ist die Differenz zwischen der Länge der Sonnen- und Mondmonate bereits so groß, daß ein ganzer Monat, ein 13. Monat eingeschoben werden muß, um sie wieder auszugleichen. Alle drei Jahre gibt es also auch hier einen Übergang von der Zwölf zur Dreizehn – gerade so, als sei dieses Prinzip sogar in die Gesetze der Astronomie eingeschrieben.

Eine Rück- und eine Vorschau sollen uns zu guter Letzt zeigen, wie sich die Sinnbildhaftigkeit der Dreizehn noch weiter ausdehnt, nämlich bis zur Ebene der Hunderter. Als Adam und seine Frau ihren Sohn Set bekamen, war Adam 130 Jahre alt (Genesis 5:3). Set sollte das zerstörte Leben Abels ersetzen. Der scheinbar abgebrochene Lebensstrom der Menschheit fand in ihm seine Fortsetzung. Und von da aus in die Zukunft gesehen, wird der zum Volk geformte Stämmebund Israels einst an einem besonderen Ort stehen, um mit dem *einen* Gott einen Bund einzugehen und von ihm mit der Thora *die* Guideline fürs Leben zu bekommen. Dieser legendäre Ort ist der Sinai, der Berg der Offenbarung. *Sinaj* wird mit den Buchstaben *Samekh* (60), *Jud* (10), *Nun* (50), *Jud* (10) geschrieben. Auch dieses Wort hat also die Summe 130. Kaum ein Name könnte besser geeignet sein für einen Ort, an dem die Eins und damit die Dreizehn anwesend ist in einer Intensität, daß selbst die Grenzen zwischen Himmel und Erde verschwimmen.

Für Joseph und seine Brüder, für Jacob und seine Angehörigen lief am Ende alles richtig gut. Der Pharao lud die gesamte Familie seines Vizekönigs ein, in Ägypten zu wohnen. Als sie schließlich dort ankamen und Josephs Vater vor dem Pharao stand, fragte der ihn, wie alt er sei. Und was antwortete Jacob? „130 Jahre" (Genesis 45:17-20; 47:1-12). Glücklich und zufrieden lebten sie nun in Goschen im Nordosten des Landes. Aber beim Happy End wird bekanntlich ausgeblendet..., weil das Leben danach meist mit neuen Problemen aufwartet. Das aber ist ein neues Kapitel.

Auszug aus Ägypten : Weg zur Gemeinschaft

Das neue Kapitel wird an der Nahtstelle einer ähnlich großen Zäsur aufgeschlagen wie beim Übergang von den Auflistungen der Völkerfamilien zu den Erzählungen über die Erzeltern. Mit dem Werdegang der drei Väter und vier Mütter wurden erste individuelle Lebenslinien gezeichnet. Jetzt treten die einzelnen Personen wieder mehr in den Hintergrund, um die Aufmerksamkeit auf die Gemeinschaft und ihren Zusammenhalt zu lenken. Ein kollektives Bewußtsein wird geformt. Aus vielen einzelnen mit ihrer je eigenen Erfahrung entsteht eine Schicksals- und Verstehensgemeinschaft. Mit dieser Zäsur beginnt zugleich ein neues Buch in der Serie der fünf Bücher Moses. Das neue Kapitel steht unter dem Zeichen einer großen Migrationsbewegung, die dem zweiten Band auch seinen lateinischen Titel gab: *Exodus*. Auf Hebräisch heißt das Buch „Namen", *Schemoth* (Plural von *Schem*), weil es mit einer Namensliste beginnt. Darin sind die Söhne Jacobs aufgezählt, wie sie zusammen mit ihrem Vater nach Ägypten gekommen waren. Joseph fehlt hier natürlich, denn er war ja schon dort. Der Exodus sollte eine Abreise ohne Wiederkehr werden. Tatsächlich? Wir werden sehen, daß man dies gar nicht so eindeutig sagen kann. Der Pharao hatte Josephs Familie in sein Land eingeladen, um dort zu bleiben, und sie quasi zu Ehrenbürgern gemacht. Jacob kam mit siebzig Angehörigen, einer symbolischen Vollzahl menschlicher Gemeinschaft. Die Siebzig als Symbol für die vielgestaltige Menschheit macht die kleine Gruppe von Viehhirten zu deren Repräsentanten. Im Gebiet von Goschen auf der Ostseite des Nildeltas ließen sie sich nieder und durften sich zunächst willkommen fühlen, auch wenn die Ägypter mit ihren Reinheitsregeln von den Cowboys und Schafzüchtern Abstand hielten (Genesis 46:28-47:12). Die Familie Israel erfreute sich eines bescheidenen Wohlstandes und bekam im Laufe der Zeit eine Menge Nachwuchs. Es ging ihnen gut, zu gut – dachte sich ein späterer Pharao, der sich der sensationellen Verdienste Josephs nicht mehr erinnerte oder erinnern wollte (Exodus 1:8-10). Es kam nicht nur einmal vor, daß die Thronbesteigung eines Nachfolgers eher einer feindlichen Übernahme glich als einer feierlichen Übergabe. Zerhackte Figuren, zerkratzte Kartuschen, zerstörte Aufzeichnungen zeugen von einigen Diskontinuitäten in der Geschichte Ägyptens. Am nachhaltigsten ist wohl der Kulturkampf um den Aton-Kult von Pharao Echnaton und seiner Frau Nofretete im Gedächtnis der Menschheit geblieben (14. Jh.v.d.Z.). Der war zwar mit dem Ende ihrer Amtszeit auch schon wieder vorbei, und der Ort des Experiments, Achet Aton beim heutigen Amarna, versandete schon im Altertum wieder in der Wüste. Eindruck haben die Reformversuche des Pharaonenpaares dennoch hinterlassen. Denn mit der Verehrung der göttlichen Sonne Aton kamen frühe monotheistische Vorstellungen auf, die sie in ihren Staatskult integrierten – freilich ergänzt durch die

Huldigung ihrer eigenen Personen als männlicher und weiblicher Verkörperung dieser Gottheit. Auch in Ägypten wurde gerungen um das rechte Verständnis der kosmischen Ordnung und der Stellung des Menschen darin. Das *historische* Pharaonenreich ist, wie gesagt, nicht identisch mit dem symbolischen Ägypten.

Um zu verstehen, was Ägypten symbolisch beinhaltet, kann uns eine Analyse seines hebräischen Begriffes *Mitzrajim* helfen. Das erste *Mem* dieses Wortes gehört, wie bei vielen Substantiven, nicht zum Wortstamm. Nimmt man es zusammen mit der Dual-Endung -*ajim* einmal weg, bleiben als Wurzelbuchstaben *Tzade* und *Resch* übrig. Nur diese beiden Zeichen braucht man, um das Wörtchen *tzar* zu bilden, und das bedeutet eng. Genau darum geht es in *Mitzrajim*: um Enge, Beschränkung, Bedrängnis. Warum aber steht die Bedrängnis hier im Dual? Tatsächlich gliederte sich das historische Imperium der Pharaonen in zwei Teilreiche auf: ein nördliches, das sein kulturelles und politisches Zentrum in Memphis hatte, und ein südliches, dessen Zentrum in Theben/ Luxor lag. Zeitweise reichte der Einflußbereich der Pharaonen sogar bis nach Kartoum im heutigen Sudan. Dieses Gebilde hielt aber nicht immer gut zusammen. Zuweilen verlor der Pharao die Kontrolle über einen Teil seines Territoriums, und die Gebiete bekämpften einander. Die Pharaonen, denen es gelang, das Land in seiner Gänze zu regieren, dokumentierten dies auf ihrem Haupt mit einer Doppelkrone, die beide Teile des Reiches symbolisierte. Sie bestand aus einem roten Untersatz und einer in ihn eingebetteten weißen Tiara. Der rote Teil der Krone stand für das nördliche Unterägypten, der weiße Teil für das südliche Oberägypten. Interessant. Diese Farbsymbolik wird uns wieder begegnen, wenn es um die Ausgestaltung der Raumzeit gehen wird, wie sie das Stiftszelt der Israeliten und später der Jerusalemer Tempel abgebildet haben. Auf symbolischer Ebene betrachtet, steht *Mitzrajim* deshalb im Dual, weil es das maximal beängstigende Ausmaß darstellt, das Zwang und Enge in der dualen Welt annehmen können. Angst und Enge gehören im Deutschen etymologisch ebenso zusammen wie im Hebräischen. Die natürlichen Begrenzungen der Welt werden so beklemmend erst, wenn es keinen Ausweg mehr aus materiellen und geistigen Sachzwängen zu geben scheint. Genau das ist die Enge von *Mitzrajim*. Um den Körper zu erhalten, machen die Menschen mehr oder minder bereitwillig vieles mit. Je schwerer sie an die Mittel herankommen und je mehr das Von-irgend-etwas-leben-müssen die Gedanken besetzt, um so mehr kriechen auch Angst und Enge in das Innerste hinein. In einer Welt der Vier ohne Verbindung zur Eins zu leben, kann aber auch heißen, geistige, ideologische Fesseln angelegt zu bekommen. In beiden Situationen, die oft genug zusammen eintreten, ist das Gefühl übermächtig, ausgeliefert und zugleich eingeschlossen zu sein. Eine Perspektive, die einen Weg aus dieser Lage weisen und Befreiung verheißen könnte, fehlt.

Der Aufenthalt der Israeliten in Ägypten dauerte 430 Jahre, konstatiert das Buch Exodus in dem Moment, da sie sich auf die Abreise vorbereiteten (Exodus 12:40). Wie kommt das? In der Zukunftsvision Abrahams (Genesis 15:13f.) waren es doch noch 400. Jetzt ist es Zeit, noch einmal zu dem Moment zurückzukehren, in dem Abraham von Ephron, dem Chethiter das Gelände mit der Höhle Machpela als Begräbnisstätte für seine Frau erwarb (Genesis 23:15f.). Vierhundert Schekel hatte Abraham ihm gegeben. Wo mit Schekel, also mit Silberlingen bezahlt wird, kommt automatisch die Zahl 430 ins Spiel. In der Ursprache setzt sich die Währung *Scheqel* aus *Schin* (300), *Qoph* (100), *Lamed* (30) zusammen, hat also die Summe 430. Beim modernen Schekel, ist das nicht anders, auch wenn er inzwischen aus Scheinen und Messingmünzen besteht. Während die Vierhundert bekanntlich das Limit für die Entwicklungsmöglichkeiten des Lebens in der ausgedehnten Welt symbolisiert, weist die 430 darüber hinaus. Vierhundert von den Vierhundertdreißigern hatte Abraham an Ephron gezahlt. Auch dieses Detail charakterisierte die Höhle als eine Schnittstelle zwischen dieser und der anderen Welt. Die Vision Abrahams galt, wie alle Verheißungen an ihn, eigentlich dem Kind und dem Land. Das Land würden seine Nachkommen nur über den Umweg jener vierhundertjährigen Gefangenschaft in der Fremde erreichen können. *Mitzrajim* wird da noch nicht namentlich erwähnt (Genesis 15:13). In der Rückschau werden es 430 Jahre sein. Das stimmt nicht überein, und doch hat es seinen Sinn. Denn erst in der Rückschau zeigt die Erfahrung, daß die Perspektive nicht so verschlossen war, wie es in der Situation – angezeigt durch die 400 – zunächst aussah. Was man noch vor sich hat und wo man mitten drin ist, das scheint mitunter endlos. Am Ende kann Moses den Israeliten einen Ausweg zeigen, weil er die ganze Zeit über den Kontakt mit Gott, der unendlichen Energiequelle gehalten hatte, welche die Grenzen dieser Welt schon immer überschreitet. Und warum ist die 430 gerade um 30 größer? Die Vierzig kennen wir bereits als eine Vollzahl für das Leben im Zeitfluß. Die Dreißig ist die Zwei, verbunden mit der Eins auf der Ebene der Zehner und stellt damit die Rückbindung der Zwei an die Eins im Zeitfluß dar. Am Menschen symbolisiert sie die geistige Dimension, die seine Kreativität und seine Begegnungsfähigkeit begründet. Ohne diese Dimension hätte er keine Chance, jenseits aller natürlichen Reiz-Reaktions-Schemata sein Leben freier zu gestalten.

Die Geschichte Israels als Volk ist von Anfang an untrennbar mit dem Wirken von Moses verbunden, einem Sohn des Leviten, Amram, und seiner Frau, Jochebed. Die Nachkommen Jacobs waren inzwischen zahlenmäßig so angewachsen, daß der ägyptische König meinte, dem entgegensteuern zu müssen. Richtig gut läuft das für ein Staatsoberhaupt immer dann, wenn es ihm gelingt, die unliebsame Minderheit vor seinem Führungspersonal und den Untertanen erfolgreich als Bedrohung des ganzen Landes darzustellen. Um die Zahl der Israeliten zu dezimieren und ihre

Kampfkraft zu schwächen, verordnete ihnen der Pharao Zwangsarbeit und befahl, alle frisch geborenen Kinder zu töten, wenn sie männlich waren (Exodus 1:9-16). Solche Praktiken sind aus der Geschichte der Menschheit durchaus bekannt. Könnte aber selbst in der Mitteilung solcher Grausamkeit wieder eine tiefere Bedeutung enthalten sein, weil sie in der Bibel steht? Ein Sinn besteht in der Tat darin, daß sich in der Welt von *Mitzrajim* nur die leibliche Seite entwickeln soll und deshalb die Mädchen am Leben gelassen werden. Das Weibliche darf bleiben. Ausgerechnet die hebräischen Hebammen, deren ureigenste Aufgabe es war, den Kindern auf die Welt zu helfen, sollten sie nun umbringen. Nicht nur ihr Berufsethos, auch ihre Gottesfurcht soll sie ermutigt haben, sich dem Killerkommando zu verweigern (Exodus 1:17-20). Die Frauen sind eben nicht nur Leib und materielle Existenz; auch sie knüpfen ihre ganz eigene Verbindung zu Gott und lassen sich von ihm leiten. Das Beispiel Rebeccas bildete da keine bloße Ausnahme. Als der Pharao sah, daß er so nicht weiterkam, befahl er seinen eigenen Leuten, die männlichen Neugeborenen der Hebräer in den Nil zu werfen (Exodus 1:22). Dieser Gefahr entging Moses nur, weil ihn seine Mutter in einem Kästlein auf dem Nil aussetzte und von ihrer Tochter, Miriam, überwachen ließ, wo er abbleiben würde. Das Kästlein, die *Thevah*, ein rettendes Boot ohne Ruder, das gab es schon im Großformat. Noahs *Thevah* hatte ihn einst selbst, seine Familie und die Tiere über die große Flut hinweggerettet. Nur in der Sintflutgeschichte und hier verwendet die Bibel das Wort *Thevah*. In beiden Geschichten ist das Geschehen an einem Wendepunkt angekommen. Beide Male ist das Leben elementar gefährdet und wird schließlich bewahrt. Geradezu märchenhaft entdeckt ausgerechnet die Tochter des ägyptischen Königs das auf dem Wasser treibende Kind und läßt es bergen. Und geradezu märchenhaft gelingt es Miriam, ausgerechnet die eigene Mutter als Amme zu vermitteln. So konnte der Junge bei Jochebed bleiben, bis er groß genug war, um im Hause der Pharaonentochter weiter erzogen zu werden (Exodus 2:1-10). Das versetzte Moses in die Lage, einerseits von seiner hebräischen Herkunft etwas mitzubekommen und sich andererseits inmitten der Machtzentrale am ägyptischen Hof frei zu bewegen. Diese Teilhabe an der ägyptischen wie an der hebräischen Kultur wird sein Hauptkapital als „Verhandlungsführer" in der Auseinandersetzung zwischen dem Gott der Hebräer und dem Pharao sein. Nur so wurde Moses überhaupt anerkannt und vorgelassen.

Aber so weit war es noch lange nicht. Von Moses wird es am Ende seiner Laufbahn sinngemäß heißen, er sei der größte Prophet aller Zeiten gewesen (Deuteron. 34:10). Nur, in diese Rolle mußte er erstmal hineinwachsen. Zunächst einmal war er ein richtiger Mann, geradlinig mit einer geraden Rechten. Die sollte ihm bald zum Verhängnis werden. Erst einmal wird er selbst zum Täter, ehe er sich zum Fürsprecher der Opfer entwickelt. Als Moses eines Tages sah, wie ein Hebräer von seinem ägyptischen Aufseher verprügelt wurde, schlug er zu. Ganz die Widder-Natur, sah er rot angesichts der Ungerechtigkeit. Er wollte ja nur dem hilflosen Mann beistehen ... und schon buddelte er selbst fieberhaft im Sand, um die Leiche verschwinden zu lassen. Komplex ist die menschliche Natur. Nur selten vereinen sich alle Tugenden auf eine Person und auf die andere nur die Defizite. So war es bei Jacob, so ist es bei Moses. Moses begriff schnell, daß es nun vorbei war mit dem privilegierten Leben am Königshof. Einige Hebräer hatten es doch gesehen. Und es dauerte nicht lange, da wußte es auch der Pharao. Moses verschwand in die Wüste und fand Aufnahme bei einem Klan der Midianiter (Exodus 2:11-15). Als er da ankam, war er 40 Jahre alt.

Für die Midianiter war er zunächst ein Fremder. Das änderte sich bald, als er die Tochter des Stammespriesters, Zippora, heiratete und bereitwillig die Aufgaben eines Viehhirten übernahm. Was sich zunächst wie der tiefe Fall eines Fürsten darstellt, sollte sich später als unabdingbar für seine Berufung zur prophetischen Führungskraft erweisen. In einer kargen Gegend zu überleben, das hätten sie ihm am ägyptischen Hof nicht beigebracht. In seinem Hirtendienst lernte er es ganz nebenbei. Die Wüste ist auch ein Ort wie geschaffen für ganz besondere Begegnungen, was spirituelle Sucher immer wieder dazu bewog, sich wenigstens zeitweise dorthin zurückzuziehen. Moses wurde dagegen bei der Arbeit überrascht, als er eines Tages mitten in der Wildnis ein kleines Feuer sah. Es brannte, ließ aber das Gebüsch um sich her unberührt (Exodus 3:2). Das Naturwunder erwies sich bald als ein Überraschungsbesuch vom Gott seiner Vorfahren. Im Buch Genesis wird bereits von einigen, zunächst örtlich gebundenen Manifestationen Gottes berichtet, die mit verschiedenen Namen verbunden sind. So wurde in der Begegnung Abrahams mit dem Priester von Salem einem höchsten Gott *El Elijon* gehuldigt, dem Himmel und Erde gehören (Genesis 14:18-20). Und die Verehrung der Gottheit *El* in *Beith El*, die in der Genesis mit Jacob in Verbindung gebracht wird (Genesis 28:16-19), fand Verbreitung auch an anderen Orten im Vorderen Orient. Zunächst als lokale Natur- und Himmelsgottheit vorgestellt, erweiterte sich das Verständnis von *El* zu einem die ganze Erde beherrschenden Schöpfergott. Die Menschen lernten erst nach und nach all diese verschiedenen Manifestationen des Heiligen als Erscheinungen ein und desselben Gottes zu verstehen. Auch die geistigen Auseinandersetzungen der menschlichen Spezies machen gewissermaßen eine Evolution durch (vgl. A. Green, Radical Judaism, 32-78). In einem noch späteren Stadium lernte man dann den *einen* Gott als das Wesen mit den komplementären Eigenschaften kennen, der personifizierten Gerechtigkeit (*Elohim*) und Liebe (*JHWH*). Zuvor hatten die Menschen in konkreten Situationen noch unbewußt mal mehr die eine, mal mehr die andere Seite wahrgenommen.

Das dritte Kapitel von Exodus ist eine Schlüsselstelle zur Vereinheitlichung dieser Vorstellungen (Exodus 3:4-15; vgl. ebd. 6:2-4). Dort ist es *Elohim*, der Moses erklärt, wie er in die Geschichte eingreifen wird. Indem er sich als Gott Abrahams, Isaacs und Jacobs vorstellt und die Verheißungen an die Väter wiederholt, wird eine unmittelbare Verbindungslinie zu den Erzeltern gezogen. Ein Versprechen ist inzwischen in Erfüllung gegangen: Die Familie ist über ein Netzwerk von Stämmen zu einem Volk herangewachsen. Von jetzt an konzentrierte sich alles auf das Land. Das war unerreichbar, so lange sich die Israeliten nicht frei bewegen konnten. Um sie dem Einfluß Ägyptens zu entziehen, sollte Moses allerdings nicht von Anfang an die Maximalforderung stellen, sie aus ihrem Status und ihren Pflichten ganz zu entlassen. Er bekommt zunächst den Auftrag, beim ägyptischen König zu erwirken, dem Volk Frei zu geben, um drei Tagesreisen weit weg Kontakt mit dem Gott ihrer Vorfahren aufnehmen zu können (Exodus 3:18). Erst im Laufe des Ringens zwischen Moses und dem Pharao wird sich zeigen, daß sie gar nicht nach Ägypten zurückkehren dürfen, weil sich alles auf eine Entscheidung hin verdichtet. Entweder man gehört dem *einen* Gott oder dem System von *Mitzrajim*. Mit der Aufgabe, diese Entscheidung herbeizuführen, wird Moses letztlich am Busch betraut. Nachdem eine Stimme ihn wie aus dem Nichts gerufen und aufgefordert hatte, unbeschuht näher zu treten, war er von seiner Mission zunächst überwältigt. ‚Was ich!? Ich kann ja nichtmal richtig reden. Da soll ich den Pharao überzeugen, die Israeliten freizulassen, und die Israeliten davon, darauf als eine reale Chance zu hoffen?' (vgl. Exodus 3:4f.; 4:10) Vor allem die Israeliten überzeugen... Unfreie Menschen aus ihrer Situation zu lösen, ist das eine, sie auch innerlich aus ihrer Sklavenmentalität herauszuholen, etwas ganz anderes. Da heißt es plötzlich, das Leben selbst in die Hand nehmen, planen und sich Ziele setzen, sich versorgen und selbst Verantwortung übernehmen. Diesen Kampf wird Moses noch führen, wenn das Volk Ägypten längst hinter sich gelassen hat. Denn dieser Kampf dauert ein ganzes Leben lang. Zunächst aber mußte Gott Moses selbst von seinen Fähigkeiten überzeugen (Exodus 4:1-17). Das ist ein in der Bibel auch andernorts wiederkehrendes Motiv. Jemand wird berufen und zögert, weil er sich die Aufgabe selber nicht zutraut. Auch Jeremia fühlte sich anfangs gar nicht stark genug für sein Prophetenamt (Jeremia 1:4-10). Aber gerade darauf kommt es an: Gott beruft nicht die Stärksten und Größten und solche, die sich dafür halten, sondern Menschen, die wissen, daß sie nicht alles selber leisten können. Dann nämlich kann Gottes Geist oder Energie um so mächtiger in ihnen wirken. Noch ehe Gott ihn, begleitet von eindrucksvollen Zeichen, in seinen Auftrag einweisen konnte (Exodus 3:16-4:9), fragte ihn Moses: „Wenn ich zu den Israeliten komme und ihnen sage: ‚der Gott eurer Vorfahren hat mich zu euch geschickt.' Was ist, wenn sie mich fragen, wie der heißt? Was soll ich ihnen dann sagen?" Darauf antwortete ihm Gott, *Elohim*: „*ehijeh ascher ehijeh*" – „ich werde dasein, als der ich dasein werde. ...Sag den Israeliten: *Ich werde dasein* hat mich zu euch geschickt" (Exodus 3:13f.). Geläufiger ist dieser Satz wohl in der Übersetzung: „Ich bin, der ich bin". Und sie stimmt auch, gibt aber nur einen Teil der Bedeutung wieder. Deshalb klingt sie allzu statisch und erinnert mehr an den unbewegten ersten Beweger der griechischen Philosophie denn an einen Gott, der den Menschen in der vollen Dynamik ihres Lebens zur Seite steht. Was Aristoteles mit dem ersten Beweger meinte, entspricht im hebräischen Denken eher dem Schöpfergott, *Elohim*, der die Naturgesetze installiert und in Gang hält. Da *Elohim* aber auch hier *spricht*, wird die Unpersönlichkeit dieser Vorstellung bereits durchbrochen. *Ehijeh* ist eine Form von Sein und geht wie *JHWH* auf *hajah* mit der Wurzel *Heh, Jud, Heh* zurück. Damit bietet diese Textstelle, ja gibt Gott hier gleichsam selbst eine Erklärung des Tetragramms. Drei Kapitel weiter wird das noch deutlicher. Wieder spricht *Elohim* zu Moses und sagt: „Ich bin *JHWH*. Ich bin Abraham, Isaac und Jacob als der allmächtige Gott *El Schadaj* erschienen; meinen Namen *JHWH* aber habe ich sie noch nicht wissen lassen" (Exodus 6:2f.). *JHWH* bedeutet der Ewige im Sinne von *der war, der ist* und *der sein wird* – das alles zusammen. In die Zeit übersetzt heißt das: „Ich bin da, ich werde da sein" – werde zur Stelle sein, wie der Mensch es in seiner Situation gerade am besten erfassen kann.

Moses zauderte nachhaltig, den Auftrag anzunehmen, und willigte erst ein, als Gott ihm Aaron als Sprecher zur Seite stellte (Exodus 4:10-16). Aaron wird also zum Assistenten seines – übrigens drei Jahre jüngeren – Bruders (Exodus 7:7). Die Brüder werden nicht ohne einander auskommen, weil sie in ebenso besonderer Weise miteinander verbunden sind wie Kain und Abel, Esau und Jacob, Joseph und Juda. In den Brüdern Aaron und Moses wird auch das Verhältnis von Leib und Seele wieder ein Stück weiter bestimmt. Hier ist Aaron der Leib, welcher Moses, der Seele erst seinen Mund leiht. Der Leib (*bassar*) macht die Botschaften der Geistseele (*neschamah*) hörbar, die er selbst wiederum aus sich heraus nicht hervorbringen könnte. Auf dieser Ebene betrachtet, zögert und zaudert Moses auch deshalb, weil sich die Seele davor fürchtet, in die Welt der Sachzwänge zu gehen bzw. zurückzugehen, um dort etwas zu bewirken. Die *Neschamah* würde lieber an der Stelle des brennenden Busches bleiben, die wie Moria ein Ort der Eins ist und an der selbst das Feuer die Substanz des Lebens nicht zerstört. Das Feuer brennt in einem Busch, nicht in einem Baum oder im Gras. Auch das hat seinen Grund. Busch heißt auf Hebräisch *sneh* (*Samech* 60, *Nun* 50, *Heh* 5). Sein erster Wert ist also 60, die Sechs auf der Zehnerebene. Die Sechs kennen wir bereits als Wert der Schöpfung noch ohne ihre Vollendung im Siebten. Die Spannung zwischen der Sechs und der Sieben hat ein Paradox in die Schöpfungsordnung gebracht. Ohne den Siebten ist sie in sich abgeschlossen wie ein Hamsterrad und doch noch nicht vollendet. Der siebte Tag bewirkt eine Vollendung, die wiederum keine Abgeschlossenheit bedeutet, kein Fix-und-

Fertig. Erst mit ihm tritt die Schöpfung in ein Stadium ein, von dem an sie sich aus eigener Energie weiter entwickeln kann. Die Entwicklung wird angetrieben von der Dynamik einer offenen Zukunft, die ihren symbolischen Ausdruck ebenfalls in der Acht findet. Von der Vierheit her gedacht, wird die gleiche Perspektive über die Fünf eröffnet, deren Wert im Wort *sneh* der 60 folgt, und zwar mit der Fünfzig und der Fünf auf der Zehner- und Einerebene. Das Wort hat auch noch in anderer Hinsicht eine interessante Wurzel. Moses war mit dem Vieh der Midianiter bei einer Erhebung unterwegs, die an dieser Stelle Horeb genannt und als Berg *Elohims* vorgestellt wird (Exodus 3:1). Bekannter ist sie unter dem Namen Sinai geworden als eben jener Ort, an dem sich einige Zeit später das ganze Volk wiederfinden wird. Die Wurzel des Wortes *Chorev* (*Cheth* 8, *Resch* 200, *Beth* 2) läßt an einen öden, wüsten, dürren Ort denken. Es ist eine Brache, in der sich niemand länger aufhalten kann und will. Und doch verheißt auch hier der Blick auf die Zahlen einen Durchgang zur Qualität der Acht aus den härtesten Lebensbedingungen heraus. Die Bedingungen der dualen Welt vom kleinsten Detail (2) bis zum größten Zusammenhang (200) sind verbunden mit der Acht. Daß in der Bibel Horeb und Sinai miteinander identifiziert werden, zeigt etwa die Parallelerzählung von der Offenbarung der Thora und dem Bundesschluß zwischen Gott und Israel im fünften Buch Moses. Dort wird der Offenbarungsberg regelmäßig Horeb genannt, während in Exodus überwiegend der Name Sinai benutzt wird. *Sinaj* und *sneh* aber haben die gleiche Wurzel: *Samekh, Nun, Heh*. In der Begegnung von Moses mit dem ewigen Wesen am brennenden Busch wirft das große Ereignis seine Schatten – oder besser einen Lichtstrahl – voraus. Noch einmal 40 Jahre wird es dauern, bis Moses samt dem Volk hierher zurückkommen wird.

Noch aber scheut sich die Seele davor, in eine Welt zu gehen, in der das Körperliche so übermächtig ist. Jede Seele hat zunächst Angst, in die Welt zu kommen. Aber hat sie sich erst einmal an das körpergebundene Leben gewöhnt, fürchtet sie sich ebenso davor, die Welt wieder zu verlassen. Aus der Perspektive dieser Welt erscheint ihr nun alles außerhalb davon uneinsehbar und unwahrscheinlich. Zurückzukehren aber ist die Bestimmung zumindest der *Neschamah*, der Geistseele, die allein die Verbindung mit der anderen Seite hält und dem Menschen sein geistiges Potential verleiht. Auch die *Nephesch*, jene Kraft, die den Körper beseelt, hat ihr eigenes Gedächtnis. Das Wort *nephesch* (*Nun* 50, *Peh* 80, *Schin* 300) ergibt in der Summe seiner Wurzelbuchstaben einen Wert von 430. Das ist ebenso viel, wie die Israeliten an Jahren bis zu ihrer Befreiung in Ägypten verbringen sollten – jene 400 mit etwas darüber hinaus. Die *Nephesch*, welche die Materie auf Zeit belebt, weist also auch selbst über die Abgeschlossenheit des rein Materiellen hinaus. Leben ist immer schon mehr als das. Das heißt auch, das Leben als Zusammenwirken von Leib und Seele ist nicht *per se* eine Knechtschaft, und die Erde ist nicht nur ein „Jammertal". Danach schmeckt das Dasein erst, wenn man es auf seine materiellen Funktionen reduziert. Erst die unzerstörbare *Neschamah* aber ermöglicht es dem Menschen, die Begrenztheit dieser Welt und den Ereignishorizont der 400 bewußt zu überschreiten. Sie hat das Vermögen, denn von außerhalb ist sie selbst gekommen.

Die Sachzwänge bewußt überschreiten, ist genau das, was im symbolischen *Mitzrajim* nicht geht. Deshalb muß Moses vom Pharao verlangen, sein Volk in die Wüste zu lassen. Nur außerhalb des Machtbereichs von Ägypten ist für den Menschen die Kontaktaufnahme zu dem unendlichen Wesen möglich. In *Mitzrajim* dienen Geist, Kunst und Ritus dem Ausdruck von körperlicher Potenz und Macht. Die Israeliten leisteten einen Knochenjob für den Aufbau einer Stadt, die den Namen *Ra'amses* trug. Das wird geschrieben *Resch* (200), *Ajin* (70), *Mem* (40), *Samekh* (60), *Samekh* (60). Und siehe da, auch das ergibt eine Summe von 430. Schon in der Situation, in der sie für diese Stadt schufteten und sich die lebensfeindlichen Bedingungen geradezu verdichteten, lag zugleich der Keim zu ihrer Überwindung. Im Machtzentrum dieses Systems stand der Pharao. Der ägyptische König heißt im hebräischen Text *Par'oh*. Sein Titel enthält die Komponente *Par*. Das war auch beim Vorgesetzten Josephs, *Potiphar*, und bei seinem Schwiegervater *Poti Phera*, dem Priester von On, der Fall (Genesis 39:1; 41:45.50). *Par* ist der hebräische Begriff für das männliche Rind. In diesem Zusammenhang denke man am besten an einen gut ausgewachsenen Stier. Das weibliche Pendant, die Kuh, ist *parah* (*par* mit der Endung *Heh*). *Par* wiederum ist verwandt mit dem Begriff der Frucht *pri*, was von einer inneren Verbindung zeugt, welche die alten Kulturen tatsächlich hergestellt haben: die Verbindung zwischen Stier und männlicher Potenz sowie zwischen Stier und Fruchtbarkeit von Mensch, Tier und Pflanze. So sollte auch der Pharao, vorgestellt als Sohn des Sonnengottes Re, Wachstum und Fruchtbarkeit garantieren. Solche Potenz übte natürlich auch auf die Israeliten eine gewisse Attraktivität aus. Wer möchte nicht zu den Gewinnern im Ringen um die materiellen Ressourcen und Annehmlichkeiten gehören? Materieller Wohlstand schadet schließlich nur dem, der ihn nicht hat. Ein Paradox der Welt von *Mitzrajim* besteht nur darin, daß vielen gerade das, was in ihr so sehr zählt, unzugänglich bleibt. Als Moses mit 80 Jahren nach Ägypten zurückkehrte, wurden die Lebensbedingungen für die Israeliten allerdings erstmal gar nicht besser, im Gegenteil. Auch dieses Muster wird sich in der Geschichte wiederholen: Kurz vor ihrer Überwindung steigert sich die Situation erst einmal bis in eine scheinbar totale Ausweglosigkeit hinein. Statt seiner Forderung nachzukommen, wies der Pharao die Aufseher an, den Israeliten nichtmal mehr Stroh als Bindemittel für die Herstellung der Ziegel zu geben. Das machte die Ziegel nicht gerade brauchbarer. Aber es kam ja auch nur darauf an, ihnen die Arbeit extra schwer zu machen. Moses brauchte ein Druckmittel, um seine Verhandlungsposition zu verbessern. Mit Bitten, Fordern und

Drohen kam er nicht durch. Aber er stand ja nicht in eigener Sache vor dem Pharao, sondern als Gesandter einer höheren Gewalt. Seine „Druckmittel" werden zehn Schläge (hebr. *'esser makoth*) gegen das Land Ägypten sein, die als die *zehn Plagen* in die Religionsgeschichte eingegangen sind (Exodus 7:14-11:8; 12:29-32). Was es mit der Häufung von Naturkatastrophen auf sich hat, beschäftigte schon eine Menge Gelehrte und Reporter. Vielleicht lassen sich tatsächlich irgendwann für jede einzelne Plage naturwissenschaftliche Erklärungen und historische Anhaltspunkte finden. Warum die Bibel sie in so konzentrierter Folge berichtet, kann aber so kaum beantwortet werden. Wie die erste Schöpfungsgeschichte unterliegen auch die Plagen einer gewissen Systematik. Während sich die Schöpfungstaten in zwei Zyklen zu je drei Tagen einteilen lassen, unterliegt die Abfolge der Plagen einer Struktur von drei Zyklen zu je drei Anschlägen. Nur die zehnte steht für sich allein. Sie bildet eine Singularität und wird im Geschichtsverlauf schließlich die Wende bringen. Die Plagen lassen sich so anordnen:

2. Plage *tzephardea'*/ Frösche		1. Plage *dam*/ Blut
	3. Plage *kinim*/ Mücken	
5. Plage *dever*/ Pest		4. Plage *'arov*/ Bremsen
	6. Plage *schechin*/ Ausschlag	
8. Plage *arbeh*/ Heuschrecken		7. Plage *barad*/ Hagel
	9. Plage *choschekh*/ Finsternis	
	10. Plage *makath ha-bekhoroth*/ Erschlagen der Erstgeborenen	

F. Weinreb, der Pionierarbeit beim Erschließen der biblischen Symbolik für ein breiteres Publikum geleistet hat, wies bereits auf diese spezielle Struktur hin (vgl. F. Weinreb Schöpfung im Wort, 92-95). Wie ist aber diese Anordnung zu begründen? Mit der besonderen Stellung der dritten, sechsten und neunten Plage in der Textur wie im Ablauf der Erzählung. Ihre Begriffe erscheinen *zweimal*, wenn man in der mittleren Kolumne von unten nach oben gehend jeweils die ersten drei Buchstaben zusammen kombiniert (*Cheth, Schin, K[h]aph*), die mittleren (*Schin, Cheth, Nun*) und die letzten (*K[h]aph, Nun, Mem*). Die Halbvokale *Jud* und *Waw* werden dabei weggelassen, weil sie nicht zum bedeutungstragenden Konsonantenstamm gehören. Nach diesem Strickmuster kann man also dieselben Wörter nicht nur waagerecht, sondern auch senkrecht von unten nach oben gelesen, erkennen. Im hebräischen Text wird für Plage das Wort *makah* (*Mem* 40, *Kaph* 20, *Heh* 5, in Genitivverbindung *makath-*) verwendet, und das bedeutet Schlag. Da wird nicht nur gepiesackt. Die Ägypter ereilen echte existentielle Katastrophen. Die ersten acht Plagen können als „klassische" Naturkatastrophen eingeordnet werden: Krankheiten, Ungeziefer und Unwetter. Es waren Schläge gegen die Ökonomie des Landes und die Gesundheit seiner Bewohner. Ihnen gegenüber nehmen die neunte und die zehnte Plage eine Sonderstellung ein.

Der neunte Schlag, die Dunkelheit (*choschekh*), rüttelte bereits an den Grundfesten des ägyptischen Weltbildes. Er kommt wie der dritte (Mücken) und der sechste (Ausschlag) ohne Ankündigung. Auch in dieser Hinsicht erscheinen diese drei Schläge zusammen wie ein Rückgrat in der Anordnung der Plagen. Seit Menschengedenken hat in Ägypten die Sonne eine große Rolle gespielt. Schon im alten Reich wurde sie im Sonnengott Re personifiziert gesehen. Dieser wurde u.a. als Mischgestalt aus menschlichem Körper und Falkenkopf mit einer Sonnenscheibe auf dem Haupt dargestellt. Auch in der Umbruchphase der Amarna-Zeit unter Echnaton und Nofretete wurde die Sonne als lebensspendendes Prinzip verehrt – hier abstrakt dargestellt als Scheibe mit Strahlen, die in Händen enden. Die Vorstellung von der göttlichen Sonne wird von einer unvorhergesehenen Finsternis zutiefst erschüttert. Nun gibt es einige Thesen, wie die Dunkelheit gekommen sein könnte. War es ein so dichter Sandsturm, daß man weder die Sonne noch die eigene Hand vor Augen sehen konnte; oder war es eine Sonnenfinsternis? Im Jahre 1335 v.d.Z. hat es wohl tatsächlich eine Eklipse gegeben, die im Kernland Ägyptens total, aber im Gebiet von Goschen partiell war – was erklären würde, warum die Ägypter im Dunkeln saßen, während die Israeliten Licht hatten. Nach der Sandsturmtheorie würde wiederum besser einleuchten, wieso die Dunkelheit drei Tage lang anhielt (Exodus 10:22f.). Eine Sonnenfinsternis würde nie so lange dauern. Aber das ist ohnehin alles sekundär. Sobald etwas in der Bibel steht, hat es nicht mehr nur mit Politik, Physik oder Astronomie zu tun, sondern nimmt eine überzeitliche Bedeutung an. Finsternis ist in vielen Religionen ein Ausdruck für Gottesferne und Hoffnungslosigkeit. Selbst der Israelit als ein Mensch, der die Offenbarung Gottes schon erlebt hat und wieder erleben kann, bleibt von dieser Möglichkeit nicht verschont. Auch er kann sich fern und verlassen von Gott fühlen. Die Tradition kennt neben der Finsternis noch einen anderen Ausdruck dafür: *hesther panim*, das Verbergen des Antlitzes. Das ist Ausdruck des Gefühls, plötzlich allein zu sein, ja einer existentiellen Not – ganz so, als habe sich mit Gott eine vertraute und beschützende Person umgedreht und sei davongegangen, …einfach fort. Der Religionsphilosoph, Martin Buber, hat ein ganzes Buch diesem Thema gewidmet und es in Anlehnung an die Sonnenfinsternis „Gottesfinsternis" genannt. Er suchte damit eine angemessen starke Umschreibung für jene Ereignisse des 20. Jahrhunderts, mit denen das jüdische Gedächtnis schwerer zu kämpfen hat als mit allen früheren Katastrophen, an die es sich erinnern kann. Denn dieses Mal ging es nicht allein um Flucht und Vertreibung oder ums Exilieren und Zwangsassimilieren der Elite. Dieses Mal drohte einem jeden die physische Vernichtung, der auch nur im Entferntesten mit einer jüdischen Herkunft in Verbindung gebracht werden konnte. Wann immer die Sprache versagt, weil ein Phänomen zu monströs ist – oder umgekehrt unbeschreiblich schön – suchen wir nach Metaphern. Licht und Finsternis sind mit die stärksten Metaphern, die wir haben.

Die zehnte Plage, der Anschlag auf die Erstgeborenen von Ägypten (*makath habekhoroth*) unterscheidet sich noch einmal wesentlich von allen anderen neun. Die anderen Schläge trafen alle Ägypter, während die Israeliten in Goschen unversehrt blieben. Dieses Mal aber müssen sich die Israeliten schützen, um nicht selbst getroffen zu werden. Dazu, wie sie sich präparieren sollen, gibt es genaue Anweisungen. Sie sollen die Türpfosten ihrer Häuser mit dem Blut eines Lammes bestreichen und das Fleisch des Lammes verspeisen in dieser Nacht der zehnten Plage. Keiner durfte das Haus verlassen. Zugleich mußten alle fertig für den Aufbruch sein. Sie saßen und aßen sozusagen auf gepackten Koffern. Nicht einmal das frische Brot für die Reise hatte mehr Zeit aufzugehen... (Exodus 12:21-34) Daraus wurde der dauerhafte Brauch geboren, jeweils in der Festwoche von Pesach im Frühjahr zum Gedenken an den Exodus aus Ägypten ausschließlich Mazza, ungesäuertes Brot zu essen (Exodus 12:1-20; 13:1-16). Da der Todbringer offensichtlich nicht zwischen Ägyptern und Israeliten unterschieden hätte und Israeliten ohne Markierung auch betroffen gewesen wären, könnte der gewiefte Logiker auf die Idee kommen, daß umgekehrt auch ägyptische Familien mit markiertem Haus keinen Erstgeborenen durch die Plage hätten verlieren dürfen. Was hat also den Ägyptern gefehlt, um die Katastrophe zu vermeiden? Vordergründig die Information: ‚Macht euch Blut vom Lamm an die Tür und bleibt im Haus, dann passiert euch nichts.' Die tiefer liegende Ursache bestand nach der Symbolik von *Mitzrajim* in der grundsätzlich fehlenden Verbindung. Das Verhalten des Pharao spiegelt sich im realen Leben überall da wider, wo ganze Völker unter den Fehlentscheidungen ihrer Machthaber leiden. Ohne Verbindung zur Eins fehlt die lebensrettende Information. Es heißt im Text, daß es in Ägypten kein Haus ohne einen Toten gab. Betroffen waren alle Erstgeburten von Mensch und Vieh. Selbst der König verlor seinen ältesten Sohn (Exodus 12:29f.). Alle Plagen sind symbolisch gesehen Schläge gegen die körperliche Potenz. Der letzte Schlag aber galt dem Fortbestand des ganzen Systems. Schlimmer konnte es nicht kommen. Jetzt jagte der Pharao sie förmlich aus dem Land, und die Bewohner gaben bereitwillig eine Menge ihrer Wertsachen her, damit die Israeliten auch ja fortblieben (Exodus 12:33-36). Denn wer nichts hat, kommt vielleicht schneller zurück, als einem lieb sein kann. Die Gebeine von Joseph, dem Lieblingssohn Jacobs, nahmen sie mit sich, wie er es selbst gewünscht hatte (Exodus 13:19). Die hoch kultivierte Mumifizierungstechnik der Ägypter machte es möglich. Joseph wollte im Land ihrer Herkunft begraben werden. Er, der sich selber so sehr dafür eingesetzt hatte, die Welt von Ägypten zu erhalten, wußte, daß sie selbst das Ziel nicht sein konnte.

Warum aber jagte der Pharao, sobald sich die Schockstarre gelöst hatte, hinter der Schar der Israeliten her, um sie zurückzuholen (Exodus 14:1-31)? Die politisch und ökonomisch normalste Erklärung von der Welt wäre, daß er auf das unbezahlte Arbeitspotential doch nicht verzichten wollte. Auf einer tieferen Bedeutungsebene aber spielt hier die Korrelation von Leib und Seele wieder mit hinein. Ägypten ist erwartungsgemäß der Leib und Israel die Seele. Die Ägypter jagten ihnen dann auch deshalb nach, weil der Körper nicht ohne Seele auskommt. Es kommt aber unwiderruflich der Moment, in dem der Körper die Geistseele wieder ziehen lassen muß. Er will sie nicht freigeben, weil er weiß, daß er dann in dieser Form selber nicht weiter bestehen kann. Der Auszug der Israeliten aus Ägypten dauerte *sieben* Tage. In der Welt von Ägypten ist es, als gäbe es nur sechs Tage. Dort wird Dienst geschoben an allen Tagen ohne Unterbrechung. Bevor die Israeliten weiter ziehen konnten, mußten sie sich noch einmal konfrontieren lassen mit der Macht von *Mitzrajim*. Als sie das Ufer des Schilfmeeres erreicht hatten, sahen sie sie plötzlich hinter sich. ‚Oh, Schreck, oh Graus, ist jetzt alles aus?!' Die Ägypter nahten mit 600 Pferdewagen; 600 natürlich, und allen voran der Pharao. Auch das Pferd ist ein Symbol der körperlichen Machtdemonstration. Pferd heißt auf Hebräisch *sus* und setzt sich zusammen aus *Samekh* (60), *Waw* (6) und *Samekh* (60) – eine schöne Sechserkombination. Deshalb verbietet Gott den Israeliten auch später immer wieder, sich auf Roß und Reiter zu verlassen. Rein praktisch ist das angesichts der Ausstattung ihrer oft nicht gerade freundlich gesinnten Nachbarn kaum nachvollziehbar. Allein symbolisch ist das Pferd ein Zeichen der Befangenheit in der Welt unter dem Zeichen der Sechs. Sechs Tage waren die Israeliten gewandert, als sie sich plötzlich eingekeilt zwischen dem Wasser und der Reiterarmee wiederfanden. Wieder erfuhren sie eine dramatische Zuspitzung ihrer Lage. Kurz bevor sie es geschafft haben, wird es noch einmal richtig eng. Die Angst war auf beiden Seiten groß. Der einen Seite graute es davor, gewaltsam zurückgeholt zu werden, der anderen vor dem Verlust. Oft sind Gewalt und drohende Gebärde kein Ausdruck von Überlegenheit, sondern zeugen vielmehr von der eigenen Angst und – mal abgesehen vom Pharao – von mangelndem Selbstbewußtsein.

Der Ort des Geschehens hat den Detektiven der Geschichte immer wieder Rätsel aufgegeben. Wo liegt bloß das Schilfmeer? Das Rote Meer ist es wahrscheinlich nicht. Diese Idee verdankt sich allein der Ähnlichkeit der Namen beider Gewässer in der englischen Übersetzung. Da macht ein einzelner kleiner Buchstabe einen großen Unterschied: Schilfmeer heißt *Reed Sea*, und Rotes Meer *Red Sea*. Aber wir brauchen das *Jam Suph*, das Schilfmeer gar nicht auf der Landkarte zu suchen, um zu verstehen, wo sich Israel befand. *Jam* (*Jud* 10, *Mem* 40), das Meer hat das Eins-Vier-Prinzip auf der Ebene der Zehner in seinen Werten. Und *suph*, das Schilf ist verwandt mit dem Wort *soph*, und das heißt *Ende*. Geschrieben wird beides gleich, mit *Samekh*, *Waw* und *Peh*. Allein bei der Vokalisierung sitzt ein einziger, winziger Punkt an einer anderen Stelle. Das Schilfmeer ist die Grenze, wo der Einflußbereich Ägyptens definitiv endet. Wer dieses Meer durchqueren kann, verläßt den Bereich, den die bullige Leiblichkeit dominiert. Bevor sich die Situation löste, schob sich zwischen die Lager von Israel und Ägypten eine Wolkensäule (Exodus 14:18-20). Gott selbst sorgte so dafür, daß die Ägypter keine Chance zum Zugreifen erhalten. Eine Wolkensäule und eine Feuersäule hatten ihnen bis hierher bereits den Weg gewiesen (Exodus 13:21f.). Feuer und Wasser (Wolke), männlich und weiblich sind gegenwärtig in einer Einheit, da ihre gemeinsame Quelle selbst anwesend ist.

Am siebten Tag bleibt dann für Israel die Zeit stehen. Auf das Zeichen von Moses hin weicht das Wasser vor ihnen zurück und bildet eine Mauer zur Rechten und zur Linken. Eine *Zweiheit* von Wassermassen gibt ihnen *einen* sicheren Weg frei, auf dem ihnen die physische Macht nicht folgen kann. Am siebten Tag gehen die Israeliten da durch in die Welt des achten Tages und lassen den Leib zurück. Auch die Ereignisse am *Jam Suph* sind ein Sinnbild für den Übergang zwischen den Welten. Die Israeliten entkamen trockenen Fußes über den Grund des zurückgehaltenen Meeres. Als ihnen der Pharao aber mit seiner Reiterarmee nachsetzen wollte, kehrten die Fluten zurück. Die Ägypter versanken darin zusammen mit ihren schönen Wagen und den schnellen, kräftigen Pferden (Exodus 14:21-31). Sie hatten keine Chance, diese Grenze zu überwinden. Der Körper geht im Zeitstrom unter und kehrt in den Kreislauf der Natur zurück. Die Seele aber bleibt der Zeit entzogen, ihr kann das Wasser nichts anhaben. Im vielschichtigen Geschehen ist es aber auch erlaubt, ganz auf die menschliche Ebene zu gehen. Als Menschen verdienen doch auch die untergegangenen Ägypter unser Mitleid. Die Rabbinen haben bewußt Abstand davon genommen, auf das Schicksal des Pharao und seiner Männer mit Häme zu schauen. In ihre Diskussion beziehen sie hier ein altes liturgisches Lied ein, das den Erzählgang unmittelbar nach der Errettung der Israeliten unterbricht (Exodus 15:1-21). Es ist das Schilfmeerlied, das die Thora der wohlbehalten am anderen Ufer angekommenen Schar in den Mund legt. Es nimmt in der jüdischen Tradition nach wie vor eine wichtige Stellung ein, weil sie es in dem einzigen Moment absoluter Freiheit sangen. Die Knechtschaft lag hinter ihnen; und von den Unbilden, die sie in der Wüste erwarteten, wußten sie noch nichts. Nach der rabbinischen Ausdeutung wollten auch die

Engel um den Thron Gottes ein Loblied anstimmen. Das aber verbot ihnen Gott mit der Begründung: „Meiner Hände Werk ertrinkt im Meer; da wollt ihr ein Loblied sagen vor mir!" (Babylon. Talmud, Sanhedrin 39 b; vgl. Talmud, ed. Mayer, 75) Die Menschen durften das, bei ihnen ging es schließlich um alles oder nichts. Die Engel aber, die alles aus sicherer Distanz beobachten konnten, durften am Gesang der Geretteten nicht teilnehmen.

Mit der Befreiung Israels aus den Zwängen von *Mitzrajim* und seiner Rettung am Schilfmeer kommt die symbolische Darstellung des Lebens aber nicht an ihr Ende, sondern wieder in eine neue Phase. Neue Facetten zeigt sie auf dem Weg der Schar durch die Wüste zwischen Ägypten und Kanaan. Die Perspektive verschiebt sich erneut. Nun bildet die Wanderung durch die Wüste den Lebensweg in dieser Welt ab. Und Kanaan, das gelobte Land, wird zum ersehnten Ziel. Auch diese Bewegung führt von der Zwei zur Eins, aus der dualen Welt in die Zukunft zurück zum Ursprung. Das ist ablesbar an den Namen dieser beiden Welten, zwischen denen sich die Israeliten jetzt bewegen. Das Wort *Mitzrajim* – vollständig ausgeschrieben *Mem* (40), *Tzade* (90), *Resch* (200), *Jud* (10), *Mem* (40) – hat insgesamt einen Wert von 380. Und die Summe des Wortes *Kena'an*, das sich *Kaph* (20), *Nun* (50), *Ajin* (70), *Nun* (50) buchstabiert, beträgt 190. Das Verhältnis zwischen den beiden Ländern beträgt also genau zwei zu eins. Ägypten und das gelobte Land bilden zwei Fluchtpunkte, zwischen denen unser Leben abläuft. Mal wird uns Handlungsspielraum genommen, mal ziehen wir uns selbst zurück. Dann spüren wir die Energie der linken Seite, fühlen die Kontraktion, die Enge Ägyptens. Und dann gibt es Zeiten, in denen wir frei sind, selbst zu entscheiden, selbst zu handeln. Eine Welt breitet sich vor uns hin, in der wir uns frei bewegen können. Dann spüren wir die Energie der rechten Seite, die Weite des gelobten Landes. Im Lebensalltag mit seinem komplexen Geflecht aus inneren und äußeren Einflüssen liegt unser Erleben meist irgendwo dazwischen. Die Frage, ob der Exodus, der Auszug aus Ägypten ohne Wiederkehr sei, ist also unentschieden, so lange wir leben.

Am Sinai – wenn sich Himmel und Erde berühren

Nachdem sie das Schilfmeer durchschritten hatten und sich Richtung Wüste auf den Weg machten, stellte sich den Israeliten zunächst ein großes logistisches Problem. Wie konnten sie die Lebensmittelversorgung für so viele Menschen sichern? Gar nicht. Allein Gott konnte eine Lösung bieten, indem er das Manna kommen ließ. Woraus es bestand, kann kaum mehr identifiziert werden. Es ist wohl überhaupt müßig, sich in der Welt nach etwas Vergleichbarem umzusehen. Schon allein in welcher Weise die Speise zugeteilt wurde, zeigt, daß es sich nicht um eine natürliche Ressource handeln konnte. Von der Nahrung sollten sie täglich gerade genug für jede Person aufsammeln, immer eine Tagesration. Nur an jedem sechsten Tag durften sie so viel mitnehmen, daß es auch für den Ruhetag reichte. Jawohl, den siebten Tag kannten sie bereits als Ruhetag, auch wenn das Schabbat-Gebot erst am Sinai zu einem offiziellen Offenbarungsinhalt werden sollte. Und am Schabbat durften sie auch jetzt schon nichts sammeln. Außerdem stand das Manna den Israeliten nur bis zum Moment ihres Einzugs ins verheißene Land zur Verfügung, solange sie in der Wüste unterwegs waren. Dann gab es keins mehr (Exodus 16:4-36; Josua 5:10-12). Die Israeliten nannten die wundersame Speise selbst *man*, abgeleitet von ihrer verwunderten Frage: „*man hu*... Was ist denn das?" (Exodus 16:15.31) Das Wort *man* besteht aus nur zwei Buchstaben: *Mem* (40) und *Nun* (50). In der Beziehung zwischen 40 und 50 liegt dieselbe Dynamik wie in der Bewegung von der Sieben zur Acht. Nur bekommt das Ganze mit der Vier und Fünf auf der Zehnerebene noch die Konnotation eines länger andauernden Prozesses. Um ihn auf dieser Seite (40) bestehen zu können, kommt Hilfe von der anderen Seite (50). Bereits rein mathematisch gesehen gibt es einen interessanten Zusammenhang zwischen der 40 und der 50. Die 40 kann ganzzahlig geteilt werden durch 1, 2, 4, 5, 8, 10 und 20. Bildet man die Summe aus all diesen Teilern, erhält man einen Wert von 50.

Neben dem Zusammenhang zwischen 40 und 50 gibt es da auch noch den Übergang von der 49 zur 50, was impliziert, daß der Prozeß rhythmisch gegliedert ist, und zwar im Rhythmus der Sieben. Eine Grenze hatten die Israeliten schon überschritten, als sie *Mitzrajim*, die Welt der sechs Tage verließen. Jenseits des Schilfmeeres bewegten sie sich nun in der Welt der sieben Tage. Sieben Wochen bzw. 49 Tage lang waren die Israeliten unterwegs, bis sie den Berg der Offenbarung erreichten. Genauer gesagt, liefen sie 7x6=42 Tage und ruhten an jedem siebten. Der 50. Tag lag bereits in der *achten* Woche und damit in einer anderen Zeitqualität. Fünfzig Tage sind es auch, die vom zweiten Tag der Pesach-Woche an gezählt werden bis zum Fest der Offenbarung, *Schavuoth*, dem Wochenfest. Wegen dieses Zusammenhanges, mit dem der Eintritt des Lebens in eine neue Qualität durch den jüdischen Jahreskreis auch liturgisch nachgestaltet wird, beginnt das Wochenfest nicht wie die Feiertage sonst in der Regel an einem Vollmond – also nicht am 14. des Monats –, sondern wird am 6. und 7. Siwan gefeiert. Am 50. Tag begann die Offenbarung. Ja, sie begann da nur; tatsächlich zog sie sich über einen längeren Zeitraum hin. Was geschah da zwischen Himmel und Erde? Mit dem Sinai befinden wir uns, wie wir bereits wissen, an jenem Ort, dessen Name (ausgeschrieben: *Samekh* 60, *Jud* 10, *Nun* 50, *Jud* 10) die Summe 130 hat, was der 13 auf der Ebene der Hunderter entspricht – jener Dreizehn, welche die Summe auch der Eins des *einen* Gottes bildet (*echad*, aus *Aleph* 1, *Cheth* 8, *Daleth* 4). Mit Himmel und Erde sind hier nicht die Atmosphäre über unserem Planeten und der Boden darunter gemeint. Himmel und Erde stehen einander gegenüber wie das Irdische und das Überirdische. Sie sind in der kosmischen Ordnung so geschieden wie heilig und profan, wie unendlich und endlich, wie die Unsterblichkeit und das irdische Leben. Auch im übertragenen Sinne ist dort, wo Himmel und Erde sich treffen der Horizont, bis zu dem wir zwar blicken können aber nicht darüber hinaus. Um die Verbindung zwischen beiden Wirklichkeitsbereichen zu suchen, müssen wir neben unserem Seh- und Hörvermögen noch andere Sinne aktivieren, eine innere Sensibilität. Es ist das Paradox der Offenbarung an den Einzelnen, daß sich der Horizont weitet, je weiter er nach innen reist. Im historischen Offenbarungsgeschehen ist das anders. Offenbarung als gemeinschaftstiftendes Ereignis – das sind die seltenen Momente, in denen sich ein direkter Kanal zwischen Himmel und Erde öffnet. Was dort hindurch gesendet wird, ist ein breiter Strom von Energie, den die Erde und die Menschen dauerhaft nicht aushalten würden. Darum verändern sie, so kurz sie auch sind, die Realität nachhaltig.

Bevor es am Sinai soweit ist, kommt es zu einer denkwürdigen Begegnung zwischen Moses und seinem Schwiegervater, Jithro. Jithro kam ins Wüstenlager der Israeliten, begleitet von der Familie, die Moses bei den Midianitern gegründet und zurückgelassen hatte. Seine Frau, Zippora, und die beiden Söhne, Gerschom und Eliezer, waren also mitgekommen (Exodus 18:1-7). Nur ein paar Tage nach seiner Ankunft fiel dem Schwiegervater auf, wie sehr sich Moses ganz allein abmühte, um die Unstimmigkeiten unter seinen Leuten zu schlichten. Eine *Vielheit* von Personen stürmte auf den *einen* Mann ein. Und der schien orientierungslos in den Alltagsproblemen zu versinken. Wo sich Betriebsblindheit breit macht, ist es gut, wenn jemand von außen eingreifen kann. An dieser Stelle wird die Notwendigkeit einer Hierarchie in der noch jungen Gemeinschaft angesprochen. Jede arbeitsteilige Gesellschaft braucht eine verbindliche Aufteilung der Kompetenzen. In der Gemeinde, die sich gerade auf die Offenbarung vorbereitete, ging es auch darum, Ordnung in den Maßstäben des *einen* Gottes zu schaffen. Dafür schien gerade der midianitische Priester, Jithro, bestens geeignet zu sein. Mit seiner Herkunft, *Midijan*, ist ihm die Bedeutung des *Maßes* schon ins „Stammbuch" geschrieben. Aus seinen drei Wurzelkonsonanten *Mem* (40), *Daleth* (4), *Heh* (5) kann auch ein Verb gebildet werden; *madah* lautet es und heißt *messen*. Das vom gleichen Stamm gebildete Wort *midah* kann mit *Maß* aber auch mit *Attribut* übersetzt werden. Darum heißen auch Gottes Eigenschaften der unbestechlichen Gerechtigkeit (*Din*) und der liebenden Güte (*Chesed*), im Plural, *midoth*. Ob des rechten Maßes und der angestrebten Balance zwischen Gerechtigkeit und Gnade hat sich wohl nicht umsonst die Waage mit zwei Schalen auch als Symbol für eine rechte Gerichtbarkeit etabliert. Im Namen seiner Herkunft, „der vom Stamm des Maßes" zu sein, findet Jithros innere Beziehung zum Recht ihren symbolischen Ausdruck, die ihn zur Reform des israelitischen Rechtssystems befähigt. Er schlug vor, redliche und unbestechliche Leute aus dem Volk auszusuchen und zu Richtern zu berufen. Diese sollten in der Lage sein, in Streitfragen tatsächlich zu vermitteln – blind für die Interessen der einzelnen Partei –, ganz entsprechend der Idee einer Justitia mit verbundenen Augen, mit der Waage in der einen Hand und dem Rechtskodex in der andern. Dann teilte Jithro die Israeliten in Gruppen von 1000, 100, 50 und 10 ein, für die jeweils einer der Richter und Schlichter zuständig sein sollte. Es wurde also eine Hierarchie von *vier* Ebenen organisiert, die Moses, dem *einen* obersten Richter unterstellt waren. Moses selbst entschied nur noch über die ganz großen Fälle. Die *vier* Instanzen und das *eine* oberste Gericht verbanden also auch im Rechtswesen die Vier mit der Eins (Exodus 18:13-26).

Nachdem Moses gelernt hatte, die Aufgaben zu delegieren, ging Jithro wieder seiner Wege (Exodus 18:27). Und dann war es endlich soweit. Das Offenbarungsereignis sollte die Israeliten wie kein anderes zu einer Schicksals- und Erfahrungsgemeinschaft zusammenschweißen. Erst in seinem Lichte gesehen, wird das Volk Israel die Befreiung aus Ägypten als identitätsstiftend auch für alle kommenden Generationen verstehen lernen. Die Offenbarung ist Teil eines Vertragsabschlusses, für den erst einmal die Rahmenbedingungen abgesteckt werden mußten. Das kann man im Ablauf schnell übersehen. Denn mitten hinein in den Erzählgang, zwischen die Bundeszeremonie (Exodus 24) und ihre Vorbereitung (Exodus 19), ist das komplette *Bundesbuch* geschaltet, das alle Regeln für das Zusammenleben der Israeliten enthält. Damit ist hier schon fast der gesamte Inhalt der Offenbarung aufgezeichnet (Exodus 21:1-23:19). Die Schreiber entwickelten damals ihre eigene Logik zur Wiedergabe des inspirierten Weltbildes. Man kann eben an die Bibel nicht mit dem gleichen systematischen Anspruch herangehen wie an eine moderne wissenschaftliche Abhandlung. Moses steigt mehrmals auf den Berg und wieder herunter, um Rede und Gegenrede zu vermitteln. Sein erster Auf- und Abstieg galt dem Erstkontakt zwischen Gott und dem Volk. Da kletterte er ziemlich bald wieder herunter, um erst einmal das Einverständnis des Volkes einzuholen, sich wirklich auf den Bundesschluß einzulassen. Ein Bund, der ihnen versprach, sie zu einem Königtum von Priestern und einem heiligen Volk zu machen. Moses fragte sie, und? Wie ein Mann antworten sie: „Alles, was JHWH gesprochen hat, wollen wir tun" (Exodus 19:3-8). Wie weit Absicht und tatsächliches Vermögen auseinanderliegen können, werden sie bald erfahren müssen. Auf ihre Zusage hin sollten sie sich bereithalten für den dritten Tag – gewaschen und gebügelt, wie sich das für ein so großes Ereignis im Leben gehört. Aus dem Text geht eindeutig hervor, daß die Offenbarung nur den Männern galt. Um sich nicht untauglich zu machen zur Aufnahme der Botschaft, sollten sie sich in den drei Tagen davor von Frauen fernhalten, als könnten sie sich an ihnen irgendwie beschmutzen (Exodus 19:9-15). Wenn dem so sei, wären die Frauen aber auch denkbar ungeeignet, den Nachwuchs in den Prinzipien einer Weisung zu erziehen, von der sie keine Ahnung haben. Inzwischen sind es längst nicht mehr nur Männer, die ihre spirituelle Quelle in der Offenbarung am Sinai finden. Denn die Ausdrucksmittel der Beziehung zwischen Gott und Mensch verändern sich Hand in Hand mit der Weiterentwicklung des menschlichen Selbstverständnisses auch als Mann und Frau (vgl. A. Green, Radical Judaism, 49-53).

Nachdem sie sich also bereit gemacht und wir das Bundesbuch erst einmal überblättert haben, machten sich Moses, Aaron und seine zwei älteren Söhne, Nadab und Abihu, auf den Weg nach oben. Auch siebzig Älteste kamen mit, siebzig Mann von jenen altehrwürdigen Patriarchen, die dem Volk schon während ihrer Zeit in Ägypten vorstanden (vgl. Exodus 3:16; 4:29). Aber nur Moses allein durfte ganz hinauf zum geheimnisvoll umwölkten Gipfel steigen. Die anderen sollten ihn aus der Ferne im Gebet unterstützen. Das Volk wurde schon bei der Vorbereitung auf die Zeremonie aufgerufen, die Nähe des Berges ganz zu meiden (Exodus 19:12f.). Die Warnhinweise lassen das Gelände ebenso gefährlich erscheinen wie eine Militärbasis, die zu betreten unter Androhung von Strafe untersagt ist. Gefährlich ist die Nähe des Heiligen, wie wir noch sehen werden. Dann geht es ganz schnell. Einen halben Vers nur dauert es, daß Moses mal eben das Regelwerk des Bundesbuches niederschreibt. Dann ist er schon dabei, einen Altar aus zwölf Steinen für die Bundeszeremonie unterhalb des Berges zu bauen; die zwölf Steine stehen natürlich für die zwölf Stämme (Exodus 24:4). Auf dem Altar brachten dann junge, kräftige Männer Stieropfer dar. Priester konnten ja noch nicht am Werk sein, denn ihre Ämter gab es noch überhaupt nicht. Wer aber genau liest, bemerkt, daß die Schreiber es auch hier mit der Chronologie nicht ganz so eng sahen. Schon fünf Kapitel vorher, wo das Volk auf die Bundeszeremonie vorbereitet wird, tauchen plötzlich Priester auf, die aber seltsam arbeitslos bleiben. Sie werden da zusammen mit dem Volk gewarnt, dem gefährlichen Berg bloß nicht zu nahe zu kommen (Exodus 19:21-25). Nachdem die Stiere erlegt waren, las Moses – die Tinte war noch nicht trocken – aus der Rolle des Bundesbuches vor, und das Volk antwortete erneut: „Wir wollen tun und hören". Danach besiegelte Moses den Bund, indem er das Volk mit dem Blut der Stiere besprengte (Exodus 24:5-8). „Wir wollen tun und hören", *na'asseh we-nischma*'; das ist charakteristisch für die hebräische Religiosität: Der Inhalt wird in erster Linie über das Tun und das körperliche Einüben erschlossen mit einer nachhaltigeren Wirkung, als sie das bloße intellektuelle Reflektieren je erzielen könnte.

Damit ist die Zeremonie aber noch nicht zu Ende. Noch einmal steigen Moses und Aaron mit seinen Söhnen, Nadab und Abihu, und die siebzig Ältesten hinauf. Dann passiert auf einmal das: Nicht nur Moses, sondern alle Anwesenden *„sahen den Gott Israels und unter seinen Füßen einen Boden wie aus Saphir-blauen Fließen, wie der Himmel selbst so rein"* (Exodus 24:9f.). Etwas ähnlich Unglaubliches wird von zwei der drei großen biblischen Propheten erzählt. Jesaja (8. Jh.v.d.Z.) stand im Tempel zu Jerusalem, als er sich angesprochen und aufgerufen fühlte, Prophet zu werden. Sein Berufungserlebnis ging einher mit einer Vision, in der er Gott auf einem Thron sitzen sah – so riesig, daß der Saum seines Gewandes den gesamten Tempel ausfüllte. Über dem Thron – angesichts der Ausmaße also nicht im Tempelraum selber – schwebten zwei Seraphen mit je sechs Flügeln. Sie riefen oder sangen im Wechsel jene berühmte Zeile, die zum festen Bestandteil der jüdischen wie der christlichen Liturgie geworden ist: *„sanctus, sanctus, sanctus ... qadosch, qadosch, qadosch JHWH Tzevaoth...,* heilig, heilig, heilig ist der Ewige der Scharen, die Erde ist seiner Ehre voll". Welch eine riesige Gestalt hat Jesaja da wohl gesehen? (Jesaja 6:1-8) Und Ezechiel visualisierte im babylonischen Exil (6. Jh.v.d.Z.) vier menschenförmige Gestalten mit je vier Flügeln und vier Gesichtern. Diese erschienen ihm in einer Wolke und zugleich im Feuer. Wie bei der Wolken- und Feuersäule, die den Israeliten den Weg wiesen, war also auch hier die *eine* Quelle der männlichen (Feuer) und der weiblichen (Wolke/ Wasserdampf) Urenergie präsent. Das Gesicht zur Rechten eines jeden der vier Wesen zeigte jeweils eine Löwengestalt (vgl. rechts, Löwe = Symbol für die Seele, für Juda), zur Linken das Haupt eines Stieres (vgl. links, Stier = Symbol für den Leib, für Joseph/ Ephraim), nach hinten zeigte ein Adlerkopf, und nach vorn das Antlitz eines Menschen. Diese viergestaltigen Wesen, sogenannte *Tetramorphe*, besaßen neben ihren Flügeln auch Räder, die es ihnen ermöglichten, sich in alle vier Grundrichtungen zu bewegen, ohne sich umzuwenden. Über ihren Häuptern sah Ezechiel zwischen Blitzen, Funken und Strahlen eine Art Himmelsfeste, auch hier mit einem saphirenen Thron darüber, auf dem eine menschenförmige Gestalt saß... (Ezechiel 1:3-28). Weitermachen könnte man mit dem in der jüdischen Tradition nur wenig beachteten Buch Daniel, Kapitel 7. Aber Gott sehen! Ist das nicht unmöglich? Und ist es nicht verdächtig, daß sich die Menschen wohl nichts anderes als menschenförmige Vorstellungen von Gott machen können? Vielleicht hatte der griechische Philosoph Xenophanes doch Recht, der – ebenfalls im 6. Jh.v.d.Z. unterwegs – meinte, daß sich die Kühe, Pferde und Löwen, hätten sie denn Hände, Götter malen würden, die jeweils ihrem eigenen Äußeren glichen, also pferd-, löwen- oder kuhförmig wären. Als scharfsinniger Denker mit satirischem Talent warf er die ernste Frage auf, ob die Menschen nicht nur menschliche Eigenschaften in ein göttliches Ideal projizieren und sich somit ihre Götterbilder selbst schaffen. Noch enger geführt, könnte man die Frage auch so stellen: Warum sehen religiöse Menschen in ihren Visionen immer nur Gestalten aus ihrer eigenen Tradition? Die Antwort ist eigentlich ganz einfach. Wenn ein Mensch ein Signal verstehen soll, muß es akustische oder visuelle Eindrücke enthalten, die er kennt. Er muß gedanklich und emotional andocken können an etwas Vertrautem, um die Botschaft überhaupt einordnen und darauf reagieren zu können. Wollte Gott sich den Kühen offenbaren, dann müßte er in der Tat mit Zeichen zu ihnen sprechen, die die Kühe auch verstehen. In Vertrautes und Verständliches eingehüllt, kann dann auch etwas ganz Neues vermittelt werden. Deshalb erfahren Menschen die Präsenz der vereinheitlichenden Energie Gottes immer begleitet von Formen und Erscheinungen, die sie aus ihrer Erfahrungswelt bereits kennen.

Die Gruppe auf dem Berg hatte eine Vision, wie sie Menschen nur selten zuteil wird. Aber, eben noch auf den höchsten Wogen heiliger Vorstellung segelnd, läuft der Leser plötzlich auf Grund, steht doch da tatsächlich im Nachsatz: „und sie aßen und tranken" (Exodus 24:11). Was, so schnell geht die Liebe schon wieder durch den Magen? Als so großer Kontrast wurde das allerdings nicht immer empfunden. Dem starken und lang anhaltenden Einfluß neuplatonischer Ideen, versteckt im Gewande des Christentums ist es wohl zuzuschreiben, daß wir uns in unserem Kulturkreis ein so enges Zusammengehen von spirituellem und kulinarischem Erleben kaum noch vorstellen können. Aber erinnern wir uns: Hier wird ein Bund geschlossen, ein besonderer zwar, aber seine Rituale lehnen sich an die Bräuche jener Bündnisse an, wie sie auch die Menschen damals untereinander schlossen. Zu den Formalitäten solcher Vertragsabschlüsse gehörte stets auch ein gemeinsames Essen. Die in diesen alten Zeiten wurzelnde jüdische Tradition hat sich zumindest den Brauch bewahrt, auch das Essen rituell einzubinden; zum Beispiel im Kiddusch, der Heiligung von Brot und Wein am Schabbat und an den Feiertagen, die ihrerseits meist noch weitere kulinarische Eigenheiten haben. Eine Besonderheit in dieser Hinsicht bildet der erste Abend des Pesach-Festes im Frühjahr, der überhaupt aus einem festlichen Mahl mit einer festen Choreographie besteht. Auch das Miteinander in der Laubhütte zur Succot-Festwoche im Herbst wird natürlich gefeiert mit Speis und Trank. Die Heiligung, *qidusch*, ist hörbar verwandt mit *qadosch*, heilig. Mit der Heiligung von Brot und Wein wird Gott im Grunde für alle guten Lebensmittel gedankt, die das Leben erhalten und dazu beitragen, es zu genießen. Die Tradition hat dazu feste Segensformeln entwickelt. Die im Kiddusch gesegneten Zutaten, Brot und Wein, sind auch ein Sinnbild für das Leben selbst, verwirklicht sich doch die Heiligung des Lebens erst in der Einheit von Leib (Brot) und Seele (Wein).

Nach der mystischen Vision tritt die Offenbarung am Sinai in eine neue Phase ein. Bisher schienen die Ereignisse in einer schnellen Folge abzurollen; jetzt aber wird es langwieriger. Wieder steigt Moses auf den Berg. Dieses Mal begleitet ihn nur Josua bis auf halbe Höhe. Und dieses Mal bleibt Moses vierzig Tage und Nächte dort oben. Sein Richteramt hatte er für die Zeit seiner Abwesenheit an Aaron und Chur abgegeben (Exodus 24:12-14). Nachdem das Bundesbuch in einer Rolle niedergeschrieben war, bekam Moses nun noch eine spezielle Botschaft von Gott an die Menschen überreicht, gemeißelt in Stein. Diese Botschaft sollte offenbar beständiger sein als alles, was zuvor zu Papier bzw. Pergament gebracht worden war. Vierzig Tage und Nächte..., jetzt kommt die Geduld ins Spiel. Bisher hatte das Offenbarungsgeschehen tiefen Eindruck hinterlassen. In der Erhabenheit des Augenblicks waren die Israeliten bereit, alles Erdenkliche zu tun. Der Berg bot mit Donner und Doria ja auch eine entsprechend dramatische Kulisse (vgl. Exodus 19:18-20; 24:15-18). Die Verbindung zwischen den Israeliten und Gott schien so stark. Da war Moses auch nur für kurze Zeit fortgeblieben. Nun aber steht Israel da und wartet und wartet und wartet. Eigentlich müßten sie jetzt schon auf einer anderen Bewußtseinsebene leben, eigentlich. Tatsächlich bringen sie die Geduld nicht auf. Die Verbindung schien wie abgeschnitten. Es ist nicht einfach, nach dem Hochgefühl eines großen Erlebnisses wieder zurückzukehren in die Niederungen des Alltags. Hier aber kommt hinzu, daß sie überhaupt nicht wissen, wie es weitergeht. Moses scheint gar nicht mehr wiederzukommen. Vierzig Tage und Nächte. Manchmal wissen wir das halbe Leben lang nicht, ob die Richtung noch stimmt oder ob wir je einen Lohn für unsere Bemühungen erhalten. Je länger das Warten dauert, um so größer das Risiko, daß das schöne neue Bewußtsein und die geschärften Sinne in der ständigen Wiederholung des Selben wieder abstumpfen.

Das führungslose Volk hielt das Warten nicht aus und bat Aaron schließlich, ihnen etwas Greifbares zu schaffen. In einer Zeit, da man noch mit Hilfe der Stierkulte suchte, die körperliche und sexuelle Potenz zu stärken und die physische Präsenz selbst geistiger Inhalte sicherzustellen – was konnte das wohl sein? In *Mitzrajim* hatten es auch die Israeliten so kennengelernt. Und so lag es nahe, sich nun selbst das Abbild eines männlichen Rindes zu bauen: das goldene Kalb. Dafür gaben sie bereitwillig all ihren Schmuck her, den sie von dort mitgebracht hatten. Und Aaron gab ihrem Verlangen nach. Wenn es je einen Sündenfall gab, dann geschah er hier. Warum er für Aaron ohne Folgen blieb (Exodus 32:21-25), ist nur verständlich vor dem

Hintergrund seines symbolischen Verhältnisses zu Moses. Als personifizierte leibliche und seelische Seite bildeten auch sie erst zusammen eine Einheit. Nachdem Moses, die Seele, auf den Berg gestiegen war, blieb mit Aaron der Leib beim Volk zurück und wurde nun bedrängt, ein sichtbares Leitbild zu schaffen. Wild entschlossen waren sie und gaben keine Ruhe, bis sie glänzend vor ihnen stand: die Statue eines jungen Stieres (Exodus 32:1-6). In der Auseinandersetzung mit der Symbolik Ägyptens hatte sich das Wort *par* als gängiger Ausdruck für Rind und Ochs erwiesen. Das wird an dieser Stelle aber gar nicht benutzt. Wie es im Deutschen auch eigene Wörter für verschiedene Jungtiere gibt – vom Frischling übers Gössel bis zum Kalb – , hat das Hebräische auch ein Wörtchen für das junge männliche Rind, und das ist *'egel*. Dieser Begriff ist über seine Wurzel *Ajin, Gimel, Lamed* verwandt mit dem Wort für Kreis *ma'agal*. Der Kreis und das Stierkalb haben also strukturell miteinander zu tun. *Rund* heißt *'agol*, da ist die Ähnlichkeit zum *'egel* schon deutlicher zu sehen. Rund und in sich abgeschlossen ist auch das Leben ohne Verbindung zur Eins. Das Bild vom Rennen in einem Hamsterrad drängt sich geradezu auf, einem rasenden Leerlauf, der viel Energie kostet und nirgendwo hinführt. Für die Vorstellungswelt bedeutet das, daß sie – so ganz in sich zurückgebogen – auch durch eine völlig unvorhersehbare Erfahrung von außen kaum mehr aufgebrochen werden kann. Im Dämmerschein des Faktischen verblaßt so jede Möglichkeit, daß jemals noch etwas anders werden könnte, als es jetzt ist. Goldene Stierkälber bauen sich die Menschen, wenn sie das Gefühl haben, sich wieder in einer Welt mit undurchlässigen Grenzen einrichten zu müssen. Die Leute am Fuße des Berges glaubten nicht mehr daran, daß der Mann aus der anderen Welt zurückkommen würde. Ihnen schien nur noch die Härte des Materiellen zu bleiben. Also warum sollte man nicht wenigstens seine Leiblichkeit genießen? Ungezügelte, ungeheiligte Leiblichkeit aber können wir uns getrost als eine Orgie vorstellen, in deren Raserei der körperlich Schwächere schnell das Nachsehen hat. Das Toben um das goldene Kalb ging einher mit Vergewaltigung und Schlägerei. Oben auf dem Berg blieb das nicht unbemerkt. Gott wußte natürlich Bescheid, und Moses erfuhr von dem Stierbild, ehe er es zu sehen bekam. Als er hörte, daß Gott das ganze Volk der Vernichtung preisgeben und aus ihm, Moses selbst ein Volk machen wollte, stellte sich Moses, ja warf er sich zwischen den großen Zorn Gottes und den Kleingeist der Menschen. Er flehte für sie im Namen der Verheißung an die Väter und getrieben von der Vorstellung, welches Gelächter das wohl bei den Ägyptern auslösen würde. Sie würden sich auf die Schenkel klopfen, wenn sie erführen, wie weit es ihre ehemaligen Sklaven gebracht haben. Nach einer alten Tradition hat Moses alle fünf Bücher des Pentateuchs selbst aufgeschrieben. Deshalb heißen sie ja „die fünf Bücher Moses". Dann müßte er auch wissen, daß der gleiche Plan Gottes in der Vorzeit schon einmal nicht funktioniert hatte; auch Noah war ein unbescholtener Mann... Moses gelang es schließlich, Gott umzustimmen und die Konsequenzen zu begrenzen (Exodus 32:7-14). Als er vom Berg wieder herabkam, hatte er zwei von Gott selbst beschriftete steinerne Platten im Arm: die Tafeln mit den Zehn Geboten, deren Inhalt übrigens wie das Bundesbuch bereits vor dem Bundesschluß in den Text eingearbeitet ist (Exodus 20:1-17). Aus der Ferne war die Orgie nicht von Kriegslärm zu unterscheiden. Josua, der immer noch abseits saß, hatte es gehört, war aber nicht von der Stelle gewichen. Moses mußte ihm erst einmal erklären: Das ist weder der Lärm von Sieg noch von Niederlage. „Den Lärm von Gesang höre ich!" (Exodus 32:15-18). Die zwei Tafeln mit dem hohen geistigen Anspruch hier und der die niedersten Instinkte weckende Stierkult da – da konnte es keinen Kompromiß geben, sondern nur den großen Knall. Moses zerschmetterte die Steinplatten auf dem felsigen Boden. Er ließ sie nicht vor Schreck fallen, sondern schleuderte sie seinen Leuten im Zorn vor die Füße. Und nun, alles futsch? Moses selbst hatten sie es zu verdanken, daß es zum Äußersten nicht kam. Dennoch mußte erst einmal aufgeräumt werden. Das Kalb wurde zerstört und pulverisiert und mit Wasser gemischt den Menschen zu trinken gegeben (Exodus 32:19f.). Drastischer konnte man nicht vorführen, wie selbst der edelste Stoff früher oder später wieder in den Kreislauf der wechselnden materiellen Formen verdaut wird.

Aber hatten wirklich alle mitgemacht? Nein, der Stamm Levi beteiligte sich als einziger weder am Bau des Stierkalbs noch an der Orgie selbst. So treu und unbestechlich wurde er nun mit der Abrechnung gegenüber dem Volk beauftragt. Das wird uns heute grausam und unerbittlich erscheinen, auch wenn es sich bei den 3000 gefallenen Menschen wieder um eine idealisierte Zahl handeln dürfte. Sicher, es war eine Entgleisung, die den Bestand des noch frischen Bundes von Grund auf gefährdete. Zugleich bleibt der Zwiespalt: Wo hört die Loyalität zur Tradition auf und wo fängt sie an, in lebensverachtenden religiösen Eifer umzuschlagen? Es heißt, die Leviten schwangen ihr Schwert, weil Moses es ihnen im Namen des *einen* Gottes befohlen habe. Von da an wird nie wieder so etwas von Levi berichtet. In Zukunft sollten sie die Menschen als Priester, Lehrer und Seelsorger begleiten. *Begleiter* ist genau die Bedeutung, die der Name *Lewi* (*Lamed, Waw, Heh*) trägt. Um sich dem Dienst am Heiligtum, der Vermittlungsstelle im Austausch zwischen Gott und den Menschen ganz widmen zu können, sollten die Leviten in Zukunft auch nicht gemeinsam mit den anderen Stämmen in den Krieg ziehen (Numeri 1:21.49-53). Dies hier ist die einzige Stelle, wo sie einmal selber mit Gewalt ins Geschehen eingegriffen haben (Exodus 32:26-29). In einem weiteren, übertragenen Sinne ist Levi eine Qualität *im* Menschen, die ihn zu Gott als der Quelle der vereinigenden Energie zurückbringt.

Damit sind wir aber auch wieder bei dem Bedürfnis nach etwas Greifbarem. Wie der Text zuvor den gesamten Inhalt der Offenbarung liefert, noch bevor das Offenbarungsgeschehen zu Ende erzählt ist, so gibt es bereits vor dem Bericht vom goldenen Stierbild die Antwort auf dieses Bedürfnis. Mitten hineingeschaltet in die Erzählung ist die Bauanleitung für ein transportables, wüstentaugliches Heiligtum, mit allem für einen klassischen Tempelbetrieb benötigten Drum und Dran, samt den ersten Anweisungen für seine Einweihung und die Opferordnung (Exodus 25-30). Zum Dienst in diesem zeltförmigen Tempel und damit ins erste Priesteramt überhaupt wird nun mit Aaron genau der Mann berufen, der sich dazu hergegeben hatte, den Bau des Stierbildes anzuleiten. Er und seine Söhne dürfen sich nun abarbeiten in Ritualen, in denen es fortwährend ums Fleisch geht, um das Fleisch der geopferten Tiere. Passender konnte der Arbeitsplatz für den Mann von der Leibseite nicht sein. Nur hier wird dem Stier nicht mehr gehuldigt; sein Fleisch steht von nun an allein dem Kult für den *einen* Gott zur Verfügung.

Erschrocken über die Exzesse ums goldene Kalb, war das Volk bescheiden und still geworden. So saßen sie wieder 40 Tage und Nächte da und warteten auf Moses. Der war wieder auf den Berg gestiegen, um die Bundestafeln noch einmal zu empfangen. Insgesamt warteten sie also eine Zweiheit von 40 Tagen – so lange, wie Moses an Jahren alt werden mußte, bis er reif war für seine Mission. 80 Tage, die *Acht* auf der Zehnerebene ist Ausdruck eines Prozesses, der tatsächlich an sein Ziel kommt. Langfristig haben das geistige Vermächtnis der Offenbarung vom Sinai, gegeben in den Worten auf den beiden Steintafeln, und die im Bundesbuch grundgelegten Lebensregeln den Kult am Heiligtum überdauert. Die Tafeln brachte Moses schließlich zum zweiten Mal mit herunter (Exodus 34:28). Allgemeiner bekannt sind die Zehn Worte, 'Assereth ha-Dibroth, als „Zehn Gebote" (Exodus 20:1-17, Deuteron. 5:1-21). Über das Griechische, in das die Bibel schon im 3./2. Jh.v.d.Z. übersetzt wurde, hat sich allerdings auch der Begriff *Dekalog*, das heißt *Zehnwort* erhalten. Die jüdische Tradition hat ihn immer bevorzugt, und das aus gutem Grund. Denn die meisten dieser Sätze gebieten nicht bzw. die wenigsten von ihnen sind tatsächlich Imperative. Acht der Zehn Worte stehen im Imperfekt, was auch als Aufforderung verstanden werden kann, aber nie so scharf wirkt wie ein Befehl. Das heißt, man kann sie auch so lesen: „du wirst nicht töten", „du wirst nicht stehlen", „du wirst keine falschen Aussagen gegenüber deinem Nächsten und über deinen Nachbarn machen". All das wird zur reinen Feststellung, wenn nur die Verbindung zum Urheber dieser Ansprüche fest ist und die Haltung stimmt. Das Wort vom Schabbat aber, dem Ruhetag wird auch grammatikalisch im Imperativ ausgesprochen, ist also ein echtes Gebot. Der Grund liegt wohl darin, daß alles, was am siebten Tag geschieht oder eben nicht, unmittelbar mit der kosmischen Ordnung in Zusammenhang steht (mehr zum Dekalog vgl. Exkurs 2).

Mit dem Bundesbuch und den Zehn Worten soll Gemeinschaft begründet werden. Anders als die Naturgesetze sind die Regeln zur Organisation einer Gemeinschaft dem Menschen nicht einfach vorgegeben, sondern aufgegeben. Das kann man bedauern, aber so sollte es nun mal sein. Sonst könnte der Mensch über seinen Weg nicht mit entscheiden und seine Geschichte nicht aktiv gestalten. Im Bundesbuch gehen allgemein menschlicher Ordnungssinn und kulturelle Besonderheiten Hand in Hand. Dieses Kompendium liegt, wie die Zehn Worte selbst, in zwei Versionen vor (Exodus 21:1-23:19; Deuteron. 12:1-26:19). Es ist sehr komplex und bedarf vieler weiterer Interpretationen, die den Rahmen unseres kleinen Reiseführers sprengen würden. Das Regelwerk kann jedenfalls nicht einfach so durchgelesen werden, um sich über die Lebensweise des gegenwärtigen Judentums zu informieren. Zwischen seiner Niederschrift und den heutigen Lebensverhältnissen liegt eine ganze Bibliothek weiterer Auslegung – weiterer Ausdeutung und Ergänzung und wohl begründetem *ad-acta*-Legens. Deshalb ist eine blanke, wörtliche Bibellektüre geradezu kontraproduktiv für ein adäquates Verständnis auch der legalistischen Texte. Denn sie friert die Tradition auf den in der Bibel enthaltenen, inzwischen lange zurückliegenden Geschichtszeitraum ein. Den vielen Interpreten und Kommentatoren des rabbinischen Judentums ist es zu verdanken, daß die Regeln immer wieder an die aktuellen Lebensverhältnisse und -bedürfnisse angepaßt wurden. Dieser Prozeß dauert bis heute an.

Neben der Platitude des wörtlichen Lesens gibt es da auch noch eine Tradition gepflegten Mißverstands, nach der das Judentum nichts anderes als veraltet und überholt sein darf. Einer der ältesten Hüte aus ihrer Requisitenkammer ist die wörtliche Lesung des Prinzips „Auge um Auge, Zahn um Zahn" (Exodus 21:23-25; Leviticus 24:19f.; Deuteron. 19:19-21). Inzwischen wird es auch gern zitiert, um den Mechanismus von Gewalt und Gegengewalt zu veranschaulichen, in dem sich politische und religiöse Gegner in diversen Regionen immer wieder gegenseitig aufreiben. Das allerdings passiert in der Regel nicht auf Basis einer Rechtsordnung, sondern an ihr vorbei. Die Gelehrten des jüdischen Rechts und der gesunde Menschenverstand erachten es schon seit Jahrhunderten als widersinnig, dem Verursacher einer Verletzung oder eines Schadens das Gleiche anzutun und etwa auch ihn für den Rest seines Lebens zu verstümmeln. Dies war wohl tatsächlich der ursprüngliche Kern der Regel, „Leben um Leben, Auge um Auge ... Brandmal um Brandmal zu geben", um jeden weiteren Schaden auf den Verursacher zu begrenzen und nicht auch noch seine ganze Sippe unter der Rache der geschädigten Partei leiden zu lassen. Aber schon in der Antike wurde diese Regel stets als Aufforderung zum Schadenersatz verstanden und angewendet: Entschädigungen müssen gezahlt und die Kosten für Krankenstand und Lohnausfall kompensiert werden (vgl. die Diskussion im Babylon. Talmud, Bawa Kamma 83b/84a, Talmud, ed. Mayer, 337-342). So hat das rabbinische Judentum sämtliche Regeln vielschichtig und permanent weiterentwickelt. Und an seinen Beschlüssen kommt selbst das orthodoxeste Milieu nicht vorbei. Der Auslegungsprozeß fand seinen ersten schriftlichen Niederschlag in der Mischna (2. Jh.n.d.Z.). Ihr folgten die sich darum entfaltenden Diskussionen des Talmud, die in Babylonien erst im 5. Jh.n.d.Z. auch in schriftlicher Form zum Abschluß kamen. Weiter ging es über die zahlreichen Kommentare des Mittelalters bis hin zu den modernen Auslegungen unserer Zeit (vgl. z.Bsp. Isaac Klein, A Guide to Jewish Religious Practice). Wer sich die dazu bereits vorhandene Literatur besorgen wollte, brauchte viel Platz in seiner Wohnung. Die jüdische Tradition sieht im erweiterten Sinne nicht nur die fünf Bücher Moses, sondern die gesamte Bibel wie auch grundsätzliche Entscheidungen und Auslegungen der Rabbinen als *Thora* bzw. als *Weisung vom Berg Sinai* an. Das stimmt natürlich auch, soweit die weitere Entwicklung ihren Ursprung hier nimmt. Und das haben die Rabbinen einmal liebevoll illustriert in einem Histörchen, nach dem Moses eines Tages selbst im Lehrhaus des Rabbi Akiva (2. Jh.n.d.Z.) auftauchte, sich hinten hineinsetzte und eine Weile zuhörte. Bald merkte er verwundert, daß er mehr oder weniger gar nichts verstand. Noch erstaunter war er, als er hörte, wie Akivas Schüler ihren Lehrer fragten: Meister, wo hast du denn das alles her? Der antwortete ihnen: Das ist die Weisung an Moses vom Sinai (Babylon. Talmud, Menachot 29b; vgl. Talmud, ed. Mayer, 429).

Als sich das Volk Israel nach dem Auszug aus Ägypten auf der anderen Seite des Schilfmeers wiederfand und die Überbleibsel der Welt von Ägypten im Wasser treiben sah, war es längst noch nicht am Ziel. Das war es aber auch nicht am Berg Sinai. Hier gibt es lediglich wieder eine Zäsur im Geschichtsverlauf und den Eintritt in einen neuen Bedeutungsraum, der dem Raum unserer Erfahrungswelt wieder ein Stück weit ähnlicher ist. Die zweifache Übergabe der Bundestafeln zeigt dabei einen weiteren Phasenübergang an. Das erste Pärchen beschrifteten Gesteins war noch von der Hand Gottes selbst angefertigt. In diesen Tafeln gab es eine einmalige Einheit von Materie und Geist (Exodus 31:18). Bei den Ersatztafeln war das bereits anders. Sie bestanden nicht nur aus Material, das Moses von unten mitgebracht hatte. Er mußte sie auch selbst beschriften. Nur der Inhalt, nicht mehr das Material wird Gott selbst zugeschrieben (Exodus 34:27f.). Wenn wir das nächste Kapitel aufschlagen, werden wir weiter über solche Kaskaden im Flußlauf der Geschichte fahren – wenn es um das Werden und Vergehen des Heiligtums geht.

Der Tempel als Abbild der Raumzeit – die Welt steht Kopf

Nachdem die Raserei um das goldene Kalb ihr jähes Ende gefunden hatte, berichtet die Bibel, habe Moses das Zelt der Begegnung weit abseits vom Lager der Israeliten aufgebaut (Exodus 33:7-11). Auch das konnte vom Ablauf her eigentlich nicht sein, war doch bisher vor dem Leser nur dessen Bauplan ausgebreitet worden samt den Anweisungen, wie das Heiligtum, seine Utensilien und die Dienstkleidung der Priester angefertigt werden sollen (Exodus 25-30). Von den tatsächlichen Aufbauarbeiten und der feierlichen Einweihung wird erst nach den Ereignissen ums goldene Kalb berichtet (Exodus 35:4-40:33). Wie bei der Offenbarung mit ihren Inhalten und der sie begleitenden Erzählung werden auch hier die Gedanken nicht streng logisch auseinander abgeleitet. Die innere Verbindung entsteht bereits durch das enge Beieinanderstehen der Textpassagen. Der Bauplan des Wüstenheiligtums und seine Ausführung bilden die Klammer um das mit dem Stierbild aufgebrochene Problem einer fehlenden Greifbarkeit der Präsenz des Heiligen. Einer der Gründe für den Bau des Zeltes der Begegnung war, dieses Problem zu lösen und der Präsenz des Heiligen Nachhaltigkeit und Dauer im Leben der Menschen zu geben. Verschiedene Formen von Gottesdiensten bestehen in einer Gemeinschaft mitunter für lange Zeit parallel, ehe vielleicht eine von ihnen zugunsten einer anderen aufgegeben wird. So entwickelten sich in Israel neben dem Tempelkult mit seinen Tieropfern in weiter entfernten Siedlungen bereits alternative Praktiken mit regelmäßigen Gebetszeiten und intensivem Schriftstudium. Ob der feste Tempel in Jerusalem tatsächlich das transportable Wüstenheiligtum abgelöst hat oder das Stiftszelt von Anfang an allein ein geistiges Vorbild war, wer weiß? Unabhängig davon, wann sich der Tempelkult genau etablierte, hatte er die Funktion, die Interaktion zwischen Gott und Mensch zu formalisieren und die Gemeinschaft zu festigen. Der Institution gegenüber steht der personifizierte Neuanfang, die Spontaneität eines Moses. Seine Qualität wird in anderen Personen immer wieder dann zurückkehren, wenn die Strukturen sich in starre Formen zu verfestigen drohen und mit der aktuellen Erfahrung nicht mehr korrespondieren.

Für das Wüstenheiligtum gibt es mehrere Namen. Einer von ihnen ist *Mischkan* und leitet sich von der Wurzel *Schin, Khaph, Nun* ab, die Inhalte wie *wohnen* und *sich niederlassen* trägt. Das ist die berühmte „Einwohnung Gottes" (vgl. bspw. Exodus 36:8; 39:32; 40:2). Eine andere Bezeichnung ist *Ohel Mo'ed* (vgl. bspw. Exodus 39:32; 40:12). Dies wird ins Deutsche gern mit „Stiftshütte" übersetzt, was den Sinn nicht ganz trifft. *Ohel* heißt nämlich Zelt, und das ist es auch: ein aus mehreren Stoffbahnen zusammengesetztes Zelt. *Mo'ed* wiederum ist Ausdruck für eine besondere Zeit. So werden beispielsweise die hohen Feiertage in der jüdischen Tradition

Mo'adim (Plural von *Mo'ed*, vgl. Leviticus 23:44) genannt. Das Wüstenheiligtum war der Ort, an dem Gott zu bestimmten Zeiten kontaktiert werden konnte, das allerdings nur von autorisierten Personen. Es fällt auf, daß eine echte Begegnung, eine Zwiesprache mit Gott in der Frühzeit des Volkes Israel nur Moses zugeschrieben wird. Selbst von Aaron und seinen Priestersöhnen wird das so nicht gesagt. Und das, obwohl es den Erzvätern und -müttern schon möglich war, in direkten Austausch mit Gott zu treten. An anderen Stellen wird das Zelt *Ohel ha-'Eduth* genannt (vgl. bspw. Numeri 17:22). Da *'ed* der Zeuge und *'eduth* die Zeugenschaft ist, macht dieser Begriff das zeltförmige Heiligtum zu einem Ort des Zeugnisses, und zwar der Gegenwart des transzendenten Gegenübers. Auch die Kombination von Wohnung und Zeugenschaft, *Mischkan ha-'Eduth* kommt vor (vgl. Numeri 1:53). Die heilige Stätte „Zelt der Begegnung" oder „Stiftszelt" zu nennen, entspricht also der Intention am besten, daß dort die Nähe zu dem *einen* Gott mit seiner vereinigenden Energie gestiftet wird. Das feste Heiligtum in Jerusalem heißt dann *Beith ha-Miqdasch*, Haus der Heiligkeit oder einfach Heiligtum, denn das Heilige steckt mit der Wurzel *Qoph, Daleth, Schin* auch in seinem Begriff. Die Ausführungen zur Gestaltung des Wüstenheiligtums und seiner Ausstattung haben etwas von den Bauanleitungen gewisser moderner Möbelhändler, von denen wir uns das Mobiliar in Einzelteilen anliefern lassen können, um es selbst zusammenzusetzen. Jeder, der das mal getan hat, kennt den Reiz, sofort die Zeichnung samt dem Inhalt der Schrauben- und Dübeltütchen auszubreiten und keine Ruhe zu geben, bis das Werk vollendet ist. So ging es auch den Israeliten in der Wüste. Sie brachten freiwillig so viel an Gold und Silber und Kupfer und Holz und edlem Purpur und Leinen und Ziegenfellen und Edelsteinen..., bis Moses sie stoppen mußte, weil aber auch wirklich keine Spenden mehr benötigt wurden (Exodus 35:5-9; 36:4-7). Von solcher Geberfreude können die Fördermitteleinwerber so mancher Hilfsorganisationen und Bildungsträger heute nur träumen. Wem es aber in den Fingern juckt, gleich mal ein maßstabgetreues Abbild der Anlage zu basteln, sollte sich nicht allzu viel davon versprechen. Der Anblick des altertümlichen Barock, so golden und kupfern glänzend und voller kunterbuntem Textil, könnte enttäuschend sein. Mehr Spannung verspricht da eine symbolische Rekonstruktion des Stiftszeltes und des Tempels (I. Könige 6; 7:13-51; II. Chronik 3:1-4:22). In allen Einzelheiten kann sie hier nicht geleistet, aber zumindest in ihrer Grundstruktur gezeigt werden. Die Rabbinen hatten bereits großen Wert darauf gelegt, die Informationen über Tempelanlage und Tempeldienst detailgetreu zu erhalten, obwohl beides in ihrer Zeit längst nicht mehr existierte (vgl. Mischna, Qodaschim/ 2. Jh.n.d.Z. und ihre talmudische Diskussion). Sie konnten auch nicht darauf hoffen, daß der Tempel bald wieder aufgebaut und in Betrieb genommen werden könnte. Sie suchten damit in erster Linie, die symbolische Information zu bewahren; denn der Tempel ist ein Abbild der Weltordnung. Die Struktur des Tempeldienstes zu kennen, ist auch wichtig, um den Aufbau der Gottesdienste in der jüdischen Gemeinde zu verstehen. Bis heute lehnen sich die Gebetszeiten ebenso an sie an wie die Gebetsinhalte. Das Wüstenheiligtum und der Tempel haben im Wesentlichen die gleiche räumliche Struktur. Darum bietet es sich an, die Symbolik anhand des Jerusalemer Tempels zu beschreiben und nur gegebenenfalls auf Unterschiede zum Stiftszelt hinzuweisen. Vom ihm ausgehend lassen sich dann auch gut die Etappen des späteren Geschichtsverlaufs verfolgen, die für die weitere Ausdeutung der Entwicklung bis in die Gegenwart von Bedeutung sind. Der Tempel befand sich im südlichen Bereich des Landes Kanaan, der bei der Landnahme den Stämmen Juda und Benjamin zugesprochen wurde. Der israelitische Stämmebund war die meiste Zeit über nicht zentral organisiert. Erst als sie sich zu einer Monarchie zusammenschlossen, gelang es wenigstens für die Länge zweier Amtszeiten, den losen Siedlerverband in eine halbwegs einheitliche Infrastruktur zu integrieren, unter den Königen David und Salomo (1004-928 v.d.Z.). Saul, der das Königtum noch vor David begründet hatte, verlor sein Amt zu schnell wieder, um für stabile Verhältnisse sorgen zu können. Das ohnehin nicht besonders große Reich zerfiel dann auch bald nach Salomos Tod wieder, und zwar in zwei Teile: einen größeren Bereich im Norden, der die Gebiete von zehn Stämmen umfaßte und den Namen Israel behielt, und eine wesentlich kleinere Einheit im Süden, das Gebiet von Juda und Benjamin (I. Könige 12:1-32; II. Chronik 10:1-11:4). Dieses Desaster verbannte zugleich sämtliche Ambitionen, einen einheitlichen Kult für alle Israeliten in Jerusalem zu installieren, ins Reich der Illusionen. Dennoch hat sich keines der damaligen großen religiösen Zentren – wie Schilo oder Beith El – so tief ins Gedächtnis der Menschheit eingeprägt wie das der früheren Jebusiterstadt Salem. Mit *Schalem* trug die Stadt schon in vorisraelitischer Zeit die Vollkommenheit im Namen. Verbunden mit dem Zusatz eines alten Wortes für Mond – *Jeru-Schalem* oder im Dual *Jeru-Schalajim* – kennt sie noch heute nahezu jeder. Warum ist gerade Jerusalem so nachhaltig in Erinnerung und mit soviel Sehnsucht behaftet geblieben? Die judäischen Könige konnten sich doch nicht einmal 200 Jahre länger an der Macht halten als ihre Kollegen im nördlichen Teilreich Israel. Das Nordreich war bereits 722 v.d.Z. bei einer Invasion der Assyrer mit Pauken und Trompeten untergegangen. Assyrien verschleppte die Elite und die Kulturträger Israels ins Exil nach Mesopotamien, wo sie so systematisch zwangsassimiliert wurden, daß sie für immer aus der Geschichte verschwanden (vgl. II. Könige 15:29; 17:1-6). Geblieben ist allein der Mythos von den „verborgenen zehn Stämmen Israels". Die Babylonier eroberten und zerstörten dann 587/ 86 v.d.Z auch das Minireich der Judäer. Auch sie nahmen seine Oberschicht mit ins Exil, gaben ihnen aber langfristig gesehen die Chance, kulturell zu überleben (vgl. II. Könige 23:36-25:21.27-30). Die Judäer konnten, über mehrere Städte Babyloniens verteilt, in größeren Enklaven zusammen wohnen. Der Zusammenhalt half ihnen, ihre Tradition erst heimlich zu bewahren und später offen weiter zu entwickeln. Aus den Exilgemeinden von einst entstand dann ein Weltzentrum jüdischer Kultur, das bis ans Ende des ersten nachchristlichen Jahrtausends Bestand hatte. Diese Leute bewahrten mit den Erinnerungen, die ihre Vorfahren aus Juda mitgebracht hatten, auch die innere Verbindung zu ihrem geistigen und spirituellen Zentrum, zur Stadt Jerusalem mit dem Tempel in ihrer Mitte.

Das Territorium von Judäa bestand also eigentlich aus zwei Stammesgebieten: Juda und Benjamin. Und der Tempel stand auf der Grenze zwischen beiden. Wandern wir gedanklich noch einmal kurz zurück zur Geschichte Josephs und erinnern wir uns, daß sich die Brüder Joseph und Juda symbolisch aufeinander zuordnen lassen als Personifizierungen des Leiblichen und des Seelischen im Menschen. Benjamin, der zweite Sohn Rachels, gehört ebenfalls auf die leibliche Seite, die direkten Söhne Leas auf die der Seele. Diese beiden Seiten trafen nun im Tempel wieder aufeinander. Denn an der Stelle, wo die Opferriten stattfanden, verlief die Grenze zwischen Benjamin und Juda (vgl. F. Weinreb, Schöpfung im Wort, 633). In ihrem Kernbereich entsprachen der Aufbau des Stiftszeltes und des Jerusalemer Tempels einander ziemlich genau. Das gilt ebenso für ihre räumliche Ausrichtung. Das Stiftszelt war von einem Hof umgeben und selbst in zwei Räume aufgeteilt: das Heilige (ha-Qodesch) und das Allerheiligste (Qodesch ha-Qodaschim). Das Allerheiligste lag hinter einem Vorhang und beinhaltete die Bundeslade mit den beiden Schrifttafeln. Im Raum davor stand auf der Nordseite ein Tisch mit zwölf Schaubroten und auf der Südseite der siebenarmige Leuchter. Dazwischen, in der Mitte auf einer Achse mit der Bundeslade, stand ein vergoldeter Altar zum Räuchern bestimmter Kräutermischungen. Die Tieropfer fanden freilich nicht im Zelt selbst statt, sondern im Hof davor. Diese Anordnung kehrte im Tempel wieder; nur hatte er dann noch ein paar mehr feste Höfe mit spezifischen Funktionen.

Die Tempelanlage von Jerusalem war nach der Ost-West-Achse hin ausgerichtet, mit dem Haupteingang auf der Ostseite. Sie bestand im Grunde aus *vier* Arealen, an die sich noch *ein* Bereich anschloß, der aber nahezu unzugänglich war (vgl. F. Weinreb, Schöpfung im Wort, 623f.). Das erste Areal, in das man gelangte, war der *Vorhof der Frauen*. Die Ausgrenzung der Frauen vom Rest der Anlage wurde mit der Vorstellung begründet, daß sie vor allem mit dem leiblichen Leben zu tun haben, mit seiner Entstehung und seinen elementaren Bedürfnissen; ins wahre Leben zurückübersetzt heißt das, mit Kindern und Küche. Denn nach der Choreographie des Tempelbetriebs entfernte man sich immer mehr aus dem Einflußbereich der vielfältigen Formen und Gestalten, die uns die physische Welt bietet, und näherte sich der Sphäre der zumindest schon im Geistig-Seelischen manifestierten Einheit an, je weiter man sich Richtung Westen bewegte. Im Vorhof der Frauen wurden auch Gerichtsverhandlungen abgehalten und Urteile gesprochen, also Belange des Lebensalltags nach der Ordnung der Thora geregelt. Der erste Hof stand auch den Nichtisraeliten – im zweiten Tempel dann den Nichtjuden – offen. Den nächsten Hof durften nur die israelitischen Männer betreten. Er hieß der *Vorhof Israels* und nicht Vorhof der Männer, wie eigentlich jetzt zu erwarten wäre. Wie das? Waren denn die Frauen kein Teil Israels...? Dieser Gedanke ist natürlich absurd. Aber in der Tat wurde ihnen ihre Zugehörigkeit für lange Zeit rituell kaum bestätigt. Während schon seit Tausenden von Jahren für den Jungen die Beschneidungszeremonie am achten Tag als Zeichen des Bundes gilt, gab es für Mädchen gar kein wenigstens geistig nachvollziehbares Äquivalent. Aber immerhin begann man im Mittelalter in europäischen Gemeinden, auch die Ankunft eines Mädchens mit einer eigenen Zeremonie zu feiern, die *Ssimchath Bath* heißt: Freude (an) der Tochter. Und auch entsprechend dem Initiationsritus, mit dem der dreizehn Jahre alte Junge feierlich die Rechte und Pflichten eines Erwachsenen übernimmt und zum Sohn der heiligen Pflicht (*Bar Mitzwah*) wird, gibt es in progressiven Gemeinden inzwischen auch eine ähnliche Zeremonie zur formellen Aufnahme des zwölfjährigen Mädels in die Gemeinde als Tochter der heiligen Pflicht (*Bath Mitzwah*). Hier spiegelt sich die Fortentwicklung des menschlichen Selbstverständnisses auch direkt in Veränderungen der religiösen Praxis wider (zu Riten bei der Geburt eines Kindes vgl. Kap. 10, Rein oder nicht rein). Auf den Vorhof Israels folgte der Hof der Priester. Dort fanden die Opferhandlungen statt. Die Tiere wurden an einer Stelle geschlachtet, die sich auf der Leibseite im Norden befand. Der Brandopferaltar aber stand auf der Seite der Geistseele im Süden. Die Grenze zwischen Juda und Benjamin befand sich genau zwischen diesen beiden Plätzen. So wurden auf der Seite von Benjamin die Tiere geschlachtet und ihr Blut auf die Seite von Juda gebracht, um es an den Fuß des Altars zu gießen und so gleichsam die Lebensenergie des zusammengesetzten Körpers mit der *Neschamah*, der unteilbaren Geistseele zusammenzubringen. An dieses Areal schloß sich weiter Richtung Westen der Raum des *Heiligen* (*Qodesch*) an, hinter dem sich nur noch das *Allerheiligste* (*Qodesch ha-Qodaschim*) befand. In den Raum des *Heiligen*, also in das *Qodesch*, konnte nur gelangen, wer sein Opfer schon gebracht hatte. Dort bildete die Zweiheit schon eine Einheit in Harmonie, ohne aber die Dualität aufzuheben. Hier stehen Leib und Seele einander gegenüber in Gestalt der Schaubrote und des Leuchters (Leviticus 24:1-9). Auf dem Tisch im *Norden* lagen zwölf Brote, gruppiert zu *zwei* mal sechs Stück. Sie mußten immer wieder ausgewechselt werden. Im Leiblichen ist schließlich nichts von Dauer. Die Zwölf kennen wir bereits als ein Symbol für die nach außen hin begrenzte Gemeinschaft. Sie ist aber auch eine Zahl der Zeiteinteilung in unserer Welt. Zwei mal zwölf Stunden hat der Tag, zwölf Monate das Jahr, zwölf Tierkreiszeichen und zwölf Häuser gibt es im Horoskop. Auf der Seite der

Neschamah im *Süden* aber befand sich der Leuchter mit seinen sechs Zweigen gegenüber dem *einen* Stamm.

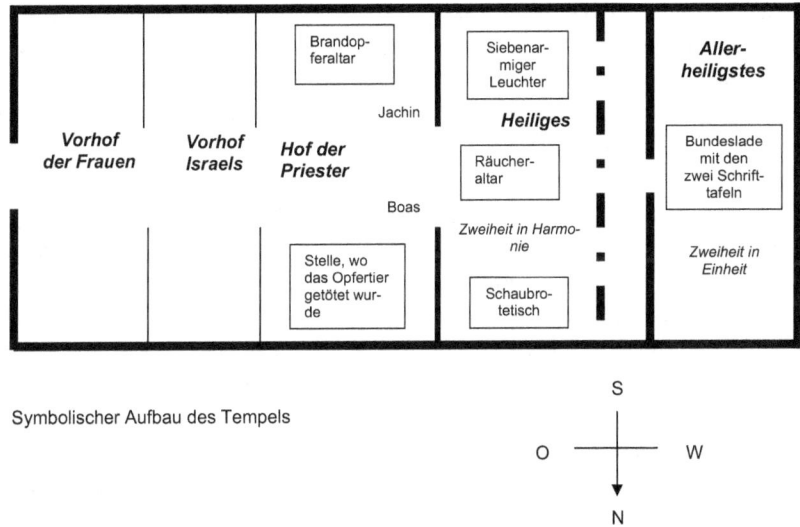

Symbolischer Aufbau des Tempels

Die Beschreibungen von Bundeslade, Schaubrottisch und siebenarmigem Leuchter stellt das Buch Exodus (Exodus 25:10-40) noch vor den Bauplan des Stiftszeltes (Exodus 26-30). Der Leuchter hat sich zu einem der wichtigsten wirklich jüdischen Symbole entwickelt (Exodus 25:31-40; 37:17-24), während etwa der David-Stern, das Hexagramm auch in anderen Kulturen anzutreffen ist. Auf Hebräisch heißt der Leuchter *Menorah*. Aus seiner Wurzel *Nun, Waw, Resch* werden Wörter wie *nur* oder *ner* gebildet, die auch in anderen semitischen Sprachen Phänomene wie Licht oder Feuer bezeichnen. Im allgemeinen Sprachgebrach muß es kein Armleuchter sein. Auch jede elektrisch betriebene Lampe ist in der modernen Sprache eine *Menorah*. Der klassische Tempelleuchter aber wurde aus reinem Gold in der Gestalt eines stilisierten Baumes mit einem Stamm gefertigt, aus dem je drei Äste zu zwei Seiten abgehen. In die Arme des Leuchters waren Formen von Blüten eingearbeitet. Und weil er sein Vorbild in der Pflanzenwelt hat, wurde der Leuchter schon früh auch zu einem Symbol für den Baum des Lebens (vgl. Etz Hayim, 490). Vom Propheten Sacharja ist die Vision eines Leuchters überliefert, der zwischen zwei anderen Bäumen steht. Diese symbolisierten die politische und die religiöse Führung des Landes – zu seiner Zeit (um 520 v.d.Z.) repräsentiert vom Statthalter Serubbabel und dem Hohepriester Jeschua (Sacharja 4:1-5.11-14). In diesem Bild vermittelt Sacharja das Ideal einer von der Weisung Gottes inspirierten Politik, wo auch der „weltliche" Herrscher sich mehr vom Geist Gottes leiten läßt als von Macht und physischer Gewalt (vgl. Sacharja 4:6). Kein Gottesstaat sollte da aufgerichtet werden. Alles, was sich bisher so nannte, hat sich bei genauerem Hinsehen ohnehin stets als bloße rabiate Männerherrschaft erwiesen. Sacharjas Visionen schließen die Hoffnung ein, daß alle einander einladen werden unter den Weinstock und den Feigenbaum, also ihren Wohlstand miteinander teilen (Sacharja 3:10). Das entspricht auch jener Vorstellung von einem Friedensreich mit einem ganz und gar gerechten König an seiner Spitze. Die Idee des Messias, des *Maschiach* lebt bekanntlich von der inneren Verbindung zwischen *schemen* und *schmoneh*, zwischen Öl und Acht (vgl. Kap 2, Sintflut). Die Salbung mit der edlen Flüssigkeit erinnerte einst jeden König bei der Amtseinführung an seine Verantwortung vor Gott und dem Volk. Wie bewußt sich die israelitischen und judäischen Könige ihrer Verantwortung dann im Regierungsalltag waren, ist nachlesbar in den Königsbüchern und Chroniken der Bibel – abenteuerlich. Der gesalbte König des zukünftigen Friedensreiches ist eben eine Idee, nicht mehr und nicht weniger. Da mit dem gleichen Öl auch der Leuchter angezündet wurde, besteht der Zusammenhang zwischen *schemen* und *schmoneh* auch hier. In der Anordnung seiner zwei mal drei Arme gegenüber dem einen Licht in der Mitte erinnert der Leuchter zudem an die Struktur der ersten Schöpfungsgeschichte, wo zwei Zyklen zu drei Schöpfungstagen auf den siebten Tag zuliefen.

Inzwischen gibt es zahlreiche Leuchter mit sieben Armen, Souvenirs einer längst vergangenen Sehenswürdigkeit. Und das ist es, warum sie in jüdischen Haushalten auch nicht angezündet werden; das konnte nur im Tempel geschehen. Wir haben nur Verweise. Sieben Arme hat der Leuchter. Der Siebte ist Mittler zwischen der Sechs und der Acht. Die Acht ist selbst nicht zu sehen; ihr gehört die Zukunft. Es sei denn, Erlösung ist bereits geschehen. Mit dem Aufstand der Makkabäer (165 v.d.Z.) war es den Juden gelungen, ihren bereits zum zweiten Mal übel zugerichteten Tempel noch einmal zu renovieren und neu einzuweihen. Aus diesem Anlaß wurde das Weihefest, Chanucca, geboren. Seine Besonderheit ist: Es feiert in erster Linie nicht den Sieg der Makkabäer über die griechischen Besatzer, sondern ein Wunder, das mit dem Licht selbst zu tun hat. Nach der Legende wollte man den Tempel rechtzeitig zu einem hohen Feiertag wieder in Betrieb nehmen. Um neues Öl für den Leuchter anzufertigen, brauchte es aber seine Zeit; und sie hatten in dem Trümmerfeld nur noch *ein* unbeschädigtes, versiegeltes Ölgefäß gefunden. Dessen Inhalt konnte nach chemischem und physikalischem Ermessen nur einen Tag lang reichen. Das bevorstehende Fest aber dauerte acht Tage; denn es war die Festwoche von Succot, das Laubhüttenfest, welches thematisch selber stark um Erlösung und Ankommen, Ernte, Einsammeln und Lebensbilanz kreist. Als das Fest begann, gab es immer noch nur ein Fäßchen Öl. Doch der Tempelleuchter brannte einen Tag, zwei Tage, drei Tage....acht Tage lang. So konnte Succot würdevoll gefeiert werden, obwohl erst danach der Nachschub fertig war. Um das zu bedenken, gibt es einen Leuchter, der einmal im Jahr auch in jedem Haushalt entzündet werden kann: am ersten Tag ein Licht, am zweiten Tag zwei u.s.w., bis er am achten Tag im vollen Glanz seiner *acht* Leuchten erstrahlt. Das Lichtwunder von Chanucca wird nun Jahr für Jahr im Monat Kislev, im Dezember gefeiert, immer dann, wenn sich das Jahr in Sachen Licht von seiner sparsamsten Seite zeigt.

Der Leuchter stand im vorletzten Raum einer Konstruktion, die sowohl in ihrem Grundriß wie in ihrer Ausstattung nach einer symbolischen Landkarte ausgerichtet war. Über deren Nord-Süd-Achse kann man, wie bereits angedeutet, die Symbolik von Links und Rechts legen, der entsprechend das schwere Materielle auf die linke Seite gehört und die leichte, nach oben strebende Qualität der Geistseele auf die rechte. In die Himmelsrichtungen übersetzt, liegen die Qualitäten der linken Seite im Norden und die der rechten Seite im Süden. Das funktioniert aber nur, wenn man sich vorstellt, vom *Qodesch* aus Richtung Eingang zu schauen mit dem *Qodesch ha-Qodaschim* im Rücken. Allen Himmelsrichtungen kann auch eine Farbe zugeordnet werden. Dieser Farbsymbolik entsprechend ist der Norden rot und der Süden weiß (vgl. F. Weinreb, Rolle Esther, 115-117). Die rote Farbe erinnert sofort an das im Leib zirkulierende Blut. Auf der Seite der Geistseele wiederum vereinigt sich alles, was intellektuell und emotional erkannt werden kann – eben so, wie im weißen Licht alle Farben zusammenkommen. Die aus einem roten und einem weißen Teil zusammengesetzte Königskrone des Pharao zeigt, daß auch die Ägypter über diese Symbolik Bescheid wußten. Erinnern wir uns: Der *rote* Untersatz der Krone stand für das nördliche Unterägypten, der *weiße* Aufbau für das südliche Oberägypten. Die Symbolik der im Norden positionierten Leiblichkeit und der dem Süden zugeordneten Geistseele kehrte auch in den zwei Säulen am Eingang des Tempelgebäudes im Osten wieder. Der Name der einen Säule lautet Boas (hebr. *Boʻaz*), was *mit Kraft* oder *mit Stärke* bedeutet (Beth=Präposition *mit* + Wurzel *Ajin, Waw, Zajin*). Damit sind physische Kraft und Stärke gemeint. Die andere Säule heißt Jachin (hebr. *Jakhin*). Dieses Wort beruht auf einer Wurzel (*Kaph, Waw, Nun*), die Inhalte wie *begründen* und *aufrichten* trägt. Die Säule Jachin, „er hat begründet", wird traditionell mit der geistseelischen Seite assoziiert. Allein bei den Säulen scheinen die Symboliken von Links und Rechts sowie Nord und Süd nicht mehr ganz übereinander zu passen. Denn sofern man die Säulen eher von außen sehen konnte, wenn man auf das Gebäude zukam, wären die Seiten vertauscht gewesen. Zwischen den Broten und dem Leuchter im Bereich des *Qodesch* befand sich der Räucheraltar, auf dem morgens und abends Kräuter verbrannt wurden, immer zwischen Tages- und Nachtzeit (vgl.

Exodus 30:1-8). Der Wechsel von Tag und Nacht gehört zu den wichtigsten Rhythmen des Lebens. Noch heute wird darum nach jüdischem Brauch der Übergang vom Tag zur Nacht und von der Nacht zum Tag im täglichen Gebet intensiv begleitet. Das duftende Räucherwerk der Kräuter ist ein Sinnbild für die Vermittlung zwischen Diesseits und Jenseits – ist sichtbar und spürbar und doch nicht greifbar.

Der letzte Raum, das Allerheiligste (*Qodesch ha-Qodaschim*) befand sich am weitesten im Westen und unterschied sich noch einmal wesentlich von den vier anderen Bereichen. Ihn konnte nur der amtierende Hohepriester (*Kohen ha-Gadol*) betreten und das auch nur einmal im Jahr. Am 10. Tag des 7. Monats, dem Großen Versöhnungstag stand er als Vertreter aller Menschen an der Grenze zwischen dieser und der anderen Welt, zwischen den Sphären des Endlichen und des Unendlichen. Der Hohepriester allein konnte die Grenze überschreiten und lebend wieder zurückkommen, wenn er zuvor geopfert hatte für sich, für das Priesterhaus und für ganz Israel (Leviticus 16). Jenseits des Allerheiligsten im Westen war nichts mehr, auch kein Ausgang.

Weiter geht es nicht – als sei im Westen die Welt zu Ende. Wenn man von Jerusalem Richtung Westen blickt, sieht man in der Tat nicht viel. Der Landstrich zwischen der Stadt und dem Küstenstreifen ist so schmal, daß man schon am Ortsausgang bei günstiger Witterung in der Ferne das Mittelmeer funkeln sieht. Jenseits des Allerheiligsten würde der Ort liegen, an dem alles angefangen hat, der Ort des Ursprungs. An seiner Ostseite waren Engelboten mit ihren Lichtschwertern aufgestellt, damit die Menschen dort nicht so einfach wieder hineingelangen konnten – zum Baum des Lebens (Genesis 3:24). Daß im Westen die Welt zu Ende ist, kursiert als Vorstellung auch an anderen Orten, in anderen Kulturen. Das alte ägyptische Theben ist solch ein Ort. Dort lag dem Bereich der Lebenden auf der Ostseite des Nils die Nekropole von Theben, die Totenstadt am westlichen Nilufer gegenüber. Dorthin brachten die Ägypter ihre Toten, um ihnen von da aus die Reise in eine andere Existenz in einer anderen Welt zu ermöglichen. Wer das berühmte Tal der Könige besuchen will, muß auch heute noch per Boot erstmal den Fluß überqueren. Das Motiv, gen Westen ans Ende der Welt zu gelangen, kehrt auch auf dem berühmten Pilgerweg nach Santiago de Compostela wieder. Dessen spanischer Teil führt über Pamplona, Burgos und León bis Santiago ziemlich direkt von Osten nach Westen. In Santiago de Compostela ist für die meisten heute die Reise zu Ende. Eigentlich geht der Weg aber noch weiter, bis an die westliche Küste Spaniens, bis zu einem Platz, der *Finisterre* heißt: das Ende der Welt. Auch für die Hebräer endete die Welt im Grunde am Meer. Das Meer ist zum Synonym für den weiten Horizont des Westens geworden. Das Wort für Westen und Meer ist im Hebräischen dasselbe: *Jam* (*Jud* 10, *Mem* 40). Es trägt in sich das Verhältnis von eins zu vier auf der Ebene der Zehner. Die Ausrichtung des

Tempels entspricht einer von unserem Verständnis abweichenden räumlichen Struktur, die im Vorderen Orient, aber früher durchaus auch noch in Europa geläufig war. Die Welt der alten Völker stand aus unserer Sicht gesehen auf dem Kopf; denn eine Landkarte wäre da nach Süden ausgerichtet, so daß sich der Norden unten und der Süden oben befindet. Erst so funktioniert überhaupt das Bild von der materiellen Schwere, symbolisiert im Norden, gegenüber der nach oben strebenden Leichtigkeit des Geistes, symbolisiert im Süden. Würden wir eine Menschengestalt in eine solche um 180° gedrehte Karte einzeichnen, stünden seine Füße auf dem Boden der irdischen Tatsachen; und oben, in den geistigen Bereich ragte sein Kopf. Die symbolische Landkarte stellt aber neben der räumlichen Struktur auch einen Zusammenhang zwischen Richtung und Zeit her, und zwar auf der Achse zwischen Ost und West. Insgesamt bildet sie also die *Raumzeit* ab. Der Osten, im Hebräischen *Mizrach*, befindet sich da, wo alles herkommt; er steht für die Vergangenheit. Die Zukunft aber liegt im Westen. Wie dem Norden und dem Süden mit Rot und Weiß Farben zugeordnet werden können, sind auch Osten und Westen farblich codiert. Der Osten, die Vergangenheit ist gelb; und der Westen, die Zukunft ist blau (vgl. F. Weinreb, Rolle Esther, 133f.). Eine Begründung für die Entstehung dieser Symbolik zu finden, dürfte nicht allzu schwer sein. Von Israel aus gesehen östlich liegt ein riesiges Wüstengebiet, in dem sich heute einige arabische Staaten ausbreiten. Sein Grundton ist bräunlich gelb. Und im Westen wogt blau das Mittelmeer vor der Küste Israels. Mit der Zeit aber ist es im Hebräischen so eine Sache. Ein Ausdruck für *ferne Zukunft* lautet: *acharith ha-jamim*. So heißt das berühmte biblische „Ende der Tage". Der Tag *jom* (Jud 10, Waw 6, Mem 40), der in seiner Mehrzahl, *jamim*, auch ein Synonym für viele Jahre, ja für die Zeit überhaupt sein kann, besteht nahezu aus denselben Zeichen wie der Westen und das Meer. In *acharith*, dem Ende wurzelt zugleich die Bedeutung von *hinten*. *Achor* heißt *hinten*; das heißt, wenn einer in die Zukunft schaut, schaut er auch nach hinten (vgl. Jeremia 29:10-14). Und wenn der Mensch den Tempel in Richtung Osten wieder verließ und in den Lebensalltag zurückkehrte, dann ging er sozusagen „zurück in die Zukunft". Denn Vergangenheit und Zukunft haben einen gemeinsamen Fluchtpunkt im Ursprung. Wollte der Mensch in dieser Welt aber weiter Richtung Westen kommen, würde er nur ins Wasser fallen, muß er doch weiter auf der Zeitlinie schwimmen. In diesem Leben folgt auf den siebten Tag eben immer nur wieder ein erster.

Im letzten Raum des Heiligtums befand sich die Bundeslade. In der Zeit des ersten Tempels beherbergte sie noch die zwei Schrifttafeln mit den Zehn Worten. Nachdem die Babylonier unter König Nebukadnezar II. den judäischen Kleinstaat erobert und seine Oberschicht in ihr Land verschleppt hatten (586 v.d.Z), konnten sich die Judäer zwar langfristig gesehen ganz anders etablieren als ihre unglücklichen Brüder aus dem Norden. Dennoch waren die Wochen der Belagerung der Stadt und ihre Zerstörung eine Katastrophe für die Bevölkerung. Das kleine Buch der *Klagelieder* ist noch unter dem Eindruck dieser Ereignisse geschrieben und ruft die beklemmenden Erinnerungen wieder wach. Während dieser Kämpfe ging die Bundeslade samt den Schrifttafeln verloren. Daß die Judäer in Babylonien ihre Tradition auch ohne Tempel zu pflegen lernten, war ein wichtiger Schritt in der Entwicklung ihrer zunächst ortsgebundenen Spiritualität zum Judentum als einer Universalreligion. Als die Perser das babylonische Reich niederzwangen und ihr König Kyros den Nachfahren der Exilanten erlaubte, wieder in ihrer früheren Heimat zu siedeln (538 v.d.Z.), war die Zahl derer, die das Angebot annahmen, denkbar gering. Die Möglichkeit der Rückkehr wurde vom zweiten Autoren des Jesaja-Buches (Jesaja 40-55) angekündigt und als Erlösung gefeiert (Jesaja 44:24-45:7). Die Bücher Esra und Nehemia erzählen, wie die relativ kleine Schar von Siedlern das Vorhaben dann in die Realität umsetzte. Die meisten ehemaligen Judäer dagegen hatten sich längst im Zweistromland gut eingerichtet – materiell und kulturell – und wollten dort auch bleiben. Denen, die in das Land ihrer Herkunft zurückgingen, gelang es, einen neuen Tempel zu errichten. Um 515 v.d.Z. war er fertig. Seine Bundeslade aber war bereits leer.

Auf lange Sicht wurde die Lage für die jüdischen Bewohner in diesem Gebiet jedoch nicht besser. Einmal mehr wurde ihr Land besetzt, von Alexander dem Großen (334 v.d.Z), der allerdings nicht lange genug regierte, um sein zusammenerobertes Riesenreich auch zu sichern. Bald geriet Judäa zwischen die Fronten im Streit seiner Nachfolger um die Aufteilung des hellenistischen Reiches. Die Seleukiden setzten sich gegen die Ptolomäer durch; und unter ihnen wurde es erst richtig ungemütlich für die Juden. Der Aufstand der Makkabäer machte die Zweckentfremdung des Tempels zu einem Haus des Zeus noch einmal rückgängig. Von den Kämpfen wird in den Makkabäer-Büchern ausführlich erzählt. Diese beiden, nach den Aufständischen benannten Schriften gehören nicht mehr zum Kanon der Hebräischen Bibel, wurden aber in den umfangreicheren Bestand der christlich-katholischen Bibel aufgenommen. In Folge des Aufstands gab es mit der Dynastie der Hasmonäer noch einmal eine Art jüdisches Königtum für über 200 Jahre (165 v.d.Z.-63 n.d.Z.) Dann kamen die Römer... und mit ihnen brach eine ganz neue Ära auch für die religiöse Weltgeschichte an. Die Anhängerschar des Jesus von Nazareth war nur eine von vielen jüdischen Gruppierungen, die sich mehr oder minder offen gegen die römische Fremdbeherrschung ihres Landes stellten. Im Neuen Testament geben die Jesus-Nachfolger ihre Sicht auf eine Zeitgeschichte wider, die für die jüdische Bevölkerung erneut in eine Katastrophe führte. Nach makkabäischem Vorbild hatten sich die strengsten religiösen Eiferer entschlossen, die römische Herrschaft gewaltsam zu bekämpfen. Diesmal aber ging der Aufstand schief und der Tempel erneut verloren

(70 n.d.Z). Nach einer weiteren Welle der Gewalt (110 n.d.Z.) wurden die Juden vorübergehend sogar ganz aus dem Gebiet um Jerusalem verbannt. Die Römer benannten ihr Land nach dem alten Philistervolk in „Palästina" um; und aus Jerusalem wurde „Aelia Capitolina". Das klingt schon nach Kapitulation, hat aber tatsächlich viel mehr mit dem Capitol, einem der legendären sieben Hügel Roms zu tun, wo vor allem der höchste Reichsgott Jupiter verehrt wurde – die römische Entsprechung des Zeus. Das sollte nun auch in Aelia Capitolina so sein, natürlich auf dem Gelände des ehemaligen Tempels.

Nun ist wieder die Frage, ob man selbst in dieser katastrophalen Ereigniskette einen symbolischen und damit fürs Leben dauerhaften Sinn finden kann, nachdem der Ort Jerusalem schon seit so langer Zeit mit so viel Bedeutung aufgeladen ist. Versuche dazu gibt es, zum Beispiel in der Vorstellung von den vier Verbannungen (vgl. F. Weinreb, Rolle Esther, 55f.; vgl. Bin Gorion, Sagen der Juden, 486f.). Demnach liegen zwei dieser Verbannungen noch in der biblischen Zeit. Die erste begann mit der Zerstörung des ersten Tempels durch die Babylonier (587/86 v.d.Z.). Sie heißt dementsprechend Verbannung Babyloniens, *Galuth Bavel*. In die Ära der zweiten Verbannung fallen seltsamerweise die von den Persern genehmigte Rückkehr der Exilantennachfahren und der Bau des zweiten Tempels. Diese heißt Verbannung von Persien und Medien, *Galuth Paras u-Madaj*. Die Entweihung dieses Tempels (169 v.d.Z.) unter den Griechen und seine Wiedereinweihung nach dem Aufstand der Makkabäer (165 v.d.Z.) wird als dritte Verbannung gezählt und nennt sich Verbannung von Griechenland, *Galuth Jawan*. Die vierte begann mit der Zerstörung des zweiten Tempels durch die Römer (70 n.d.Z.) und dauert theoretisch bis heute an. Das ist die Verbannung von Rom, *Galuth Edom*. Ja, Edom ist tatsächlich Rom. Die Qualität von Esau wurde im Laufe der Zeit auf das Römische Imperium und dann auf die Kirche übertragen, die im 4. Jh.n.d.Z. das schon brüchige Riesenreich beerbte. Die Möglichkeiten einer Versöhnung zwischen Jacob und Esau können inzwischen also auch in einem christlich-jüdischen Dialog ausgelotet werden. Entsprechend dieser Einteilung kann mit der *Galuth* nicht bloß die Vertreibung aus dem Land Israel oder Vertreibung überhaupt gemeint sein. Sie beruht vielmehr auf der Vorstellung, daß wir schon seit der Zerstörung des ersten Tempels in der *Galuth* leben, und zwar weil schon da eine ursprünglichere Weltordnung für immer verlorengegangen ist.

Die Wirklichkeit ist ein Gewebe aus physischer Umwelt und geistiger Ordnung. Die schrittweise Bewegung der biblischen Geschichte über mehrere Bedeutungsräume hin zu dem weitgehend entmythologisierten Raum unserer Erfahrungswelt findet in den vier Verbannungen ihre Fortsetzung. Auch sie bilden mehrere Zäsuren, die nun zum Teil schon außerhalb des biblischen Kontextes liegen. In den Anfängen gab es das Zelt der Begegnung und die Steinplatten mit den Zehn Worten. Später hatten die

Menschen den Tempel als Begegnungsstätte zur Verfügung, der die Bundeslade und die Tafeln beherbergte. Dann konnten sie sich den Tempel noch einmal zurückerobern; beschriftete Steinplatten gab es da schon nicht mehr. Und dann hatten sie nicht einmal mehr das. Danach aber stand das Gebäude aus kosmischer Ordnung und praktischen Lebensregeln fest genug, um solcher Mittel nicht mehr zu bedürfen. Von der Zerstörung des ersten Tempels an durchliefen die Menschen einen Prozeß der zunehmenden Ablösung von materiellen Werkzeugen der Spiritualität, an dessen Ende ihnen nur noch das blieb, womit die gesamte Welt erschaffen worden war: das Wort.

Rein oder nicht rein, das ist hier die Frage

Wenn wir uns das Leben auf der Zeitlinie auch als einen Flußlauf vorstellen, dann benutzen wir ein im Grunde sehr altes Bild. Die Entsprechung von Wasser und Zeit gibt es bereits sehr lange im Gedächtnis der Menschheit. Und wir kennen auch schon den Buchstaben, der ihr im hebräischen Alphabet Ausdruck verleiht: das mit dem Wasser, *majim*, verwandte *Mem*. Wenn wir uns dieses Bild vom Leben als Fluß vor dem geistigen Auge noch etwas weiter sich ausgestalten lassen, ahnen wir auch, daß ihm sein Flußbett manchmal zu eng wird. Dann tritt der Strom über die Ufer, und das Wasser sucht sich, frei im Land auszubreiten. Und dann ist es gut, wenn es eine weite, unbefestigte Aue vorfindet; sonst reißt es nieder und zerstört. Das geschieht nicht allzu oft, und es geschieht nur wenigen. Die meisten Menschen brauchen für die Ordnung in ihrem Leben wie für ihre religiöse Praxis feste Kanäle, die ihnen einen einigermaßen sicheren Lauf des Lebensstroms durch die Lande ermöglichen und die Stromschnellen einschneidender Erfahrungen auffangen. Genau das garantierte der Dienst am Heiligtum. In einem System fester Zeiten, auf die sich die Leute innerlich einstellen konnten, gab er ihnen Halt – spirituell wie existentiell. Aaron und seine Söhne im Priesteramt sorgten für Struktur in der Zeit. Um den Bauplan für den Ort der Begegnung zwischen Gott und Mensch realisieren zu können, waren Spezialisten gefragt. Zum Leiter des Projektes, der die Arbeiten all der Fachkräfte koordinieren sollte, wurde Bezalel aus dem Stamm Juda berufen, auf dessen Territorium später auch der feste Tempel seinen Platz fand. Ihm wurde mit Oholi'av aus dem Stamm Dan ein zweiter Manager zur Seite gestellt (Exodus 35:30-36:2). Aufgabe des Führungsduos war es, die Kreativität und das Geschick der Schmiede, Weber, Schreiner und aller sonstigen Handwerksmeister in die richtigen Bahnen zu lenken. Das brachte Struktur in den Raum der israelitischen Lebenswelt. Institutionalisierung und spontaner Ausdruck sind die zwei Pole, zwischen denen sich die Religiosität immer bewegt, unabhängig von ihren konkreten Erfahrungsinhalten. Die festen Formen geben dem Gemeinschaftsleben Dauer und Bestand, würden allein aber zur leeren Hülle erstarren. Ein- und Ausdruck individueller Erfahrung verleihen der Tradition Lebendigkeit, würden sie allein aber in unzählige Einzelperspektiven zerfallen lassen. Erst beide zusammen ermöglichen einen dauerhaften, lebendigen Prozeß spirituell fundierten Lebens.

Einen Einblick in die Opferriten, wie sie am Heiligtum praktiziert wurden, gibt uns die Thora im dritten Buch Moses. Dort wird ihren Regeln viel Raum gegeben. Der lateinische Name dieses Buches ist entlehnt vom Stamm Levi, auf dessen Schultern der Tempeldienst lag: Leviticus. Im Hebräischen heißt es nach dem ersten markanten Wort in seinem ersten Satz *Wajiqra*, „er rief". Und zwar rief Gott Moses zum Zelt der

Begegnung, um mit ihm die Opferordnung zu besprechen. Vieles von dem, was das Buch Leviticus beschreibt, wird so nicht mehr praktiziert, seit es kein Heiligtum mehr gibt. Warum legen wir es also nicht einfach beiseite und überlassen die Beschäftigung damit den akademischen Bibelexperten und Historikern? Weil dieses Wissen aus ähnlichen Gründen bewahrt werden muß wie die Informationen über das Heiligtum selbst. Ohne Leviticus würde nicht nur der Bibel ein Stück fehlen; die symbolische Struktur der Welt wäre unvollständig formuliert. Darum werden wir uns zumindest beispielhaft seinen zum Teil schwer verdaulichen Inhalten widmen. Wir wollen die Notwendigkeit, eine Auswahl treffen zu müssen, aber nicht nutzen, um uns vor den schwierigeren Passagen zu drücken. Gerade dort werden wir einige struktuell interessante Entdeckungen machen. Das Buch Leviticus verrät sich schnell als eigener Überlieferungszweig mit eigenen didaktischen Zielen. Das Erzählen ist nicht gerade seine Stärke, dafür wartet es mit einer Menge Vorschriften auf, nicht nur für die Amtsführung der Priester, sondern für die gesamte Gemeinde. Da gibt es Regeln fürs Essen, für die Hygiene, für den Umgang mit ansteckender Krankheit, aber auch Regeln für ein Zusammenleben mit ethischem Anspruch. Die neben dem „Höre Israel" (Deuteron. 6:4) wohl berühmteste Aussage des gesamten Pentateuch steht genau hier: „Liebe deinen Nächsten, er ist wie du" (Leviticus 19:18); und nur ein paar Sätze weiter, bezogen auf den Fremden im Lande heißt es sinngemäß: Respektiert auch den Ausländer in eurem Lande; denn in Ägypten wart ihr selber Fremde (Leviticus 19:33f.). Wie aber paßt das alles in einer Schrift zusammen? Es paßt unter einem Leitgedanken, den Leviticus selbst liefert: „Ihr sollt heilig sein, denn ich bin heilig, JHWH, euer Gott" (Leviticus 19:2; vgl. ebd. 11:44f.). Und das führt uns auch auf die Spur ihrer anhaltenden Aktualität.

Was heißt denn überhaupt *qadosch*, „heilig sein"? Um den Sinn für die Bedeutung von Worten zu schärfen, ist es mitunter hilfreich, Gegensatzpaare zu bilden. Das deutsche Wort *heilig* geht auf die Wurzel *heil* zurück, was mit *unversehrt* und *nicht defekt* umschrieben werden kann. Im Hebräischen ist *nicht defekt* und damit *vollkommen* sein – wie wir vom Namen der Stadt Jerusalem schon wissen – *schalem*, woraus auch das Wort für Frieden, *Schalom*, gebildet wird. Im Deutschen ist das Heilige etwas Unversehrtes und Unversehrbares, das in die Welt hineinwirkt, von ihren Verhältnissen aber nicht tangiert wird und das als solches zum Objekt religiöser Verehrung wird. Das *Heil* hat zum Gegensatz das *Unheil*. Überhaupt scheint dieses Wort nicht mehr ohne einen gewissen Beigeschmack benutzbar, seitdem einmal so viele in diesem Sprachraum „Heil!" riefen und dann das Unheil kam. Der Grund, warum es nicht die gleichen Assoziationen weckt wie sein hebräisches Pendant, besteht aber allein in dem etymologisch bedingten negativen Gegenüber zum Heil und zum Heiligen: Es ist gewissermaßen etwas *Heilloses* und *Unheiliges*. Das ist im Hebräischen ganz anders. Denn das Gegenüber zu *qadosch* lautet *chol*, was mit *profan* oder *alltäglich* übersetzt werden kann. In diesem Gegensatz werden die Qualitäten von Zeiten und Räumen charakterisiert – nur charakterisiert, nicht bewertet. Denn sie haben ihre je eigene Notwendigkeit. So stehen dem heiligen Schabbat die sechs normalen Arbeitstage gegenüber. Und gegenüber dem Heiligtum befand sich das Lager der Israeliten, das heißt der menschliche Lebensraum. Das Heiligtum in Jerusalem, das *Beith ha-Miqdasch* ist schon namentlich als besonderer Raum gegenüber der Sphäre des menschlichen Lebensalltags ausgewiesen, sofern *Miqdasch* auf die gleiche Wurzel wie *qadosch*, heilig (*Qoph, Daleth, Schin*) zurückgeht. In der von Doppelheiten geprägten Welt gibt es damit eine weitere Grunddualität, die für den Menschen ebenso wesentlich ist, wie die Kontraste zwischen Tag und Nacht, Wachen und Schlafen und die anderen saisonalen Rhythmen. Diesen Gegensatz einebnen zu wollen, würde nach biblischem Verständnis dem Menschen ebenso schaden, wie wenn er zu lange im Dunkeln sitzt oder zu wenig schläft. Viele Anweisungen in der Thora sind ohne das komplementäre Wirken von *heilig* und *profan* kaum zu verstehen. An der Grenzlinie zwischen heilig und profan standen die Priester, um die Energien zu kanalisieren, damit diese das Leben gestalten halfen und es nicht zerstörten. Es sei noch einmal betont, daß der Gegensatz zwischen heilig und profan nicht bedeutet, das eine sei höher oder geringer als das andere zu schätzen. Das Heilige kann auch monströse Wirkung zeigen; umgekehrt hat auch das Profane seinen Wert und seine Würde. Nur wo die Grenze zwischen beidem nicht gewahrt bleibt, wird es gefährlich.

Ja, auch dem Heiligen wohnt eine zerstörerische Kraft inne. Gleich nach der feierlichen Ordination der Priester am frisch aufgebauten Stiftszelt (vgl. Exodus 29; 40; Leviticus 8) gibt die Bibel ein drastisches Beispiel. Die Einweihungsfeiern hatten sieben Tage gedauert. Am *achten* Tag konnte das Heiligtum in Dienst genommen werden. Am Achten stand die Verbindung zwischen den Welten, und das erste reguläre Opferritual wurde vor den Augen der staunenden Menge zelebriert (Leviticus 9). Noch am selben Tag aber passierte auch der erste schwere Arbeitsunfall (Leviticus 10:1-5). Die beiden älteren Söhne Aarons, die noch mit ihrem Vater und den siebzig Ältesten an der Zeremonie des Bundesschlusses auf dem Berg Sinai teilgenommen hatten, gingen mit ihren Gerätschaften ins Heiligtum. Bei dem Versuch, ein Räucheropfer vor *JHWH* anzurichten, fingen Nadab und Abihu selbst Feuer und verbrannten bei lebendigem Leibe. Als Grund dafür gibt der Text an: „Sie haben ein fremdes Feuer vor *JHWH* gebracht". Aaron war so erschüttert, daß es ihm die Sprache verschlug und er es Moses überließ, mit der Situation fertig zu werden. Der schickte Aarons Neffen, Mischael und Eltzafan, hinein, um die beiden mit ihren Gewändern herauszuholen und außerhalb des Lagers zu bringen. Was ist da nur passiert? Wie ist das zu verstehen?

Eine Möglichkeit wäre, eine Verbindung zu dem kurz danach erwähnten Alkoholverbot herzustellen, das die Priester während der Arbeitszeit einzuhalten hatten. Solche Kommentare, die wieder mit der Nähe der Textabschnitte zueinander argumentieren, unterstellen Nadab und Abihu, sie wären angetrunken ins Heiligtum gegangen (Leviticus 10:9). Die Verletzung von Arbeitsschutzbestimmungen allein erklärt aber noch nicht, was es mit dem „fremden Feuer vor *JHWH*" auf sich hat, „das er ihnen nicht geboten hatte" (Leviticus 10:1). Interessant ist, daß die beiden Männer „mit ihren Gewändern" nach draußen getragen wurden. Das heißt, man konnte sie noch an ihrer Kleidung packen und anheben. Waren sie also doch nicht wortwörtlich bei lebendigem Leibe verbrannt? Was war an ihrem Feuer so fremd und anders? Mit Sicherheit hatten sie ohne Rücksprache mit Moses oder Aaron das Gelände des Stiftszeltes betreten; die hätten den Unfall garantiert verhindert. Deshalb wird den Brüdern in Diskussionen um die Passage auch mitunter ein Autoritätsproblem unterstellt. Im Text steht ja über das fremde Feuer nur, daß *er* es ihnen nicht geboten hatte; das konnte Moses, Aaron oder Gott selber sein. Fiel es ihnen schwer, den Anweisungen ihres Vaters und seines Bruders zu gehorchen? An dieser Stelle erwähnt die Thora so etwas jedenfalls nicht, obwohl sie Autoritätsfragen in anderen Kontexten deutlich thematisiert – schwerpunktmäßig, wie wir noch sehen werden, im vierten Buch Moses. Leviticus konzentriert sich viel mehr darauf, wie sehr es im Umgang mit dem Heiligen drauf ankommt, wann und wo was stattfindet. Nach diesem Schema ist es wahrscheinlicher, daß Nadab und Abihu zur Unzeit an den Altar getreten waren. Rein physikalisch betrachtet, war es natürlich das gleiche Feuer, das man auch sonst dort nutzte und das man überall auf der Welt entfachen kann. Fremd wurde es erst *durch den Moment*, in dem sie es entzündeten. Und zur Unzeit kamen sie ja vielleicht, weil sie nicht warten konnten, in der Nähe Gottes zu sein (vgl. Etz Hayim, 633). Auf eine solche Interpretation läßt jedenfalls die Bedeutung ihrer Namen schließen und der Tag, an dem der Unfall geschah. Die Wurzel von *Nadav* (*Nun* 50, *Daleth* 4, *Beth* 2) hat mit Freiwilligkeit und Hingabe zu tun. *Nadiv* ist freiwillig; und jeder Mensch, der etwa ein freiwilliges soziales Jahr macht oder sonst etwas ehrenamtlich tut, ist ein *mithnadev*. *Avihu* wiederum setzt sich aus Vater, *av* (*Aleph*, *Beth*), und der Partikel *i* (*Jud*) zusammen, was dann „mein Vater" heißt; und daran hängt noch das Suffix *hu* (*Heh*, *Waw*), was den Ausdruck erweitert zu: „er ist mein Vater". Mit dem Er ist in solchen Namenskombinationen in der Regel Gott gemeint. Und Moses hatte auch noch eine Botschaft des *einen* Gottes für seinen schockierten Bruder, die da lautete: „Ich erweise mich heilig in denen, die mir nahe sind, und zeige meine Herrlichkeit vor dem gesamten Volk" (Leviticus 10:3). Das Motiv für den eigenmächtigen Annäherungsversuch der Brüder muß also nicht Ungehorsam oder Nachlässigkeit gewesen sein. Vielleicht war es ja Hingabe. Auch weil der Unfall am *achten* Tag nach Beginn der Einweihungszeremonien geschah, ist es gut möglich, daß die beiden den Kontakt mit der Energie Gottes gesucht haben – unmittelbar und sofort. Menschen mit solchem an Selbstaufgabe grenzenden Einsatz hat es in verschiedenen Religionen immer wieder gegeben; Leute, die viel lieber in der Nähe Gottes verbrennen wollten, als auch nur einen Moment länger in der stumpfen Ablenkung des Alltags zu bleiben. Wenn überhaupt bleiben, dann mußte auch der Alltag in dieser Liebe zwischen menschlichem Ich und ewigem Du glühen. Solche Menschen wurden Religionsstifter oder große Mystiker oder aber waren zu nichts mehr zu gebrauchen. Das Heilige kann auch zerstören.

Doch fangen wir noch einmal von vorn an. Ohne feierliche Vorreden steigt das dritte Buch unmittelbar in die Beschreibung der mit verschiedenen Arten von Tieren vollzogenen Opferhandlungen ein. Solange es das Heiligtum in der Welt gab, war es geboten, stets das Beste vom Leib zu Gott zu bringen; und das ist das Fett. Das Fett ist ein Symbol für das Verführerische am Körperlichen überhaupt, nicht bloß, weil es ein hervorragender Geschmacksträger ist. Um es bilden zu können, muß ein Organismus gut ernährt und entwickelt sein. Ob man jetzt an schön durchtrainierte Muskeln denkt, denen die Eiweißzufuhr gut tut, oder an einen Speckbauch, der schon auf ein Zuviel hinweist – symbolisch geht es prinzipiell um die fesselnde Wirkung des Materiellen. Das ist ablesbar an der Struktur des Wortes für Fett, *chelev* (*Cheth* 8, *Lamed* 30, *Beth* 2). Seine Konsonanten haben in der Summe den Wert 40 und verweisen damit auf das körper- und zeitgebundene Leben. Nicht wegen seines Kalorienreichtums, sondern wegen dieses Zusammenhangs verbietet die Thora, das pure Fett zu verspeisen (Leviticus 3:17; 7:23-27). Dieses Verbot wird oft in einem Atemzug mit dem Verbot des Blutgenusses genannt. Das Fett zu verwenden, sollte der Opferhandlung vorbehalten sein. In diesen Themenkreis gehört die bis heute im Judentum praktizierte Trennung von Milch- und Fleischprodukten. Sie hat ihren Ursprung in einem mehrfach wiederholten Satz, der in der Regel in keinem direkten inhaltlichen Zusammenhang zu den umliegenden Versen steht (vgl. bspw. Exodus 23:19; Deuteron. 14:21): „Du sollst ein Ziegenjunges nicht in der Milch seines Muttertieres kochen". Auf diesen einen Satz gehen all die im Laufe der Zeit immer weiter ausgefeilten Regeln zum Vermeiden der Mischung fleischiger und milchiger Speisen zurück. Tieferer Sinn dieser Praxis ist, daß das Kochen des Jungen in der Milch des Muttertiers für den abgeschlossenen Kreislauf des Lebens im Materiellen steht. Das hebräische Wort für *Milch* ist unvokalisiert identisch mit dem für Fett: Das Fett heißt *chelev* und die Milch *chalav*. Da die Konsonanten dieselben sind, ist auch der Gesamtwert der Milch 40. Die Milch vom Fleisch fernzuhalten, heißt dann auch, diesen geschlossenen Kreis bewußt zu durchbrechen. Bei den Opferriten wurden bevorzugt das Fett benutzt, das die Eingeweide umgibt und die Eingeweide selbst. Das Fleisch gehörte – außer beim Ganzbrandopfer (*'olah*) – meist nicht mit auf den Altar, sondern wurde extra verbrannt oder feierlich verzehrt. Das ist Vergangenheit. Geblieben aber ist die Richtlinie, daß jedes für den eigenen Verbrauch gedachte Fleisch von einem ordentlich geschächteten Tier stammen muß, um den Verzehr des Blutes zu meiden (vgl. Genesis 9:4; Leviticus 17:10-12; Deuteron. 12:23-27). Im Tempelritus wurde das Blut der seelischen Seite übergeben, indem es bei der Schlachtung auf der Nordseite aufgefangen und im Ablauf der Opferhandlung an den Altar auf der Südseite gegossen wurde.

Sich Gott zu nähern und den Kreislauf der Befangenheit im Materiellen zu durchbrechen, das ist der Sinn des Wortes *qorban*. *Qorban* heißt nicht einfach Opfer, sondern *Annäherung*. Und *qarav*, das von derselben Wurzel (*Qoph, Resch, Beth*) gebildete Verb, heißt eben genau *sich nähern, nahe kommen*. Als adäquates *qorban* konnte nur ein gutes und gesundes Tier dienen. Der Prophet Maleachi kritisierte noch in der Zeit des nach dem babylonischen Exil wiedererrichteten Tempels, daß die Gemeinde es damit nicht gerade ernst meinte. Oft landete das auf dem Altar, was die Bauern ohnehin weggeworfen hätten. Maleachi zürnt im Namen des *einen* Gottes und behauptet, daß unter den Völkern in dieser Hinsicht mehr Ehrerbietung zu beobachten sei als in den eigenen Reihen (Maleachi 1:6-14). Nur das Fehlerhafte zu opfern, kann im übertragenen Sinne heißen, daß jemand sich an Gott nur dann wendet, wenn er krank, gebrechlich und benachteiligt ist. Wenn ihm aber die Welt alles bietet, was sein Auskommen sichert, dann fühlt er sich nicht mehr angewiesen auf den Kontakt mit dem transzendenten Gegenüber. Das Beste in den Tempel bringen bedeutet dann, das Beste seiner Existenz mit Gott zu verbinden und auch seinen Erfolg mit ihm in Dankbarkeit zu teilen. Wenn einer sein Opfertier in den Tempel brachte, kam er damit in den dritten Hof. Dort band der Priester mit den vier Gliedmaßen des Tieres zugleich die Vier zur Eins. Die hebräische Bezeichnung für den Priester, *Kohen*, ist zusammengesetzt aus *Kaph* (20), *Heh* (5), *Nun* (50). Hier steht also die Zwanzig, die Zwei auf der prozeßhaften Zehnerebene, in einer Reihe mit Fünfen auf der Ebene der Einer und Zehner, welche die raumzeitlichen Verhältnisse transzendieren. Wenn der Kohen das Tier schlachtete, durchschnitt er den Kreislauf des irdischen Lebens, um den Übergang in eine Existenz vorabzubilden, in der es keinen Überlebenskampf mehr gibt. Das Priesteramt war zum Teil mit körperlich schwerer Arbeit verbunden. Das Opfern von Tieren samt ausgewachsenen Stieren nahm den ganzen Mann in Anspruch. Die Priester mußten sie alle selbst schlachten. Sie konnten kein Subunternehmen damit beauftragen und sich selbst aufs Beten zurückziehen. Das dürfte zumindest ein praktischer Grund dafür gewesen sein, warum Männer aus dem

Priestergeschlecht mit einer körperlichen Behinderung den Dienst nicht leisten durften. Immerhin konnten sie von den Gaben mit allen andern Priestern zusammen essen und wurden wie sie aus den gleichen Mitteln versorgt. Ihren Status als Priester konnten sie nicht verlieren (Leviticus 21:17-23).

Den Reigen der einzelnen Opferformen, die Leviticus beschreibt, eröffnet das Ganzbrandopfer: die 'olah; wörtlich übersetzt heißt das *Aufstieg*. Der Grund ist, hier sollte das Opfertier komplett verbrannt werden und in Rauch aufgehen. In der griechischen Bibelübersetzung steht an Stelle von 'olah der Begriff *holokauston*. Das ist die Quelle der inzwischen gängigsten Bezeichnung für jene große Katastrophe, in der unter dem Nazi-Regime von Deutschland (1933-1945 n.d.Z) ein Drittel der jüdischen Weltbevölkerung vernichtet wurde. Ob der Begriff zur Umschreibung für den Massenmord von Menschen an Menschen taugt, ist durchaus fraglich. Wer auf Hebräisch über den Holocaust spricht, benutzt ein anderes Wort: *ha-Schoah*. Das heißt einfach nur „die Katastrophe". Und genau das war es ja auch, eine einzige Katastrophe. Nur, seit Marvin Chomsky seine Filmserie „Holocaust" (1978) nannte, war die Verbindung zu den israelitischen Riten des Altertums unwiderruflich hergestellt. Vielleicht sollte es ja so sein, um an die Zerbrechlichkeit aller humanistischen Errungenschaften zu erinnern. So archaisch die Opferordnung inzwischen wirken mag, seinerzeit war sie revolutionär. Die Einsicht, daß sich keiner das Wohlwollen Gottes durch Menschenopfer verdienen kann, legte einen langen Weg im Bewußtsein der Menschheit zurück. Der Prophet Jeremia beklagte noch im 6. Jh.v.d.Z., daß die judäische Bevölkerung nach wie vor ihre eigenen Kinder verbrannte, um den Hunger des Baal und des Moloch zu stillen, und das gleich beim Tempel um die Ecke. Das Tal, in dem das stattfand, wurde zur Chiffre für die Hölle auf Erden. Im Tal *Gei Ben Hinom* liegt der Ursprung des berühmten Gehenna (vgl. Jeremia 7:30-34; 19:5-7; 32:34f.). Auf einzelne Opferarten werden wir später in diesem Kapitel zurückkommen. Hier sei zunächst noch einmal darauf hingewiesen, daß die Opferpraxis nicht nur über die Thora-Lesung in Erinnerung behalten wird. Sie gab zu einem wesentlichen Anteil auch die Struktur des Gemeindegebets in der Synagoge vor. An der Gebetsordnung kann man noch immer erkennen, wann welche Art von Opfer stattfand. So finden zum Beispiel das Ganzbrandopfer (*'olah*) morgens und abends und das Speiseopfer aus Mehl, Öl und Weihrauch (*minkhah*) am Nachmittag ihre Entsprechung in Gebeten zu eben diesen Zeiten. Weitere Gebetsabschnitte kommen hinzu, wo zu Ehren des Schabbat und der hohen Feiertage am späten Vormittag zusätzliche Opfer (*musaph*) vorgesehen waren. Auch der höchste Feiertag, der Große Versöhnungstag wurde in einen entsprechenden Gottesdienst umgestaltet, der sich schon in der Länge von allen anderen unterscheidet. Er dauert einen ganzen Tag.

Der Jom Kippur war der einzige Tag, an dem der amtierende Hohepriester als Vertreter aller Menschen das Allerheiligste des Tempels betreten durfte – den Bereich, an dem die Einheit so gegenwärtig war wie sonst an keinem Ort auf der Welt. Die Zeit, in der sich die Versöhnung verwirklichen soll, gestaltet der synagogale Gottesdienst in einer dramatischen, noch in diesem Abbild auch emotional beeindruckenden Choreographie aus Rezitationen, Gebeten und Gebärden nach. Von den Bräuchen des Großen Versöhnungstages blieb auch erhalten, ihn als einen Fasttag zu begehen (Leviticus 16:29). Das bedeutet für jeden gesunden Erwachsenen, vom Beginn bis zu seinem Ende, also von Sonnenuntergang bis Sonnenuntergang nichts zu essen und nichts zu trinken. Jom Kippur heißt wörtlich *Tag der Bedeckung*. Dahinter steht die Vorstellung, daß die Untaten und Verwerfungen der Menschen von Gott selbst zugedeckt werden. Zugedeckt, oder im Bild des Propheten Micha gesprochen, in die Tiefen des Meeres geworfen (Micha 7:19), sind sie nicht verschwunden. Sie bleiben im Gedächtnis der Wirklichkeit erhalten. Schließlich haben sie immer auch zu der Situation beigetragen, in der eine Person oder die ganze Gesellschaft momentan steht. Die Taten ganz auszuradieren, würde die Zeitlinie verändern und zu Brüchen im Raum-Zeit-Kontinuum führen. Was aber Gott selbst zudeckt, kann zumindest kein Mensch wieder zum Vorschein bringen.

An die Opfer des Jom Kippur wird nur noch erinnert, ebenso wie an den eigenartigen Brauch, einen Sündenbock in die Wüste zu entsenden, der in die Opferzeremonien eingebunden war. Bevor der Priester diesen Teil des Ritus' durchführte, brachte er einen jungen Stier als Sündopfer (*chatath*) und einen Widder als Brandopfer (*'olah*) in den Altarhof. Dann reinigte er sich und bekleidete sich mit einer komplett weißen Uniform aus Leinen. Die Zeremonie selbst begann damit, daß die Gemeinde zwei Ziegenböcke als Sündopfer (*chatath*) und einen Widder als Ganzbrandopfer (*'olah*) in den Tempel brachte. Danach entsühnte der Hohepriester zunächst mit dem Stier (*chatath*) sich und die Angehörigen des gesamten Priesterhauses (Leviticus 16:2-6). Im Laufe der Entsündungszeremonie wurde dann unter den zwei Ziegenböcken einer ausgelost und damit zum *'Azazel* bestimmt. Das Wort ist im Grunde unübersetzbar, aber die Funktion des *'Azazel* ist klar. Er sollte mit den Sünden der Israeliten beladen in die Wüste geschickt werden. Das zweite Tier blieb im Tempel und landete schließlich als Sündopfer auf dem Altar. Der zum Sündenträger bestimmte Ziegenbock wurde erst nach der komplexen Sündopferzeremonie mit Stier, Ziegenbock und Räucherwerk in die Wüste entlassen. Zuvor stemmte Aaron – in späteren Zeiten der Hohepriester – seine Hände auf dessen Kopf, um die negative Energie symbolisch auf ihn zu übertragen (Leviticus 16:7-22). Die Versöhnung, die Bedeckung der Untaten konnte freilich nicht stattfinden ohne eine innere Umkehr der Gemeinde und der Priester. Das ist auch heute noch so: Am Jom Kippur in der Synagoge zu erscheinen, hat nur Sinn, wenn die vielen kleinen und großen Versöhnungen untereinander bereits vollzogen sind. Von den Sündopfertieren, dem Bock fürs Volk und dem Stier für das Priesterhaus, wurden nur das Blut und das Fett im Ritus verwendet. Die Haut und das Fleisch brachte man außerhalb des Lagers, um sie dort zu verbrennen. Die Männer, die damit betraut waren, die Sündopfertiere wegzubringen und den Sündenbock in die Wüste zu führen, mußten sich danach waschen und ihre Kleider wechseln (Leviticus 16:25-28). Erst dann waren sie wieder *rein* und konnten in die Gemeinde zurückkehren. Auch der Hohepriester legte nach dem Sündopfer die weißen Kleider ab, wusch sich und zog seine normale Dienstkleidung wieder an, ehe er schließlich die Brandopfer fürs Priesterhaus und das Volk darbrachte. Diese paar Details lassen bereits ahnen, daß die Zustände, rein (*tahor*) oder unrein (*tame*) zu sein, neben dem moralischen Aspekt vielmehr eine technische, organisatorische Funktion hatten. Bei der weiteren Besprechung von Regeln nach Leviticus wird sich das um so deutlicher zeigen. Wenn wir sprichwörtlich unliebsame Zeitgenossen am liebsten in die Wüste schicken würden, dann steht das nur noch metaphorisch mit der biblischen Quelle in Verbindung. Zudem hat der Sündenbock inzwischen auf weitere symbolische Abwege geführt, wo immer die eigenen Unzulänglichkeiten nicht mehr auf Tiere, sondern auf Menschen projiziert werden. So war das überhaupt nicht gedacht, sich selbst zu entlasten, indem man andere Menschen verleumdet, mobbt und „in die Wüste" der Verbannung und Verfolgung schickt. Die ursprüngliche Sündenbocksymbolik sah vor, die Verwerfungen aus der Menschheit wegzutragen und nicht noch zu vertiefen.

Mit den Anweisungen für den Ablauf des Jom Kippur endet der Teil des Buches, der sich vor allem an die Priester wandte. Danach geht Leviticus zu den allgemeinen Regeln für die Gemeinschaft über – ebenfalls formuliert im Paradigma von Reinheit und Unreinheit. Auch hier wird erstmal nicht moralisiert; dennoch beinhalten die Bestimmungen nicht allein praktische Ratschläge zur Hygiene. Die Devise ist nicht: „Seid nicht nur sauber, sondern rein". Wenn es überhaupt eine Devise gibt, dann lautet sie: „Ihr sollt heilig sein, denn ich bin heilig, JHWH, euer Gott" (Leviticus 19:2). Auch die Regeln, die nach der letzten Zerstörung des Tempels praktizierbar blieben, wurden und werden als Ausdruck eines geheiligten Lebens verstanden. Die Reinheitsgebote sollen helfen, sich in einer unübersichtlichen Welt zurechtzufinden und ihre Güter mit Bedacht anzufassen. Selbst die Speisegebote, die gewiß auch zu einer bewußten Ernährung anleiten, gehen nicht in ihrem gesundheitlichen Nutzen auf. Was den Fleischgenuß betrifft, lassen sich die reinen und unreinen Tiere (Leviticus 11) in einigen wenigen Grundkategorien zusammenfassen. Landtiere können verzehrt werden, wenn sie wiederkäuen und gespaltene Klauen haben. Das Schwein hat beispielsweise gespaltene Klauen, käut aber nicht wieder. Das Kamel käut wieder, hat aber keine gespaltenen Hufe. Beides kann nicht gegessen werden. Das Rind, das Schaf, die Ziege weisen beide Merkmale auf und sind somit *kascher*, das heißt tauglich. Unter den Meerestieren gelten die als eßbar, die Schuppen und Flossen haben – also klassische Fische. Der Hai dagegen ist glatt wie ein Aal; und der hat wiederum nichtmal Flossen. Beide sind nicht eßbar. Auch Shrimps, Hummer, „Octopussi" und die zahlreichen nicht annähernd fischförmigen Meeresfrüchte sind damit eigentlich out. Bei den Vögeln lassen sich die nicht eßbaren Arten im Wesentlichen auf Raubvögel eingrenzen. Das ist überhaupt ein Schlüssel für die gesamte Einteilung: Raubtiere oder Aasfresser, also Tiere, die vom Fleisch getöteter oder schon tot vorgefundener Tiere leben, sind in der Regel nicht rein. Es heißt, daß sogar ein Mensch, der ein totes oder lebendiges unreines Tier auch nur berührte, selbst unrein wurde (Leviticus 5:2; 11:24-26). Das gleiche galt für den, der einen Menschen im unreinen Zustand anfaßte (vgl. z.B. Leviticus 15 über den Ausfluß), wie auch für den, der einen Fluch abgelassen hatte oder einen unbedachten Schwur. All diese Betroffenen sollten mit einem weiblichen Schaf oder einer weiblichen Ziege in den Tempel kommen, damit der Priester ein Sündopfer vollziehen konnte. Je nach Kassenlage konnten es auch zwei Tauben sein oder ein Zehntel Mehl, wenn es nicht einmal dafür reichte (Leviticus 5:1-13). Hatte jemand einen toten Menschen berührt, gab es nochmal besondere Vorkehrungen, um ihn wieder in den Zustand der Reinheit zurückzuversetzen. Das berichtet allerdings nicht Leviticus, sondern das nächste Buch, Numeri. Bei Kontakt mit einer Leiche mußte sich der Betroffene einer Entsündungsprozedur unterziehen, für die ein spezielles Reinigungswasser benötigt wurde (Numeri 19:11f.). Das Wasser war versetzt mit Asche, die bei der Verbrennung einer Kuh mit rotem Fell gewonnen wurde. In das Feuer wurden mit Zedernholz, Ysop und roter Wolle auch ein paar Ingredienzien getan, die uns bei der Besprechung weiterer Riten aus dem Buch Leviticus wieder begegnen werden. Das Reinigungsritual wurde am dritten und am siebten Tag vollzogen, erst so wurde jemand formell wieder rein (Numeri 19:1-13). Die Priester selbst konnten sich gar nicht leisten, unrein und damit untauglich für den Aufenthalt im heiligen Bereich zu werden. Deshalb durften sie auch keine toten Verwandten berühren oder auch nur an ihrer Beerdigung teilnehmen. Im orthodoxen Milieu haben die Nachfahren der *Kohanim* das bis heute beibehalten. Aufgabe der Priester war es ja, die Verbindung zwischen der körperlichen und der geistseelischen Seite zu festigen. Das ist aber nicht mehr möglich, wo die *Neschamah* nicht mehr anwesend ist. Eine schöne, plausible Begründung und dennoch hart für jeden *Kohen*, dem so der direkte Abschied von einer ihm nahestehenden Person versagt bleibt.

In jeder Kultur bilden jene Stellen besonders sensible Bereiche, an denen das Leben in die Welt kommt und die Welt wieder verläßt. So gab es auch entsprechende Regeln für die Frauen nach der Geburt eines Kindes (Leviticus 12:1-5). Mit der Geburt wurde die Mutter rituell unrein. Es fällt auf und wird zum Teil kritisch diskutiert, daß die Phase der Unreinheit selbst und der Zeitraum, für den sie nach der Geburt des Kindes zu Hause bleiben sollte, unterschiedlich lang sind – je nach dem, ob ein weibliches oder männliches Kind geboren wurde. Bei einem Jungen war die Frau für sieben Tage unrein, beim Mädchen mit vierzehn Tagen aber doppelt so lange. Insgesamt blieb sie bei einem Jungen 33 Tage zu Hause, bei einem Mädchen aber 66. In dem jeweiligen Zeitraum durfte sie vor allem nicht zum Heiligtum kommen. Warum für die Frau, vom Geschlecht des Kindes abhängig, unterschiedliche Rückzugszeiten vorgesehen waren, kann uns die Ordnung des kosmischen männlichen und weiblichen Prinzips erklären helfen. Da steht bekanntlich das Weibliche links zusammen mit der Zwei, das Männliche aber rechts auf der Seite der Eins. Auch die 33, die Drei auf der Einer- und Zehnerebene gehört auf die männliche Seite. Ihre Grundzahl setzt sich aus Zwei und Eins zusammen. Das macht die Drei zum Symbol des einerseits im Materiellen verhafteten Seins, dem andererseits in Verbindung zur Eins die Möglichkeit der geistigen Auseinandersetzung offen steht. Das heißt aber auch, das Männliche kommt nicht im Leben an, wenn es sich nicht materialisiert. Männliche und weibliche Seite müssen zusammenkommen, um vollständige Geschöpfe zu bilden. Im Mann wie in der Frau wirken – wie schon erwähnt – beide Qualitäten, nur in unterschiedlicher Zusammensetzung. Die 66 ist die Verdopplung der 33 und gehört auf die linke Seite. Die 66 spricht von etwas, das sich in sich nicht vollenden kann – wie die sechs Schöpfungstage, die mit der Erschaffung des Menschen noch nicht abgeschlossen waren. Erst der siebte Tag gab dem Menschen auch eine Perspektive über die in sich festgelegten naturgesetzlichen Zusammenhänge hinaus. Die Zwei und ein jedes ihrer Vielfachen hängen symbolisch immer mit der leiblichen Existenz zusammen. Die Schöpfung insgesamt steht unter dem Prinzip der Zwei. Zugleich ist in der weiblichen Zahl 66 auch die 33 enthalten und das Potential des Männlichen angelegt. Man darf sich hier wohl zu Recht an das chinesische Symbol von Yin und Yang erinnert fühlen, in dem die Farbe der einen Qualität immer auch ein Pünktchen der anderen enthält. Die zwei dargestellten Qualitäten entsprechen auch dort dem männlichen (Yang) und weiblichen (Yin) kosmischen Prinzip. Unabhängig von den unterschiedlichen Rückzugszeiten war der Reinigungsritus, mit dem sich die Frau danach in der Gesellschaft zurückmeldete, immer gleich. Sie brachte ein einjähriges männliches Schaf als Ganzbrandopfer (*'olah*) und eine Taube als Sündopfer (*chatath*) in den Tempel. Reichten ihre Mittel nicht für so ein großes Tier, taten es auch zwei Tauben (Leviticus 12:6-8). Natürlich ist es keine Sünde, ein Kind zu bekommen. Was aber passiert bei einer Geburt? Es wird ein Kanal in eine andere Schicht der Wirklichkeit geöffnet, um das neue Leben in die Welt zu lassen. Die Frau gebiert und das ganze Gefüge der Wirklichkeit vollzieht das gewissermaßen mit. Dann schließt sich der Spalt wieder. Danach muß die Frau sich erholen wie eine Verletzte, obwohl es ein ganz natürlicher Vorgang ist. Wo neues Leben in die Welt kommt, entsteht eine wunde Stelle, die wieder geheilt werden muß. In der Zeit des Heiligtums tat man dies mit einem Sündopfer.

Auch die Bestimmungen für den Aussatz an der Haut werden erst vor dem Hintergrund verständlich, daß die Gemeinschaft mit einem Heiligtum zusammen wohnte (Leviticus 15:31). Um welche Krankheit es sich dabei handelte, läßt sich bei einem so großen zeitlichen Abstand nur noch schwer feststellen. Wahrscheinlich war es das, was wir heute unter Lepra verstehen. Denn es wird von einem aggressiv sich ausbreitenden Ausschlag an Haut und Haaren berichtet, der das Leben der Patienten nicht akut gefährdete. In späteren Stadien befällt Lepra das Nervensystem aber immer mehr und es können Gliedmaßen absterben. Diese fallen dann einfach ab, und der Betroffene erleidet schlimme Verstümmelungen und Behinderungen. Selbst wenn diese schweren Symptome noch fehlten, war es für ihn eine Katastrophe. Heute wissen wir, daß Lepra durch Bakterien übertragen wird, und es gibt Mittel zur Behandlung der Krankheit. Damals hatte man all das nicht. Immerhin erkannte man schon, daß sie infektiös ist und sich durch Berührung überträgt. So konnte man den Kranken nur isolieren, um die Gesunden zu schützen, und hoffen, daß sie von allein wieder wegging. Solche Fälle muß es auch gegeben haben, sonst hätte man nicht derart komplexe Rituale zur Wiederaufnahme der Betroffenen in die Gemeinschaft ausgearbeitet (Leviticus 14). Wann dies aber eintrat, war ungewiß. Für die meisten kam der Moment nie. So machten es sich die Priester, hier in ihrer Funktion als Ärzte, auch nicht leicht mit der Diagnose. Akribisch genau wird beschrieben, wie und in welchen zeitlichen Abständen sie die befallenen Stellen am Körper kontrollierten, ehe sie ihr abschließendes Gutachten abgaben (Leviticus 13). Unmenschlich scheint es, wie die Betroffenen leben mußten, wenn sie schließlich positiv getestet waren. Sie mußten sich außerhalb der Siedlungen aufhalten und jedem, der ihnen über den Weg lief, „unrein, unrein!" zurufen – in einem Zustand, in dem sich sonst eher Trauernde zeigten: mit zerrissenem Gewand und die Männer mit verhülltem Bart (Leviticus 13:45f.) – gerade so, als trauerten sie um ihr eigenes, verlorenes Leben. Um so mehr hat es wohl ein jeder als *Erlösung* empfunden und gefeiert, wenn er aus dieser Situation wieder gesund in die Gemeinschaft zurückkehren konnte. Das sieht man dem Wiederaufnahmeritual auch an.

Voraussetzung dafür war, daß der Priester vor Ort außerhalb der Siedlung den Zustand erneut begutachtete und feststellte, daß die betreffende Person wieder gesund ist. Dann kamen diese Utensilien zum Einsatz: i) zwei reine Vögel (*schthej tziporim tehoroth*), ii) Zedernholz (*'etz 'erez*), iii) scharlachfarbene Wolle (*schenj thola'ath*) und iv) Ysop (*'ezov*) (Leviticus 14:4). Der Priester wies an – tat das also nicht selbst –, einen Vogel über einem mit Wasser gefüllten Tongefäß zu schlachten, den zweiten Vogel zusammen mit dem Holz, dem Ysop und der Wolle in das Blut des geschlachteten Vogels zu tauchen und den genesenen Menschen sieben Mal mit dem Blut zu besprengen. Den zweiten Vogel ließ man fliegen. Diese Prozedur erinnert an die Sündenbock-Technik, bei der ebenfalls eine bestimmte Energie auf ein Tier projiziert wurde. Dann wurde es losgelassen, damit es diese Energie mit sich nimmt. Die Zeder ist seit alters ein Symbol für Stärke, Kraft und Beständigkeit, ist ihr Holz doch sehr haltbar und fest. Das hat den stattlichen Wäldern im Nahen Osten über die Jahrhunderte leider mehr geschadet als genutzt. Es wurden inzwischen so viele Bäume gefällt, daß wohl bald nur noch eine Zeder übrig bleiben wird: die in der Flagge vom Staate Libanon. Bei der in Scharlach gefärbten Wolle ist die Farbe das Symbol. Sie ist rot wie der Lebenssaft, das Blut. Und Ysop ist eine Heilpflanze mit kleinen, blauen Blüten, die noch heute bei Beschwerden der Luftwege und bei Problemen im Verdauungssystem Anwendung findet. Es sind also verschiedene Medien, die von der in den Körper zurückgekehrten Gesundheit zeugen: die Bewegung des Vogels weg vom Ort des Geschehens, das beständige hölzerne Material, die Farbsymbolik des Scharlach und die Heilkraft der Kräuter. Nach dieser Zeremonie konnte der Genesene sich und seine Kleider waschen und sein Haar scheren. Dann mußte er warten.

Erst am von da an *achten* Tag fand eine Opferhandlung statt, mit der seine Erlösung von der Krankheit im Heiligtum besiegelt wurde. Auch mitten im Leben kann es sich anfühlen, wie ein neues Leben geschenkt zu bekommen. Um die Qualität der Acht zu erfahren, muß der Mensch diese Welt nicht immer gleich verlassen. Es gibt Energien, die von der anderen Seite mitten in das Leben hier hineinwirken. Um diese Möglichkeit im Bewußtsein zu verankern, berichtet die Bibel wiederholt von markanten Ereignissen, die im Zusammenhang mit der Acht stehen: Am achten Tag wurde das Heiligtum eingeweiht; am selben achten Tag wurden Nadab und Abihu von der Nähe Gottes verzehrt; am achten Tag nach dem Auszug aus Ägypten waren die Israeliten am anderen Ufer des Schilfmeeres angekommen; am ersten Tag der achten Woche nach dem Auszug erreichten sie den Berg Sinai; am achten Tag nach der Geburt wird der Junge beschnitten. Am achten Tag konnte ein Mensch den Zustand der Unreinheit hinter sich lassen. Bei einer vom Aussatz genesenen Person war es der achte Tag nach der Diagnose der Heilung. Diesmal wurden für eine zünftige Zeremonie als Zutaten benötigt: zwei männliche Lämmer, ein einjähriges weibliches Schaf, drei Zehntel Mehl, mit Öl geknetet als Speiseopfer und ein Becher Öl extra. Für einen Menschen mit geringem Einkommen gab es auch hier wieder eine preiswertere Variante, bei der weniger Öl zum Einsatz kam (nur ein Zehntel des Maßes) und zwei der Schafe durch Tauben ersetzt wurden. Wir wollen hier die Gelegenheit nutzen, ein paar weitere Details der Opferpraxis zu betrachten, die in den ersten Abschnitten von Leviticus ausführlich vorgestellt werden. Das eine männliche Schaf wurde für ein Schuldopfer (*ascham*) gebraucht. Der Priester schwang es zusammen mit dem Öl in der Präsenz Gottes, mußte also gut trainiert sein, dann schlachtete er es. Ascham, Schuld, ist wieder ein anderes Wort für einen Defekt, der erst später einen Inhalt reiner moralischer Verfehlung bekam. In diesem Kontext bedeutete das: durch schwere Krankheit wurde die Schöpfungsordnung verletzt. Wie beim Sündopfer im Zusammenhang mit der Geburt ist hier der Gedanke, daß in der Ordnung der Wirklichkeit etwas repariert werden muß.

Bevor dann mit den anderen beiden Tieren das Sündopfer (*chatath*) und das Ganzbrandopfer (*'olah*) und mit dem Mehl das Speiseopfer (*minkha*) gebracht wurden (Leviticus 14:19f.), vollzog der Priester an dem Kandidaten ein Ritual, das auch in den Einweihungszeremonien der Priester vorkam (Leviticus 8:23f.): er gab ihm von dem Blut des Schuldopfers (*ascham*) etwas ans rechte Ohrläppchen, an den Daumen der rechten Hand und an den Daumenzeh des rechten Fußes. Dann schüttete sich der Priester das Öl aus dem Becher in die linke Hand, nahm davon mit der rechten, sprengte sieben Mal an den Altar und wiederholte die Behandlung des Kandidaten am rechten Ohrläppchen, rechten Daumen und rechten großen Zeh. Mit dem übrigen Öl salbte er ihm das Haupt (Leviticus 14:14-18). Daß mit der Salbung wieder der Zusammenhang von *schemen* und *schmoneh* dargestellt wird, versteht sich inzwischen von selbst: Erlösung ist ihm geschehen. Was aber bedeuten die mit Blut bzw. Öl bestrichenen Stellen? Im Blut und im Öl zeigt sich die Einheit von Leib (Blut) und Geistseele (Öl). Und mit dem jeweils rechten Ohr, rechten Daumen und rechten großen Zeh wurden die der Seite der Eins und damit auch dem *einen* Gott näher stehenden Körperteile behandelt. Warum gerade die Daumen von Hand und Fuß? Weil sich auch am menschlichen Körper die Eins-Vier-Struktur abbildet. Der Daumen liegt den vier Fingern gegenüber und macht die menschliche Hand erst zu einer Greifhand – bereit zu ergreifen und zu handeln. Der große Zeh gibt dem Fuß einen festen Halt und macht Schritt und Tritt im aufrechten Gang erst möglich. An seiner Stelle haben Affen in der Regel einen weiteren Greiffinger, der ihnen das Klettern mit Händen und Füßen erleichtert. Dank seiner besonderen Fußform entwickelte der Mensch die Fähigkeit, auf seinen zwei Beinen aufrecht zu gehen, was langfristig zur enormen Entwicklung seines Gehirns beitrug. Das ausgeprägte Hirn und die von der Fortbewegung weitgehend entlasteten Arme wiederum erlaubten dem Menschen dann, mit den Händen viel mehr zu tun, als sich ein paar natürliche Werkzeuge zu suchen, wie es etwa Schimpansen auch können. Diese beiden besonderen Glieder, die Einsen bei der Vier von Hand und Fuß wurden bestrichen mit den Symbolen für Leib und Seele. Was die Person tut und wie sie ihren weiteren Lebensweg beschreitet – all das konnte so wieder geheiligtes Handeln und Wandeln werden. Und mit dem Ohr wurde auch das Organ bestrichen, das die Unterweisung in den Regeln der Thora aufnimmt, um sie zu verinnerlichen. Das Reinigungsritual wurde mit dem Sünd- und dem Ganzbrandopfer sowie dem Speiseopfer abgeschlossen. Das Speiseopfer bestand aus Mehl und Öl – zwei Zutaten, in denen sich die Einheit von Leib (Mehl) und Seele (Öl) noch einmal abbildet. Der *Entsündigung* wird hier eine ähnliche Wirkung wie bei den Vorgängen am Versöhnungstag zugeschrieben, umschrieben mit dem gleichen Wort: *kaper*. Die Unreinheit wird *zugedeckt* (Leviticus 14:18-20).

Mit einem ähnlich gefräßigen Befall wie dem Aussatz der Haut hatte man auch an Häuserwänden und Stoffen wie Leinen, Wolle und Leder zu kämpfen (Leviticus 13:47-59; 14:33-57). Da man die Gebrauchsgegenstände damals nicht ohne weiteres ersetzen konnte durch neue aus Kaufhaus und Supermarkt, ging der Priester bei der Begutachtung dieser Dinge, und des Hauses sowieso, genauso sorgfältig vor. War es möglich, die Stoffe wieder zu verwenden, wurden sie – wie schon während der Beobachtungsphase – nochmal schön gewaschen und wieder benutzt. Die feierliche Rückführung des Hauses an seine Bewohner ähnelte sogar sehr dem Reinigungsritual für den wieder gesundeten Menschen. Mit Taube, Zedernhölzchen, scharlachroter Wolle und Ysop wurden im Grunde die gleichen Zutaten in gleicher Weise verwendet (Leviticus 14:48-55). Anders ging es für Haus und Gegenstand nur aus, wenn sie hoffnungslos verdorben waren. Sie erwartete „die Abrißbirne" oder das Feuer (Leviticus 13:51-57; 14:44f.). Dagegen durfte das noch so kränkste menschliche Leben nicht zerstört werden.

Zu guter Letzt soll es um eine Forderung aus dem Bereich der Ökonomie gehen, die uns helfen wird, auch den Begriff der Erlösung (*ge'ulah*), noch etwas zu erhellen. Er war nämlich ursprünglich genau hier zu Hause: im Wirtschafts- und Sozialbereich. Das folgende Beispiel zeigt, daß die in Symbolen umschriebene Struktur keineswegs nur als Anregung zum munteren Theoretisieren gedacht war, sondern zur praktischen Anwendung mit konkreten Auswirkungen auf den Zustand von Natur und Gesellschaft. Auch die Regeln für die Landwirtschaft wurden von uns inzwischen vertrauten Zahlen bestimmt. Sechs Jahre konnte das Land bebaut werden, im siebten aber sollte es ruhen. Das bedeutete ein Jahr lang Schabbat für die Erde (Leviticus 25:1-7.20-24). Welch eine Erlösung für die ausgelaugten und überdüngten Böden wäre das. Im siebten Jahr sollten der Vorrat und das, was die Erde ohne Kultivierung hergab, reichen für Mensch und Tier. Nicht nur im siebten, sondern auch im achten Jahr, in dem die neue Saat erstmal wieder aufgebracht werden mußte, welche dann im neunten geerntet werden konnte. Über den Siebenjahresrhythmus hinaus wurden nach den Regeln von Leviticus 7x7=49 Jahre gezählt. Dann wurde am Jom Kippur des 50. Jahres, also zehn Tage nach Neujahr ein Erlaßjahr ausgerufen: das *Jovel*.

Eigentlich hat man es ausposaunt, denn es wurde im ganzen Lande mit einer speziellen Trompete bekanntgegeben (Leviticus 25:8-17). Bei Ertönen der Posaune war jeder, der sich als Sklave verdingt hatte, wieder frei und konnte in seine Heimat und seine Familie zurückkehren; und jeder bekam seinen Besitz wieder zurück. Was hier allein für landwirtschaftliche Nutzflächen beschrieben ist – wie wäre das erst, wenn man das auch auf andere, durch Verschuldung verlorengegangene Gegenstände ausdehnen könnte: das verpfändete Haus, die Uhr im Leihhaus? Das fünfzigste Jahr war die letzte Möglichkeit, seine Existenz vor dem Ruin zu bewahren, wenn alle anderen Mechanismen nicht mehr halfen. Zu denen gehörte die Auslösung, die *Ge'ulah* eines verarmten Menschen durch seine jeweils nächsten Verwandten.

Das ist der soziale Hintergrund der Geschichte von Ruth, die gern als Vorbild genommen wird für die feste Treue zum Judentum bzw. die Entscheidung, sich der jüdischen Lebensweise freiwillig anzuschließen. Wieso das? Weil sie sich als Moabiterin entschied, ihrer israelitischen Schwiegermutter, Naomi, in deren alte Heimat zu folgen, nachdem deren zwei Söhne gestorben waren und damit auch Ruths Ehemann. Die ebenfalls einheimische Witwe des zweiten Sohnes ging zurück zu ihrer Familie. Ruth dagegen schloß sich Naomi an und ließ sich auf ein für sie zunächst völlig fremdes Umfeld ein. Sie versprach der Schwiegermutter, mit ihr durch dick und dünn zu gehen: „Wohin du gehst, will auch ich hingehen, ... dein Volk sei mein Volk, und dein Gott ist mein Gott... nur der Tod wird uns voneinander trennen" (Ruth 1:16f.). In ihrer neuen Heimat sorgte sie bald dafür, daß Naomis nächster Verwandter, Boas, auf die beiden Frauen aufmerksam wird. Er stand schließlich für die Mutter als *Go'el*, als Erlöser ein und befreite sie aus ihrer Armut. Er hatte die Kraft, das heißt die nötigen materiellen Mittel. Das bezeugt schon sein Name, der dem der linken Säule an der Front des Jerusalemer Tempels gleicht. Und wie es mitunter so kommt in den großen Beispielgeschichten mit ihren bis ins märchenhafte gesteigerten Verdichtungen, bekam er Ruth schließlich zur Frau. Und nicht nur das, beide gingen auch noch als die Urgroßeltern des legendären Königs David in die biblische Geschichte ein (Ruth 4:17-22). Wenn aber keiner da war wie Boas und auch die restliche Verwandtschaft arm wie die Synagogenmäuse, sollte das Erlaßjahr die schlimmsten sozialen Verwerfungen kompensieren. Es war eine *Go'ulah* für alle. Das ist eine bemerkenswerte Antwort auf handfeste Probleme, die in der Menschheit anderweitig bis heute nicht gelöst wurden – auch nicht in Ländern, die sich demokratisch nennen. Auch dort wird Armut ebenso vererbt wie Reichtum. Von Nichts aber kommt nichts, „*ex nihilo nihil fit*" – das wurde schon im alten Rom zum geflügelten Wort. Zu nichts Kommen aber ist eine Form von Gefangenschaft in *Mitzrajim* – dem Ort, wo der Mensch perspektivlos wird und sein Geist stumpf. Es lag nahe, das Attribut des Erlösers irgendwann auf Gott selbst zu übertragen. Bereits Moses wurde, um die Befreiung aus *Mitzrajim* anzukündigen, zu den Israeliten mit den Worten entsandt: „Ich will euch *erlösen* mit ausgestrecktem Arm und großen Gerichten" (Exodus 6:6). Keiner aber hat den Ausdruck „*Go'el Jissrael*" so oft benutzt wie der zweite Schreiber des Buches Jesaja; jener Jesaja, der ab dem 40. Kapitel sich mit der realistischen Chance der Judäer befaßte, nach der Verbannung ins Zweistromland durch die Babylonier wieder in die judäische Heimat zurückkehren zu können: „Ich helfe dir, spricht *JHWH*, dein Erlöser ist der Heilige Israels", „*Go'alekh Qedosch Jissrael*" (Jesaja 41:14; vgl. ebd. 43:14; 47:1-4; 48:17; 49:7). Diese Vorstellung trug fortan immer, auch ohne eine sichtbare Wohnung Gottes unter den Menschen.

Wandern in der Wüste – ein Leben lang

Solange die Israeliten in der Wüste das transportable Heiligtum bei sich hatten, waren sie in der komfortablen Lage, sich keine Gedanken darüber machen zu müssen, wohin. Eigentlich hätten sie sich vertrauensvoll treiben lassen können, eigentlich. Was gerade dran war, zeigte ihnen die Wolke der Gegenwart Gottes über dem Stiftszelt. Wenn sie sich senkte, konnten sie an Ort und Stelle bleiben. Wenn sie sich über das Heiligtum erhob, war es Zeit weiterzuziehen (Numeri 9:15-23). Stehen und Gehen sind das Leitthema des vierten Buches Moses. Sein lateinischer Titel lautet Numeri, entsprechend den Namen- und Zahlenkolonnen, mit denen es beginnt (Numeri 1). Seinen hebräischen Namen verdankt das vierte Buch dem im ersten Satz genannten Ort, wo sich die Israeliten gerade befanden: *Be-midbar*, „in der Wüste", genauer: „In der Wüste Sinai sprach Gott mit Moses im Zelt der Begegnung..." (Numeri 1:1), um ihn aufzufordern, die Anzahl der wehrfähigen Männer eines jeden Stammes, geordnet nach ihren Familien zu erheben. Die Leviten waren nicht dabei. Denn so, wie sie kein Land besitzen durften, sollten sie auch nicht mit kämpfen, sondern ihr Leben ganz dem Dienst am Heiligtum widmen (Numeri 1:47-53). Der Berg, an dem sie noch immer standen, gab schon damals der gesamten Gegend ihren Namen. Heute heißt die ganze Halbinsel zwischen Israel und dem ägyptischen Kernland Sinai. So intensiv die Zeit auch war, auf Dauer konnten sie nicht am Berg der Offenbarung bleiben. Um das, was sie dort erfahren hatten, nun im Leben zu bewähren, mußten sie sich wieder auf den Weg machen. Die Frage ist nur, wie lange sie unterwegs sein sollten. Mit dem Manna und dem Stiftszelt als den Quellen körperlicher und geistiger Nahrung waren sie von Anfang an für eine längere Wanderschaft gerüstet. Für die paar Wochen am Küstenstreifen entlang Richtung Kanaan wäre die aufwendige Konstruktion eines beweglichen Heiligtums nicht nötig gewesen. Es ist daher viel mehr anzunehmen, daß der Umweg, der die Wanderschaft auf vierzig Jahre ausdehnte, ebenso von Anfang an mit eingeplant war, wie die Verführung des ersten Menschenpaares im *Gan be-Eden* zum Essen der verbotenen Frucht. Mit dem Schritt von 40 Tagen zu 40 Jahren Wanderschaft verändern sich die Rahmenbedingungen wieder beträchtlich, um so weitere Grundaspekte des Menschlichen darstellen zu können.

Auch das Wandern und Rasten der Israeliten geschieht gemäß einer symbolischen Ordnung. Ihr Lager schlugen sie in vier Abteilungen auf, die sich um das Zelt der Begegnung herum gruppierten. Die Lagerordnung mit dem *einen* Heiligtum inmitten von *vier* Gruppen zu je drei Stämmen ergibt wieder ein Verhältnis von eins zu vier. Die Lager der Priester und Leviten befanden sich in einem inneren Ring zwischen Volk und Heiligtum (Numeri 1:52f.). Die Zahlen der wehrdiensttauglichen Männer sind freilich ebenso idealisiert wie die Anordnung der Stämme (Numeri 2; zum Standort der Leviten vgl. ebd. 3:23.29.33-35). Sie sieht, in Übersicht gebracht, folgendermaßen aus:

		S		
	Simon 59.300	Ruben 46.500	Gad 45.650	
Sebulon 57.400		Kehat		Menasse 32.200
O Juda 74.600	Aaron	✕	Gerschon	Ephraim 40.500 W
Issachar 54.400		Merari		Benjamin 35.400
	Naphtali 53.400	Dan 62.700 N	Asser 41.500	

In diesem Schema fällt besonders eine Achse auf. Wie in der Joseph-Geschichte die Brüder, Juda und Joseph, als Symbole von Geistseele (*neschamah*) und beseeltem Leib (*bassar, nephesch*) ein komplementäres Paar bildeten, stehen in der Stämmeordnung Juda und Ephraim einander gegenüber. Ephraim nimmt hier die Stelle von Joseph ein. Entsprechend der Vorstellung, daß die *Neschamah* auf dem Weg zurück an den Ursprung drängt, war Juda im Osten positioniert und ging auch dorthin voran. Der Name Ephraims wurde nach dem Einzug der Israeliten ins Land zur Chiffre für die zehn im Norden siedelnden Stämme, während Juda seinen Namen dem südlichen Teil lieh, der eigentlich auch das Gebiet von Benjamin umfaßte. Nahezu gleichnishaft verschwanden die Stämme des Nordens für immer aus der Geschichte, wie sich jeder Körper wieder auflöst. Obwohl auch Judäa als politisches Gebilde keinen Bestand hatte, fand mit Juda, der Geistseele, die Geschichte Israels ihre Fortsetzung – ohne die leibliche Hülle des Landes. In Babylonien ging sie in die Geschichte der Juden über. Von den zehn Stämmen blieb allein der Mythos, daß sie im Verborgenen weiter existierten. Genährt wurde er von der Vorstellung, daß es einst zu einer Wiedervereinigung beider Teile Israels, des Leibes und der Geistseele, kommen würde. Diese Möglichkeit seinen Nachbarn vor Augen zu führen, war ein Anliegen des Priesters Ezechiel. Er hatte den Untergang des Judäer-Staates miterlebt und wurde im 6. Jh.v.d.Z. unter den Exilanten als Prophet aktiv. Dort nahm er eines Tages zwei Stückchen Holz, beschriftete sie mit Ephraim und Juda und setzte sie zu *einem* Stück zusammen. Damit illustrierte er seine Hoffnung auf eine Wiedervereinigung des Volkes, das sich auch um einen neuen Tempel scharen werde (Ezechiel 37:15-28). Dieses Ereignis folgt unmittelbar auf eine Vision, in der Ezechiel die Rückverwandlung eines Gräberfeldes voller toter Gebeine zu lebendigen Menschen sieht (Ezechiel 37:1-14). Die Nähe der Texte zueinander verbindet den Wunsch nach einer Wiedervereinigung der Stämme mit der Vorstellung einer Auferstehung des Leibes. Diese begann sich bereits in seiner Zeit auch unter den Juden zu verbreiten. Demnach würde nicht nur die *Neschamah* erhalten bleiben, sondern auch in einen wiederhergestellten Körper zurückkehren. Bezogen auf das Volk, käme die Verwirklichung der beiden Visionen einer Rückkehr der judäischen Seele in den neu geformten Leib Ephraims gleich.

Die Zählung der männlichen Stammesmitglieder in der Wüste ergab eine Summe von 603.550. Es sind also mehr als 600.000, mehr als das Buch Exodus zuerst angegeben hatte (vgl. Exodus 12:37; aber Numeri 1:45f.; 2:32). Die Erklärung für diese Abweichung korrespondiert mit den Gründen für die unterschiedliche Anzahl an Jahren, die das Volk Israel in Ägypten verbrachte. In der Vision Abrahams waren es 400 Jahre. In der Rückschau, als sich die Israeliten bereits aus der abgeschlossenen Welt von *Mitzrajim* gelöst hatten, betrug die Zahl 430. Als sie sich von Ramses aus aufmachten, standen sie noch ganz unter dem Einfluß der Macht von *Mitzrajim*. Als sie aber in der Gegend von Succot ankamen, befanden sie sich bereits in einer neuen Situation – ablesbar auch am Namen dieser Gegend. Sie heißt genauso wie die im Herbst begangene Festwoche des Laubhüttenfestes. Auf Hebräisch heißt sie *Sukoth* nach dem Plural des Wortes für Hütte, *sukah*. Denn es wird in dieser Zeit auch an die unbefestigten Behausungen der Israeliten in der Wüste erinnert. Die Besonderheit des Succot-Festes ist, daß man sich in dieser Woche zusammen in eine solche nach oben offene Laube setzt und feiert – unter einem Blätterdach, das den Blick zum Himmel freigibt.

Wenn sich die Lagerkomplexe in Bewegung setzten, gingen – im Wesentlichen so, wie sie sich gelagert hatten – die Abteilungen des Ostens und des Südens voran, gefolgt von den Trägern des auseinandergebauten Heiligtums. Danach folgten die Abteilungen des Westens und des Nordens (Numeri 2:17). Den tatsächlichen ersten Abmarsch beschreibt Numeri aber dann noch einmal genauer, und zwar in dieser Formation: Juda ging mit Issachar und Sebulon voran, gefolgt von den Leviten-Familien Gerschon und Merari, welche die Einzelteile des Heiligtums trugen. Die Priester werden hier nicht erwähnt. Logisch wäre, daß sie die Lager des Ostens begleiteten. Hinter den zwei Levitenfamilien reihten sich Ruben mit Simon und Gad ein, denen wiederum die Leviten-Familie Kehat folgte, die weitere Geräte des Heiligtums aufgesattelt hatte. Zum Schluß fädelten sich Ephraim, begleitet von Menasse und Benjamin, sowie Dan, begleitet von Asser und Naphtali, in die Marschordnung ein (Numeri 10:11-28). Auch für die Arbeitsteilung und den Ablauf, in dem das Heiligtum zerlegt und wieder aufgebaut wurde, gibt Numeri detaillierte Anweisungen (Numeri 3:17-38). Seine einzelnen Teile zu tragen, war eine hoch verantwortliche Tätigkeit, die nicht jeder übernehmen konnte. Die Leviten bildeten das konkurrenzlos einzige Transportunternehmen. Jeder, der schon einmal umgezogen ist, weiß, wie sehr es darauf ankommt, daß jeder Beteiligte genau weiß, was er zu tun hat. Um wie viel mehr galt das für den Umzug eines Heiligtums. Auch innerhalb des Stammes Levi konnte nicht jeder alles machen. Die Arbeitsteilung war genau festgelegt (Numeri 3:14-39). Ab- und Aufbau selbst lagen in den Händen der Priester (Numeri 4:5-15). Die um sie verlaufende Demarkationslinie zwischen heilig und profan unterscheidet die Einwohnung Gottes doch sehr von jeder normalen Wohnungseinrichtung. Der Unbefugte wird gewarnt, ihm ja nicht zu nahe zu kommen oder etwas von der Ausstattung anzufassen (vgl. u.a. Numeri 3:10.38). Heute würde man eine so gefährliche Anlage wohl mit einem eisernen Zaun und mit Warnschildern umstellen, auf denen steht: „Vorsicht Hochspannung, Lebensgefahr! Eltern haften für ihre Kinder". Wie ernst es den biblischen Erzählern damit noch in der Zeit des Königs David war, können wir im zweiten Samuel-Buch nachlesen. Da wird das traurige Ende eines Mannes namens Usa berichtet, der nichts weiter wollte, als Schaden vom Heiligtum abzuwenden. Dieses war für geraume Zeit im Haus seines Vaters, Aminadab, untergestellt worden. Als es nun in die neue Hauptstadt Jerusalem gebracht werden sollte, begleitete Usa zusammen mit seinem Bruder den von Ochsen gezogenen Wagen. Als ein Ochse ausglitt und die Bundeslade von der Ladefläche zu rutschen drohte, griff Usa zu. Stattdessen fiel er selbst. Der tödliche Zwischenfall erschütterte den König sehr. David, selbst ein Kämpfer und nicht gerade zimperlich mit seinen Gegnern, verstand die Welt nicht mehr. Ganze drei Monate dauerte es, bis er sich überwinden konnte, den Transport des Heiligtums nach Jerusalem fortzusetzen (II. Samuel 6:1-12). Die Leviten machten also einen gefährlichen Job. Und sie taten dies stellvertretend für alle erstgeborenen Männer unter den Israeliten. Denn diese sollten eigentlich Gott gehören, nachdem er die Erstgeborenen der Ägypter in der zehnten Plage geschlagen hatte (Numeri 3:11-13). Die Berufung der Leviten aber stellte sie alle frei. Im Selbstlauf geschah das freilich nicht. Für die Freistellung bzw. Auslösung eines jeden Erstgeborenen gab es eine eigene Zeremonie, die im orthodoxen Milieu sogar heute noch praktiziert wird – mit einem Segen und der Zahlung eines symbolischen Obolus' (vgl. Numeri 3:40-51). Später, in der Zeit des Tempels waren die Leviten bekannt und beliebt für ihre musikalische Begleitung der Gottesdienste. Als Kantoren der ersten Stunde und „Temple House Band" machten sie jeden Gottesdienst zu einem eindrucksvollen Erlebnis. Aber bei allem Spaß an der Musik gilt damals wie heute im Rahmen der Gemeinde: All die Sangeskunst ist kein Selbstzweck, sondern soll die Menschen zu tieferer spiritueller Erfahrung anleiten.

Seit die Israeliten Ägypten verlassen hatten, bewegten sie sich in einer Welt, deren Grenzen transparenter geworden sind. Warum zeichnet die Bibel dann von ihr das Bild einer Wüste? Die Wüste ist ein faszinierender, aber unwirtlicher Ort. Dort kann man auf Dauer nicht verweilen. Ebenso ist es mit dem Leben. Stehenbleiben ist gefährlich, niemals zur Ruhe kommen aber auch. Die Wüste als Symbol für unser Leben in dieser Welt müssen wir uns nicht als eine trockene, heiße Einöde vorstellen. Sie kann bebaut, bepflanzt, bewohnt sein. Zwischen Schlafen und Wachen, zwischen harter Anstrengung und dem Genießen ihrer Früchte pulsiert das Leben. Mal fühlen wir uns heimisch, mal wieder wie ein Gast auf Erden. Die Welt im Symbol der Wüste bedeutet auch: Sie ist nicht schon das Ziel, sie ist der Weg. Indem die Israeliten aus der Welt Ägyptens in die Welt der Wüste wechselten, hat ihr Leben diesen Qualitätssprung zwischen Stillstand und Beweglichkeit vollzogen. In der Welt von *Mizrajim* fehlten Ziel und Perspektive. Die Körperlichkeit wurde zum Zweck an sich; und man bemühte sich sehr, den Körper noch über den Tod hinaus zu erhalten. Aber auch an einen mumifizierten, noch so gut erhaltenen toten Leib läßt sich das Leben nicht binden. Leben ist allein im steten Wechsel von Aktion und Regeneration möglich. Darum gibt es im Sinnbild dieser Welt ein Wüstenheiligtum, das transportabel ist.

Am Tag eine Wolke, in der Nacht ein Feuerschein – so waren die Zeichen Gottes immer sichtbar (Numeri 9:15f.). Zeichen aber sind nur Verweise: Gott im Feuer und in der Wolke; aber *niemals ist* Gott das Feuer, die Wolke. Auch das Wort Wolke hat eine interessante Struktur. Sie heißt auf Hebräisch 'anan (*Ajin* 70, *Nun* 50, *Nun* 50), fängt also mit der Siebzig an. Die Sieben auf der Zehnerebene ist wie die Sieben selbst eine Vollzahl des Lebens in der zur anderen Seite offenen Welt. Wo von 70 Völkern die Rede ist, meint es in der Regel eine Gesamtheit von Kulturen, meint es die Menschheit. Das Wort für Volk heißt 'am (*Ajin* 70, *Mem* 40) und beginnt ebenfalls mit der Siebzig. Ihm liegt die Symbolik dieser Vollzahl ebenfalls zugrunde. Im Wort *Volk* steckt also schon die Information, daß jede Kultur immer nur eine unter vielen ist. Es folgt die Vierzig, welche das Volk in der vierdimensionalen Raumzeit verortet. Im Wort Wolke wird die 40 durch die 50 ersetzt und die mögliche Befangenheit im Geflecht der stetig veränderlichen Formen und materiellen Sachzwänge durchbrochen; und das gleich zweimal, als wollte die 50 den Eingang wie den Ausgang der Kanäle markieren, durch die sich die Wirklichkeit dieser Welt in die unendliche Weite der anderen Welt öffnet. Die Wolke konnte ein, zwei Tage, einen Monat oder ein ganzes Jahr gesenkt bleiben und Israel zum Bleiben einladen (Numeri 9:18-22). Sobald sie sich aber hob, wurde tatsächlich zum Marsch geblasen. Dafür wurden eigens zwei silberne Trompeten gebaut. Mit Trompeten kann man verschiedene Tonfolgen erzeugen und akustisch deutlich unterscheidbare Signale geben. So wurden mit einem ruhigeren, gedämpften Ton nur einer Trompete die Stammesoberhäupter zum Heiligtum gerufen. Wurden aber beide geblasen, galt der Versammlungsruf der gesamten Gemeinde. Ein lauter Schmetterton wiederum rief die Israeliten dazu auf, sich in die Marschordnung zu begeben – das heißt, zuerst ihre Stammesfürsten, dann das jeweilige Lager, und zwar in der oben genannten Reihenfolge. Die beiden Instrumente wurden allein von Priestern geblasen (Numeri 10:1-8). Später, nach dem Einzug der Isrealiten in ihr Land erklangen die Trompeten, wenn ein Krieg begann oder um besondere Zeiten auszurufen wie die hohen Feiertage und die Neumonde (Numeri 10:9f.). Das erinnert dann stark an die Funktionen der Kirchenglocken im christlichen Kulturraum.

Hauptaufgabe der Priester aber war es, die Verbindung zwischen dem *einen* Gott und dem Volk zu pflegen. Dazu gehörte auch, das Volk in seinem Namen zu segnen. Das ist übrigens eine Aufgabe, die ihnen bis heute geblieben ist. Die *Birkath ha-Kohanim*, der Priestersegen wird von ihren Nachkommen noch immer durchgeführt und an hohen Feiertagen zu einer beeindruckenden Zeremonie ausgebaut, die man Duchan nennt. In ihrer Urfassung, wie sie im Gottesdienst auch sonst regelmäßig vorkommt, ist die Segensformel genau hier zu finden: im vierten Buch Moses (Numeri 6:23-27). Sie enthält ein Muster mit Bedeutung, ähnlich wie es beim Segen Isaacs für Esau der Fall war, der schließlich Jacob erreichte (Genesis 27:28f.). Erinnern wir uns: Isaacs Segen bestand aus 26 Worten zu insgesamt 111 Buchstaben. In der Anzahl der Worte bildet sich also der Wert des Tetragramms (26) ab, während die Anzahl der Buchstaben (111) dem Gesamtwert des ausgeschriebenen *Aleph* (*Aleph* 1, *Lamed* 30, *Peh* 80) gleicht. Das *Aleph*, welches im Alphabeth die Zahl Eins repräsentiert, weist in seiner Summe zudem die Eins auf allen Positionen im Stellenwertsystem auf. Der Segen der Priester besteht nun aus 15 Worten mit insgesamt 60 Buchstaben. Die Worte (15) stehen somit zur Anzahl der Buchstaben (60) im Verhältnis von eins zu vier. In diesem Verhältnis werden die Worte zusammengesetzt und erhalten ihren Sinn. Der Segen ist zudem in drei Sprüche gegliedert, weshalb er auch der „dreifache Segen" (*brakhah ha-meschulescheth*) genannt wird. In dieser Drei kommen wieder die Zwei und die Eins zusammen und stellen die Balance zwischen dem weiblichen und männlichen kosmischen Prinzip dar. So können die Sprüche mit verschiedenen Aspekten verknüpft werden, die zusammen erst ein ganzheitliches Leben ausmachen. Das kann dann etwa so aussehen:

„Der Ewige, *JHWH*, segne und behüte dich". Dein Leben soll in seinen materiellen Grundlagen gesichert sein.

„Der Ewige, *JHWH*, lasse sein Antlitz über dir leuchten und sei dir gnädig". Dein Leben sei auch eins geistiger Freiheit und innerer Sammlung.

„Der Ewige, *JHWH*, erhebe sein Antlitz über dir und gebe dir Frieden." Beides kann sich erst verwirklichen, wenn sich auch der Wunsch nach Frieden im persönlichen Umfeld erfüllt.

Der tiefere Sinn des hebräischen Wortes für Frieden wird wieder am besten verständlich über die Bildung von Gegensatzpaaren. Die indogermanischen Wörter, der deutsche *Frieden* wie der englische *peace*, finden ihr Gegenüber in *Krieg* und *Kampf* bzw. *war*. Der Friedensbegriff entwickelte sich inzwischen natürlich weiter, hatte aber im Ursprung viel mehr die Bedeutung der Abwesenheit von Konflikt und Gewalt. Der Gegensatz zum hebräischen *Schalom* aber ist *choser*, Mangel, oder *schever*, Defekt. Das ist so, weil *Schalom* bekanntlich mit *schalem* (*Schin, Lamed, Mem*) zusammenhängt, was *vollkommen sein* bedeutet. Defizit und Mangel gibt es in unserem Leben reichlich, und im Streben nach *Schalom* liegt die Sehnsucht nach ihrer Überwindung. Da kein Mensch jemals Vollkommenheit erreicht, ist der Frieden auf Hebräisch ohne Verbindung zum *einen* Gott als seiner Quelle nicht denkbar. Als Ausdruck der Präsenz Gottes verwendet der Priestersegen das Bild von seinem Antlitz. Mit dem Verbergen des Antlitzes, *hesther panim*, umschreibt die Bibel dann eben jenes beängstigende Gefühl des Alleinseins und die damit verbundene tiefe, existentielle Verunsicherung (vgl. u.a. Deuteron. 31:17; Hiob 13:24; Psalm 30:8; 104:29). Wann aber passiert das? Formuliert wird die Möglichkeit seiner Abwesenheit oft als aktive Entscheidung Gottes. So haben es die Menschen damals verstanden. Im Grunde aber ist diese Erfahrung immer auf verweigerte Zuwendung der Menschen untereinander zurückzuführen. Menschen, die sich gegenseitig bekämpfen und auseinandertreiben, sind getrennt und allein. Darum besagt eine alte Weisheit, die Wurzel aller Sünde sei die Zertrennung. Der Kern alles Guten aber ist die Vereinigung mit der Quelle (Sefat Emet, ed. Green, 225). Diese versiegt nie; das Antlitz ist uns immer zugewandt.

Der Segen ist ein großes Thema im vierten Buch. Als die Stämme Israels schon auf der Ostjordanseite im Gebiet Moab angekommen waren, hatten sie inzwischen auch kämpfen gelernt und siegen, gegen die Amoriter und die Bewohner von Baschan (Numeri 21:21-35). Das bereitete dem König der Moabiter, Balak, einige Kopfschmerzen. Ihn plagte die Vorstellung, daß er und sein Volk die Nächsten sein könnten, die sich geschlagen geben müssen. Da hatte er eine Idee: Er engagierte einen Meister der Geister aus dem Zweistromland und gab ihm den Auftrag, auf Israel einen Fluch zu legen (Numeri 22-24). Dieser Meister hieß Bileam; und ihm muß sein

Ruf als Wahrsager und Magier bis in den äußersten Westen des mittleren Ostens vorausgeeilt sein (Numeri 22:6). Einen Fluch auf Israel legen, das wollte Gott freilich nicht zulassen und suchte, Bileam zunächst daran zu hindern, sich überhaupt auf die Reise zu begeben. Dies ist nicht nur die einzige Stelle in der ganzen Bibel, in der ein Tier spricht. Es fällt auch auf, daß das Tier das Zeichen Gottes eher wahrnimmt als der Mensch, dem es gilt. Bileam auf seinem berühmten Eselritt war zunächst blind für den Gottesboten, der sich ihm mit dem gezückten Schwert in den Weg stellte (Numeri 22:21-35). Die Eselin ging vor dem Engel auf die Knie und begann erst zu sprechen und ihren Herrn zu fragen, warum er mit ihr so umspringe, als er sie bereits dreimal mit Schlägen dazu zwingen wollte, weiterzulaufen (Numeri 22:27f.). Warum aber sollte er auch umkehren? Hatte er doch in der Nacht zuvor noch eine Vision, in der ihm Gott erschien und ihm sagte, daß er mit den Gesandten Balaks gehen könne. Er hatte ihm lediglich eingeschärft, nur das zu sagen und zu tun, was Gott selbst ihm eingebe (Numeri 22:20). Die Begegnung mit dem Engelboten stellt sich am Ende als ein Intermezzo dar, das nur bestätigte, was in der Nacht längst entschieden war. Bileam war kein Scharlatan. Er nahm die Kräfte, mit denen er arbeitete, sehr ernst. Er war nicht dazu bereit, dem König Balak irgendwas zu erzählen, was er hören wollte, nur damit die Kasse stimmt. Deshalb hatte er den Auftrag auch nur zögernd angenommen – im Grunde erst, als Gott selber zustimmte. Fraglich ist dann aber, warum Gott ihm überhaupt den Engelboten sandte. Weil er seine eigene Entscheidung bereute (Numeri 22:4-23)? Trotz seiner scheinbar so redlichen Geschäftsphilosophie hat Bileam in der späteren Tradition meist eine schlechte Presse (vgl. Etz Hayim, 894f.899). Warum eigentlich? Seine Aktionen hatten doch letztlich eine positive Wirkung für Israel. Bileams Blindheit für den Engelboten und der rabiate Umgang mit der sonst so treuen Eselin mag schon einen Schatten auf seinen Charakter geworfen haben. Die Antwort liegt aber hauptsächlich in der Bereitschaft, überhaupt schwarze Magie zu betreiben und sein Wissen um die Energien im Universum dafür zu nutzen, anderen zu schaden. Solche Praktiken gibt es bis heute in den verschiedensten Kulturen. Daß die in Afrika beheimateten Voodoo-Riten solche Seiten haben, ist wohlbekannt. Aber auch im judeo-christlichen Kulturraum wurden schamanische und magische Rituale entwickelt, mit denen man anderen nichts Gutes wollte. Magie wird in der Bibel generell abgelehnt, weil sie einer Manipulation der kosmischen Kräfte gleichkommt, die dem Vertrauen in das Leben und die Vorsehung entgegensteht (vgl. Leviticus 19:31; Deuteron. 18:9-12; I. Samuel 28:3-25). Der Priestersegen war immer dazu da, das Vertrauen in den *einen* Gott zu festigen. Was aber Bileam über Israel ausspracht, war ein erzwungener Segen.

Balak und Bileam konnten Israel letztlich nicht schaden, weil Gott die Wirkung des schwarzen Zaubers in ihr Gegenteil verkehrte. Dreimal wurde ein Segen daraus.

Seinen ersten Anlauf nahm Bileam, umgeben von sieben improvisierten Altären, auf denen er je einen Stier und einen Widder opferte (Numeri 23:1f.). Danach legte ihm Gott Worte in den Mund, nach denen er sich am Schluß nur wünschen konnte, selbst ein Israelit zu sein. Israels Nachkommen sollten so zahlreich sein wie in Abrahams Vision von den Staubkörnern (Genesis 13:16). Das Volk wohne gesondert von den restlichen Völkern. Hier kommt die Vorstellung von der Erwählung Israels ins Spiel, die nie einen Status begründete, wohl aber einen Auftrag (Numeri 23:7-10, vgl. Deuteron. 7:7-9). Auch der zweite Versuch zwang Bileam dazu, Israel zu segnen und dem Volk zu bescheinigen, daß kein Unheil oder Verderben es gefährden könne. Israel gebärde sich im Kampf wie ein Löwe. Ironischerweise mußte Bileam ihm sein Wohlergehen in einer Weise begründen, die seine eigene Zunft nicht gut aussehen ließ: „weil es in Jacob keine Zauberei gibt und in Israel keine Wahrsagerei" (Numeri 23:18-24). Nachdem Balak zum ersten Mal sah, daß der erwünschte Fluch ausblieb, brachte er Bileam bereits an einen anderen Ort, von wo aus er Israel nicht mehr so gut sehen konnte. Für den dritten Versuch platzierte er ihn samt seinen sieben Altären auf dem Berg Peor, wo es zwar eine herrliche Aussicht gab aber keinen Blickkontakt zu den Israeliten da unten. Vielleicht klappte es ja diesmal. Jetzt aber pries Bileam erst recht ihren Anblick, wie Israels Lager so friedlich ausgebreitet daliegt: „Wie schön sind deine Zelte, Jacob, deine Wohnungen, Israel..." Noch heute beginnt jeder gemeinsame Gottesdienst in der Synagoge inspiriert von der Stimmung dieser Worte (Siddur Schma Kolenu, 14/15). Der dritte Segen verspricht Israel Reichtum an landwirtschaftlichen Gütern in seiner seßhaften Zukunft und eine Durchsetzungskraft gegen die Konkurrenten im Lande, die Bileam erneut mit den Bildern von Stier und Löwe unterstreicht (Numeri 24:3-9). Mit der schwindenden Macht des Amalekiter-Königs Agag wird an konkrete geschichtliche Ereignisse erinnert. Der aus dieser Perspektive noch zukünftige König Israels, Saul, wird jenen Fürsten besiegen und – zunächst verschonen. Daß dies Saul das Amt kosten wird (I. Samuel 15), ist hier noch kein Thema. Das Thema ist der Zorn des Balak. Er war außer sich; dafür hatte er den Magier nicht bezahlt. Aber reich werden wollte Bileam ohnehin nicht um jeden Preis. Am Ende bot er Balak noch eine Zugabe, die der bestimmt nicht hören wollte, ganz frei und kostenlos: „Es wird ein Stern aus Jacob aufgehen und ein Szepter in Israel aufstehen ..." (Numeri 24:17), das klingt immer ein bißchen nach Weihnachtsgeschichte und wird tatsächlich gern als Ausblick auf die messianische Zukunft verstanden. Mit wonniglichen Erwartungen von Friede, Freude, Kerzenschein geht es hier allerdings nicht weiter. Gleich danach wird eher fetzig und martialisch den Moabitern ein *Finale Furioso* prophezeit. Unter schmetternden Schlägen werden sie untergehen, und nicht nur sie (Numeri 24:15-24). Die Segnung des einen und den Untergang der anderen muß man sich aber nicht immer unbedingt als Ergebnis eines direkten Schlagabtausches vorstellen. Die gleiche Wirkung erzielt langfristig ebenso die Streichliste des Geschichtsbuches. All die an dieser Stelle zusammen mit Moab genannten Völker sind früher oder später von der Landkarte verschwunden. Die Reiche kamen und gingen, Israel aber ist noch da. Es hat Bestand, auch wenn es seine konkreten Lebensumstände selbst nicht immer als Segen empfinden konnte.

Kehren wir aber noch einmal zum Ausgangspunkt zurück, als sich nach intensiver spiritueller Arbeit am Berg Sinai die Wolke zum ersten Mal hob und das Signal zum Abmarsch gegeben wurde. Das geschah im zweiten Jahr nach dem Auszug aus Ägypten, im zweiten Monat, am 20. Tag (Numeri 10:11f.). All diese Zahlen zeigen Dualität an. Die Israeliten machten sich auf den Weg durch die duale Welt und hätten eigentlich nur 40 Tage bis zum Ziel unterwegs sein brauchen. Schon einmal hatten sie nicht die Geduld aufbringen können, 40 Tage lang auf Moses zu warten, und sich das goldene Stierbild gebaut. Es fällt schwer, zu vertrauen wider den Augenschein. Das ist auch Thema der Erzählung von den Kundschaftern (Numeri 13-14). Die Israeliten zweifelten daran, daß die Kräfteverhältnisse in der Welt tatsächlich auch einmal umgekehrt werden könnten. In der Regel setzt sich doch der physisch Stärkere durch; nicht der mit der redlichsten Gesinnung, sondern der mit dem größten Waffenarsenal. Im verheißenen Land sollte das anders sein. Nur, das muß man erst einmal für möglich halten. Um die Möglichkeiten auszuloten, wurden zwölf Männer zur Erkundung des Zielgebiets entsandt, von jedem Stamm ein Vertreter (Numeri 13:4-15). Als sie nach zwei Wochen von dort zurückkamen, schlotterten zehn der Kundschafter die Knie vor den Waffen und Festungen der Landesbewohner. Angst war noch nie ein guter Ratgeber. Physische Präsenz und Macht hinterließen bei ihnen einen viel stärkeren Eindruck als die Früchte aus der anderen Welt. Nur zwei von ihnen empfahlen den Einmarsch. Josua und Kaleb lieferten eine völlig andere Beurteilung der Lage, obwohl sie das gleiche gesehen hatten (Numeri 13:27-33; 14:6-9). So gaben die Kundschafter nach ihrer Rückkehr ein sehr widersprüchliches Bild vom Land ihrer Träume ab. Riesige Früchte hatten sie mitgebracht – so riesige Weinbeeren, daß zwei Mann nur eine Traube an einem Stab schleppen konnten (Numeri 13:23). Diese schöne Übertreibung ziert noch heute das Emblem des israelischen Tourismusministeriums. Einen Großteil seiner Früchte erntet das neue Israel tatsächlich im Fremdenverkehr. Nicht weniger metaphorisch sind die überdimensionierten Früchte der Kundschafter gemeint. Die Weinbeeren im östlichen Mittelmeerraum waren und sind natürlich nicht größer als die aus Burgund oder Rheinland-Pfalz. Die Israeliten sollten in eine Welt einziehen, die mit physischen Maßstäben allein nicht zu beschreiben ist – eine andere Welt und zugleich etwas in dieser Welt, das in der Physik nicht aufgeht.

Spät und nur halb verstanden sie schließlich, daß etwas grundsätzlich schief gelaufen war, als sie ängstlich bekannten, daß sie für die Eroberung des Landes noch nicht bereit waren. Sie ahnten etwas von verpaßtem Moment, von vergeigter Chance. Aber einmal verstrichen, ist sie erst einmal vorbei. Auch das kommt im Lebensalltag immer wieder vor. Die Griechen haben bereits versucht, den Unterschied zwischen zeitlicher Quantität und Qualität in den Begriffen von *Chronos* und *Kairos* zu fassen. Diese unterscheiden den stetigen, unbeeindruckbaren Zeitfluß von der für ein Vorhaben passenden Zeitqualität, die mitunter so schnell wieder fort ist, wie sie kam. Und wenn sie erst einmal vorbei ist, hilft es auch nicht, sich in einem Akt der Verzweiflung doch noch ins Unternehmen zu werfen. Als die Israeliten versuchten, sich ohne das Mitsein Gottes – das heißt zur Unzeit – doch noch durchzukämpfen, scheiterten sie grandios (Numeri 14:1f.40-45). Sie unterlagen einer Horde Kanaaniter, in der sich die Amalekiter besonders hervortaten. Amalek, der skorpionische Stachel in der Geschichte Israels, zeigte seine Qualitäten hier nicht zum ersten Mal. Bereits kurze Zeit, nachdem sie das Schilfmeer durchschritten hatten und zum Berg der Offenbarung unterwegs waren, machten die Israeliten martialische Bekanntschaft mit Amalek bei Rephidim. Aus diesen Kampfhandlungen entwickelte sich die legendäre Szene, in der Aaron und Chur dem Moses die Arme hochhielten, damit Israel die Überhand im Kampf behielt. Immer wenn ihm die Arme schwer wurden, erstarkte Amalek. Wenn er aber die Arme mit seinem Hirtenstab in der Rechten hochhielt, konnte Josua, der den Kampf leitete, wieder durchatmen. Schließlich setzten sie Moses auf einen Stein und hielten seine Arme so lange fest, bis Amalek geschlagen abzog (Exodus 17:8-13). Diesmal aber, vor den Toren des Landes war alles anders. Es schien, als ließe Gott selbst sie in die Niederlage hineinrennen.

Danach mußten sich die Israeliten auf eine vierzigjährige Wanderschaft und damit auf eine völlig neue Lebensperspektive einstellen. Schon die ursprüngliche Planung hatte überaus effektive Organisationsstrukturen hervorgebracht, die auch in dieser Langzeitperspektive noch trugen. Die erfolgreiche Überzeugungsarbeit von Jithro, dem Schwiegervater des Moses, hatte daran einen großen Anteil. Er sorgte dafür, daß die bislang auf Moses allein lastenden Kompetenzen aufgeteilt und zum Teil an Richter aus dem Volk abgegeben wurden (Exodus 18:13-27). Das gleiche Motiv kehrt jetzt am Beginn der langen Wanderung noch einmal wieder, beinahe so, als hätte es die Begegnung mit Jithro nie gegeben (Numeri 11:10-30). Wahrscheinlich handelt es sich nur um eine andere Version der gleichen Geschichte, hier dargestellt als Anlaß zur Berufung der siebzig Ältesten Israels. Nur ein Kapitel vorher ist der Schwiegervater noch anwesend, heißt hier aber Chovav und wird von Moses eingeladen, mit den Israeliten zu ziehen. Chovav alias Jithro lehnt dankend ab und zieht es vor, in sein Heimatgebiet zurückzukehren (Numeri 10:29-32; vgl. Etz Hayim, 825). Auch in dieser Version ist Moses hoffnungslos überlastet, aber dieses Mal kein Mensch weit und breit, der ihm hätte helfen können. Als er sich in seiner Verzweiflung an Gott wendet, ähnelt dessen Antwort sehr dem Rat Jithros; nur daß es eben jetzt siebzig Älteste sind, mit denen er die Arbeit teilen soll. Aber es kommt noch ein neuer Gedanke ins Spiel. Als die Männer zu ihrer feierlichen Amtsaufnahme am Heiligtum erscheinen sollten, verpaßten zwei von ihnen den Termin. Ihre Namen sind sogar festgehalten, sie hießen Eldad und Medad. Den Ältesten wurde mit der Amtswürde auch eine besondere geistige Begabung verliehen. Eifriges Lernen und Studieren reichte zur Berufung also nicht aus. Als es soweit war, begannen sie in Ekstase zu fallen, die 68 Männer am Zelt der Begegnung ebenso wie die beiden im Lager. Als das Moses und Josua gemeldet wurde, reagierten sie völlig verschieden. Josua bedrängte Moses: „Halt sie zurück!", auf daß sie nicht noch das ganze Lager aufscheuchen. Moses aber winkte nur ab. Er bedauerte es geradezu, daß nicht das ganze Volk an der geistigen Begabung teilhaben konnte (Numeri 11:26-29).

Das war es ja gerade, womit sie ihn immer wieder an den Nerven zupften und rupften. Das einzige, wofür sie sich zu interessieren schienen, war Essen und Trinken. Ständig gellte ihr Verlangen nach Wasser und Nahrung in seinen Ohren. Und eines Tages wollten sie sogar Fleisch. Das war noch etwas ganz anderes als bloßer Hunger. Wem es wirklich an Nahrung fehlt, der sehnt sich nicht in erster Linie nach Fleisch. Das Manna sättigte die Israeliten nach wie vor, auch wenn sich das inzwischen ausmachte wie die monotone Versorgung von Raumfahrern mit Essen aus der Dose und Trinken aus der Tube. Da aber würde schon frisches Gemüse Abhilfe schaffen. Das wollten sie auch, aber sie wollten mehr. Das Volk begann, die Verhältnisse von Ägypten zu vermissen: den Fisch, den Kürbis, die Gurken, die Melonen, den Porree, die Zwiebeln, den Knoblauch..., alles Zutaten, die nicht nur nähren, sondern die Nahrung auch noch richtig schmackhaft machen (Numeri 11:1-10). Wer sich *Mitzrajim* bisher immer als einen knallharten Sklavendienst vorgestellt hat, wird spätestens beim Blick auf diese Speisekarte merken, daß das Bild so nicht stimmen kann. Ägypten hat viele Facetten, aber ihnen allen ist gemeinsam die Eingeschlossenheit in eine materiell dominierte Welt. Die Israeliten sehnten sich nicht nach Ausbeutung, sondern nach einem bequemen, satten Leben. In solcher Sattheit aber beginnt man schnell zu glauben, gar kein Ziel mehr zu brauchen. Hier scheint ja alles erreicht. Und ein wenig kommt da wohl auch das Phänomen zum Tragen, mit dem uns die Erinnerung immer wieder gern foppt. Wie schnell wird doch dann aus einer mickrigen Gegenwart eine „gute alte Zeit".

Im selben Zusammenhang hebt der Text hervor, daß es viele Fremdlinge unter den Israeliten gab, die den Aufruhr mit angestachelt haben sollen (Numeri 11:4). Wo kamen sie her? Als die Israeliten aus Ägypten zogen, hatten sie nicht nur eine Menge Herdentiere dabei, es war auch ein ganzer Haufen verschiedener Volksgruppen mitgezogen (Exodus 12:38). Es hatten wohl auch andere Gastarbeiter und Immigranten handfeste Gründe, Ägypten den Rücken zu kehren, und die Gunst der Stunde und das Durcheinander während des überstürzten Aufbruchs genutzt. Was geschah mit ihnen nach der Auswanderung? Gingen auch sie am Sinai den Bundesschluß ein? Oder saßen sie während der Offenbarungsereignisse abseits? Ein Kommentar zum Exodusgeschehen spielt mit der Vorstellung, daß die Ägypter selbst schon sehr unterschiedlich auf das reagierten, was mit den Israeliten geschah. Ein Teil habe ganz hinter dem Pharao gestanden und sich dagegen gewandt, sie aus dem Frondienst zu entlassen; die seien alle an den Plagen gestorben. Ein anderer Teil hätte gegen seine Politik protestiert und sich mit den Unterdrückten solidarisiert; das waren die Ägypter, die den Israeliten beim Auszug eine Menge Geschenke mit auf den Weg gaben. Und wieder ein anderer Teil soll mit ausgewandert sein; von ihnen heißt es, daß sie sogar mit dem Volk Israel zusammen die Pesach-Nacht begangen haben (Midrasch Schemoth Rabbah 18:8, vgl. Etz Hayim, 388). Eine interessante Idee; dann könnten sie am Sinai sozusagen ihre Konversion zum Glauben der Hebräer vollendet haben. An dieser Stelle spielten einige der Mitläufer aber leider eine eher unrühmliche Rolle. Wenn man auch das mit der Konversionsthematik in Verbindung bringt, stehen diese Leute für jene Kandidaten, die sich doch nicht überzeugt genug in die von ihnen angestrebte Gemeinschaft eingelebt haben. Tatsächlich macht das Judentum, um die Ernsthaftigkeit der Motivation zu testen, das Konvertieren in der Regel nicht gerade leicht. Wie aber konnte nun der Aufstand der Israeliten verhindert werden? Gott erfüllte ihnen ihren Wunsch nach Fleisch (Numeri 11:4-9.18-23.31-33). Er ließ so viele Wachteln mit dem Wind kommen, daß es einen ganzen Monat lang reichte; so lange, bis es ihnen „zu den Ohren herauskam" (Numeri 11:20). Anfangs fielen sie so gierig über das Fleisch her, daß es ihnen noch fast unzerkaut zwischen den Zähnen hing, als sie schon nach dem nächsten Stück langten. Das reichte Gott so sehr, berichtet der Text, daß er sich gezwungen sah, wieder einmal mit einer Plage dazwischen zu gehen. Wie das zuging, können wir uns auch so vorstellen: Sie überfraßen sich so sehr, bis sie kaum mehr einen Meter gerade gehen konnten. So weh können Überfluß und Überdruß tun. Selbst das liebste Gut wird zur Plage, wenn man zu viel davon bekommt. Auch das ist charakteristisch für das Leben in der dualen Welt. Hat man von dem einen zu viel, wünscht man sich schnell das Gegenteil herbei. Nach dem riesigen Schokopudding mit Vanillesoße eine schöne saure Gurke, nach den Fleischbergen endlich wieder ganz einfaches Manna.

Bisher waren wir eher nebenbei darüber hinweggegangen. Aber wie mußte es sich bloß anfühlen, verkündet zu bekommen, daß die Wanderung jetzt so viel länger dauern würde? Vierzig Jahre, das sind zwei Generationen. Für sie war das gelobte Land nun Lichtjahre weit entfernt. Ihnen sollte es ergehen wie der Crew eines Generationenraumschiffs, die weiß, daß erst ihre Kinder und Kindeskinder das nächste Sternsystem würden erreichen können. Ganz paßt dieser Vergleich freilich nicht. Denn die Reise symbolisiert ja das Leben selbst; und das will ohne Abkürzung durch irgendein Wurmloch durchmessen werden. Wie sollten die Israeliten aber in der Situation reagieren? Nicht alle nahmen ihr Schicksal einfach hin. Einige fragten sich, wie weit sie sich an die von Moses übermittelten Beschlüsse überhaupt halten müssen, und behielten das nicht für sich. Es dauerte nicht lange, da baute sich ein Mann breitbeinig und mit verschränkten Armen vor Moses auf und forderte, an der Macht beteiligt zu werden. Er hieß Korach und hatte 250 Männer hinter sich, die zunächst als namhafte Stammesfürsten vorgestellt werden. Im Laufe der Auseinandersetzung mit Moses stellt sich aber heraus, daß sie samt und sonders zum Stamm Levi gehörten, wie Moses und Aaron selbst (Numeri 16:8-11). Korachs Forderung kam zunächst demokratisch daher, indem er mehr Mitbestimmungsrechte für alle einforderte; schließlich seien auch alle heilig (Numeri 16:1-3). Moses aber durchschaute sie sofort: Korach und seine Verbündeten beanspruchten vor allem mehr für sich selbst. Die Ämter, die sie als Leviten ausüben konnten, reichten ihnen nicht mehr. Sie wollten selbst Priester sein. Sie sahen nicht ein, warum ein legitimes Priestertum allein auf Aaron und seinen Söhnen gegründet sein sollte. Den nächsten Schlag unter die Gürtellinie bekam Moses, als er – noch im gleichen Zusammenhang – nach zwei Männern rief und diese sich einfach weigerten zu kommen. Ihre Namen, Datan und Abiram, sind ebenso zum Synonym für den Aufruhr geworden wie die berühmte „Rotte Korachs". Sie stellten die Autorität von Moses ebenso in Frage. Die Begründung für ihr Tun oder vielmehr Lassen: „Wie, hast du uns denn in ein Land gebracht, wo Milch und Honig fließt, und uns Felder und Weinberge als Erbbesitz gegeben?! Willst du Sand in die Augen der Leute streuen? Wir kommen nicht!" Da liegt sie blank und offen da, die Enttäuschung, selbst am Einzug ins Land nicht mehr beteiligt zu sein (Numeri 16:12-14).

Auch das gehört zum Leben, daß mit zunehmendem Alter immer offensichtlicher wird, welche Ziele unerreicht bleiben und welche Pläne unerfüllt, weil das Zeitfenster verpaßt ist oder die Zeit insgesamt nicht mehr reicht. Die möglichen Beispiele sind Legion, reichen vom richtigen Beruf über die Wahl des Partners bis hin zum Kinderwunsch. Wie mit solcher Endgültigkeit umgehen? Zwei Möglichkeiten gibt es, Zufriedenheit zu erreichen, aber nur eine von ihnen ist wirklich echt. Die unechte demonstrierte Korach: ‚Wenn wir ohnehin zurückbleiben müssen, warum sollten wir uns überhaupt noch hier in der Wüste einen abstrampeln und weiterlaufen? Wir *sind* doch alle *schon* ein heiliges Volk (vgl. Numeri 16:3). Was wir schon sind, brauchen wir nicht mehr werden. Wozu noch nach Höherem und Besserem streben? Wozu eigentlich ein Wozu?' So war die Erwählung zum allgemeinen Priestertum des Volkes allerdings nicht gemeint. Sie ist viel mehr als Aufforderung zu verstehen: „Ein Königtum von Priestern, ein heiliges Volk *sollt* ihr sein" – *werdet* ihr sein (Exodus 19:6). Das ist keine Feststellung, sondern ein Anspruch an die Zukunft, der erarbeitet werden will. Korachs Option, ‚Wir sind schon da', heißt nichts anderes als ‚wir brauchen uns nicht mehr zu bewegen'. Stillstand und Steifheit aber sind auf längere Sicht tödlich. Leben heißt in Bewegung bleiben, auch wenn diese nicht mehr dem ursprünglichen Ziel gelten kann.

Für die Organisation der Gemeinschaft stand mit dem Aufruhr viel auf dem Spiel. Eine Grundsatzentscheidung mußte getroffen werden. Moses rief Aaron und Korach mit den 250 Männern auf, am nächsten Tag vor dem Zelt der Begegnung zu erscheinen, das heißt vor Gott. Mit einem Räucheropfer sollten sie gegeneinander antreten. Wessen Opfer angenommen wurde, dem würde Gott Recht geben: Aaron oder Korach (Numeri 16:5-7.16-18). Und ein weiteres, für alle sichtbares Zeichen war geplant, um aufzuweisen, auf wessen Seite Gott stand, auf der von Moses oder auf der von Datan und Abriam. Konnten die Aufrührer folgenlos weiter vor sich hinleben, wäre Moses blamiert. Wenn sie aber eines unnatürlichen Todes sterben würden und in der Erde samt ihrem Hab und Gut versänken, wäre seine Autorität bestätigt (16:25-30). In einem Zug sollten so beide Autoritätsprobleme gelöst werden. Moses gab die Anweisung Gottes an alle Personen weiter, die nicht zu den Familien von Korach, Datan und Abiram gehörten, auf Abstand zu gehen und deren Lager weiträumig zu meiden. Kaum hatte Moses seinen Satz vollendet und kaum waren die Leute zurückgewichen, konnten sie sehen, warum. Die Erde riß auf und alles, was an der Stelle stand, stürzte hinein. Auch die Besitzer der Behausungen waren mit Mann und Maus verschwunden. Zeitgleich verschlang ein Feuer alle 250 Männer, die mit ihren Räucherpfannen vor dem Zelt der Begegnung standen (Numeri 16:21-35). Nur bei Aaron brannten allein die Kräuter.

Damit war das Problem aber noch nicht vollends gelöst. Dieses mörderische und kompromißlose Zeichen demoralisierte das Volk erstmal noch mehr, und die Lage drohte zu eskalieren. Sie drängten sich vor dem Zelt der Begegnung zusammen und bezichtigten Moses und Aaron, sie hätten mit den 250 Männern das Volk Gottes getötet. Das war ein schwerer Vorwurf gegen die Brüder. Nun mußte Aaron als erster Hoherpriester der Geschichte beweisen, wie weit er in der Lage war, die Energien zu beherrschen. Als Gott zur Vergeltung ausholte, schickte Moses ihn unter das Volk, um mit einem Räucherritual größeren Schaden von ihm abzuwenden. Aaron stellte sich „zwischen die Toten und die Lebenden; das wehrte die Plage ab". So schnell wie sie sich ausgebreitet hatte, so schnell konnte er sie stoppen. Für 14.700 Leute kam er dennoch zu spät (Numeri 17:6-15). Einmal mehr haben die Israeliten die Gegenwart dieses Wesens in ihrer Mitte brandgefährlich erlebt. Dieser Zwiespalt kann in einem monotheistischen Weltbild auch nie ganz aufgelöst werden. Wer sich nicht darauf zurückziehen will, eine finstere, Gott gegenüber ebenbürtige zweite Macht für die Unbilden des Lebens verantwortlich zu machen, der muß auch das Unheimliche in der Welt mehr oder weniger direkt auf den *einen* Gott selbst zurückführen. Um die Lage wieder zu beruhigen, war jetzt allerdings ein anderes Zeichen gefragt als das der brachialen Gewalt. Die Israeliten wurden aufgefordert, zwölf Stäbe am Heiligtum einzureichen, die mit den Namen ihrer zwölf Stämme beschriftet waren. Auf den Stab Levis sollte der Name von Aaron geritzt werden (Numeri 17:17-23). Moses lagerte die Stäbe vor *JHWH* im Heiligtum. Über Nacht passierte dann etwas, das an die Schlußszene von Richard Wagners *Tannhäuser* erinnert: Allein der Stab Aarons war am nächsten Tag bewachsen mit frischem Grün. Nach so viel Angst endlich wieder ein Zeichen des Lebens. Der Stab trug nicht nur Blätter, sondern auch Blüten und reife Mandeln – also das Zeichen eines Baumes, der Frucht macht und Frucht hat, dem Baum des Lebens.

An der Grenze zwischen den Welten

So wanderten die Israeliten und wanderten und wanderten... und bestanden die ihnen in der Wüste auferlegten Herausforderungen mitunter mehr schlecht als recht. Allein deshalb konnte es Moses nicht zulassen, die Verantwortung mit Menschen zu teilen, deren Gedanken mehr um ihre eigene Karriere kreisten als um das Fortkommen der Gemeinschaft. So waren Korach und seine Genossen im Bauch der Erde verschwunden; waren fort, als hätte es sie nie gegeben. Sie aber hatten nicht als erste die bestehende Ämterverteilung in Frage gestellt. Noch bevor die Kundschafter ins verheißene Land ausschwärmten, lehnten sich seine eigenen Geschwister, Aaron und Miriam, gegen Moses auf. Ihr Motiv war allerdings ein anderes; sie hatten eine Grundsatzfrage: Konnte wirklich nur er allein mit Gott vor der Gemeinde kommunizieren? Und wenn ja, heißt das auch, daß nicht nur sie selbst, sondern die Menschen in alle Zukunft auf die Vermittlung durch Leute wie Moses angewiesen sein würden? Auslöser für den Streit war, daß sich Moses neben Zippora noch eine nichtisraelitische Frau genommen hatte (Numeri 12:1-3). Eine Kuschitin soll es gewesen sein,...eine dunkle Schönheit aus dem Gebiet des heutigen Sudan? Angesichts der vielen Fremden, die seit dem Auszug aus Ägypten mit den Israeliten unterwegs waren, ist es gut möglich, daß eine Dame aus dem tiefen Süden des Pharaonenreiches seine Aufmerksamkeit gewann. Aber konnte sich Moses das in seiner prominenten Stellung leisten?

Dieses Mal zielte die Kritik also in zwei Richtungen: Auf der einen Seite gab es wieder ein Autoritätsproblem; auf der anderen Seite stand generell die Frage im Raum, wie sich die Gemeinschaft gegenüber den Nichtisraeliten positionieren sollte. Wie viele von ihnen konnte sie aufnehmen, ohne die Substanz der Gemeinde zu gefährden? Was die Aufnahme von Konvertiten betrifft, gibt die Bibel unterschiedliche Antworten. Das kleine Buch Ruth spricht sich dafür aus, Menschen ernsthaften Willens willkommen zu heißen. Daß ausgerechnet die Moabiterin, Ruth, die Urgroßmutter des berühmten Königs David werden sollte, ist eine klare Botschaft. Auf die Herkunft sollte es nicht ankommen, sondern allein auf die Entscheidung, die Schicksalsgemeinschaft zu teilen (Ruth 1:16f.; 4:17-22). Anderen biblischen Statements zufolge schien die Abgrenzung Israels von anderen Völkern vordringlicher zu sein. Auch die Moabiter sind dort unter den Abgewiesenen, was übrigens noch in der Zeit nach dem babylonischen Exil damit begründet wird, daß ihr König Balak versucht hatte, Israel verfluchen zu lassen (Deuteron. 23:3-7; vgl. Nehemia 13:1-3.23-30). Letztlich aber ist es doch so: Wie groß und wie stabil eine Gemeinde gerade nach innen ist, entscheidet darüber, wie offen sie nach außen sein kann.

Das Autoritätsproblem hatten beide Geschwister des Moses, Miriam und Aaron. Beide waren hervorgeprescht und hatten seinen Alleinvertretungsanspruch kritisiert. Als alle drei am Zelt der Begegnung zur Aussprache erschienen, mußte allerdings nur Miriam dafür büßen. Aaron kam wieder unbehelligt davon. Zunächst machte Gott Miriam und Aaron klar, was der Unterschied zwischen Moses und einem gewöhnlichen Propheten sei. Ein Prophet müsse mit Träumen und Visionen auskommen, um den Willen Gottes zu erfahren. Mit Moses aber spreche er von Mund zu Mund (Numeri 12:4-8). Im Moment, da sich *JHWH* wegen ihrer Haltung gegenüber seinem treuen Botschafter zornig abwandte, wurde Miriam vom Scheitel bis zur Sohle von Aussatz befallen. Als Aaron das sah, war er entsetzt. Er flehte seinen Bruder um Hilfe an und bat ihn um Verzeihung: „... laß die Sünde nicht auf uns bleiben, die wir in unserer Torheit verübten..., laß Miriam nicht sein wie eine tote Geburt..." (Numeri 12:9-13). Er wußte, daß er ihr auch als priesterlicher Arzt nicht würde helfen können. Und Moses erinnerte sich sicher an seine eigene unheimliche Erfahrung, als das ihm noch unbekannte Wesen am brennenden Busch seinen Arm von Aussatz weiß werden ließ wie Schnee. In der nächsten Minute war der Ausschlag wieder weg, aber der Eindruck hatte gesessen (Exodus 4:6f.). Diesmal war es keine Demoversion, es traf seine Schwester wie eine ägyptische Plage. Also warf sich Moses wieder in die Bresche: „Heile sie doch, bitte!" Und wieder konnte er *JHWH* umstimmen. Er erwirkte, daß die Krankheit nur eine Woche anhielt. Das war noch einmal gut gegangen (Numeri 12:13-15).

Mehr Überzeugungsarbeit war nicht von Nöten. Moses stand wieder fest auf seinem Posten, weil er dort in der Gründungsphase des Volkes unentbehrlich war. Wie aber sollte es prinzipiell weitergehen mit der Gemeinde und ihrem Führungspersonal? Erste Antworten gibt die Bibel selbst in ihren weiteren Erzählungen. Wenn sie über das Leben des Moses die Bilanz zieht, „es stand kein Prophet mehr in Israel auf wie Moses, der *JHWH* von Angesicht zu Angesicht kannte..." (Deuteron. 34:10), dann heißt das für die Zukunft auch, daß es niemanden mit seinen Fähigkeiten und Befugnissen mehr geben würde. Auch sein Nachfolger Josua reichte da nicht mehr heran, obwohl er noch alle Stämme wie einen Mann hinter sich hatte. Die Berichte des Buches Josua von der Landnahme unter seinem Kommando klingen, als rodeten sie einen Wald. Ganz so ernst, also wörtlich brauchen wir das aber nicht zu nehmen. Alle Landesbewohner ausradiert? Keine Bange, im Buch der Richter sind sie alle wieder da. Und in der Richterzeit war es auch erst einmal vorbei mit der Einigkeit (ca. 12./11. Jh.v.d.Z.). Die Stämme wohnten in einer losen Sammlung von Siedlungen vielmehr nebeneinander als miteinander. Nur wenn einer der Nachbarn mal wieder die Zähne zeigte, fanden sie sich zusammen in einem halbwegs kampffähigen Verband. Irgendwann war diese Lebensweise aber einfach zu ineffektiv, um dem Druck der Mächte aus der Umgebung standzuhalten. Israel organisierte sich um, und eine Monarchie wurde eingeführt. Ihre Halbwertszeit aber war kurz. Nachdem ihr Begründer, Saul, sein Amt ziemlich schnell wieder verloren hatte, konnten mit David und Salomo nur zwei Männer ihren Bestand sichern (ca. 1020-928 v.d.Z.). Dann zerfiel das Königsreich in zwei Teile (I. Könige 12), und im Norden wie im Süden lösten zumeist relativ uninspirierte und eigennützige Monarchen einander ab. Allein ein paar Könige aus Juda im Süden bekamen eine bessere Beurteilung – vielleicht schon deshalb, weil die Autoren der Königsbücher selbst im Süden saßen. Die positivste Rolle nach Salomo spielte dabei noch König Josia, der den Jerusalemer Tempelkult und das religiöse Leben der Judäer insgesamt neu zu ordnen suchte (II. Könige 23:1-25). Josia wollte der Verehrung des *einen* Gottes die zentrale Bedeutung in der Politik des Landes und in den Köpfen der Bevölkerung verleihen, die sie offenbar bislang nur im Wunschdenken einiger Propheten hatte (ca. 622 v.d.Z.). Je weiter die Historie voranschreitet, um so vertrauter werden die Charaktere und Ereignisse; vertraut aus Presse und TV. Auch die von den Propheten begleitete Epoche ging vorbei und wurde abgelöst von einer Ära, in der diverse Schulen von Schriftgelehrten zunehmend das Gemeindeleben inhaltlich wie organisatorisch prägten (ab ca. 3./2.Jh.v.d.Z.). Eine Zeit lang liefen der Tempeldienst und die Aktivitäten dieser Schulen und spirituellen Gemeinschaften parallel. Unter ihnen können wir die ihrem Namen nach noch weithin bekannte, in ihrem Wesen aber eher verkannte Gruppe der Pharisäer als Vorläufer bzw. Urzelle der rabbinischen Bewegung ausmachen. Sie konzentrierten sich darauf, die in der Thora niedergelegten Lebensregeln nicht nur zu studieren, sondern auch weiter zu entwickeln. Auf sie geht auch die Einrichtung der festen Gebetszeiten zurück, wie sie in der Synagoge heute noch praktiziert werden. Das erwies sich schon in einer Zeit als notwendig, in der noch keiner an eine erneute Zerstörung des Tempels dachte. Die Pharisäer schufen die Instrumente, mit denen auch zu Hause in der eigenen Stadt, im eigenen Dorf über die langen Zeiträume zwischen den Feiertagen am Tempel hinweg ein spirituelles Leben gestaltet werden konnte. Und als der Tempel in Jerusalem zerstört war (70 n.d.Z.), standen sie bereit, die völlig verunsicherte jüdische Gemeinschaft aufzufangen und ihr eine neue Struktur zu geben. Wie sie es schon zuvor in ihren Lebens- und Studiengemeinschaften gehalten hatten, sollte es in dieser neuen Ordnung keine privilegierten und mit besonderer Machtfülle ausgestatteten Personen mehr geben, die der Gemeinde die Richtung und die Regeln vorgaben. Der Wille Gottes wurde in der gemeinsamen Reflexion eines Themas oder Problems und im Beschluß der rabbinischen Mehrheit gesucht. So ist es bis heute geblieben. Das Judentum heute hat mit seinen zahlreichen geistigen Strömungen mindestens ebenso viele spirituelle und juristische Oberhäupter. Auch wenn einige sich im Amt eines Oberrabbiners am liebsten über all die anderen stellten, eine Institution mit absoluter Richtlinienkompetenz nach dem Vorbild des Vatikans würde von der gesamten Judenheit niemals akzeptiert werden. Dazu ist die Idee einer geistlichen Monarchie dem Judentum einfach zu wesensfremd.

Eine der vielen Zäsuren im biblischen Geschichtsverlauf wird von dem Umstand markiert, daß Moses in das verheißene Land nicht mitkommen kann. Mit dem Ende der Wüstenwanderung und dem Einzug ins Land verlassen die Israeliten wieder einen Bedeutungsraum, in dem sie ihre großen Begleiter Moses, Aaron und Miriam zurücklassen müssen. Die konkreten Gründe, die für den Tod der drei Geschwister in der Wüste genannt werden, wirken ein wenig wie an den Haaren herbeigezogen. Für Miriam gibt es eigentlich keinen Grund. Ihre Auflehnung gegen Moses war mit der Erkrankung an Aussatz längst „abgegolten". Für eine Woche mußte sie außerhalb des Lagers bleiben. Keiner hatte sich von der Stelle gerührt, bis sie gesund und munter wieder aufgenommen werden konnte. Miriam genoß großen Respekt in der Gemeinschaft wegen ihrer weiblichen Führungsstärke. Am Schilfmeer hatte sie die Frauen dazu angeleitet, begleitet von Musikinstrumenten das Loblied auf JHWH für ihre Rettung vor der Macht Ägyptens zu singen: „Singt dem Ewigen, denn erhaben ist er, das Pferd samt Reiter versenkte er im Meer" (Exodus 15:20f.). So erzählt es die Thora unmittelbar nach dem großen Schilfmeerlied, das noch heute in der Liturgie der Synagoge seinen festen Platz hat (Exodus 15:1-19). Es ist zu vermuten, daß das gesamte Schilfmeerlied überhaupt erst aus diesem einen Vers entwickelt wurde, den Miriam zusammen mit den Frauen sang. Sie wurde auch verehrt für ihre spezielle weibliche Energie. Allein ihre Gegenwart sorgte dafür, daß dem Volk das Wasser nie ausging. Es heißt, einen Brunnen lebendigen Wassers hatten sie immer dabei. Als aber Miriam starb, versiegte diese Quelle (Numeri 20:1f.) – eine Katastrophe für Moses. Nun trauerte er nicht nur um seine Schwester, er mußte sich auch mehr als je zuvor gegen das Drängen und Murren des Volkes wehren (Numeri 20:3-5). Solange sie an seiner Seite war, konnte er aus bitterem Wasser süßes machen. Ihr Name, *Mirijam*, spielt mit dieser Möglichkeit, klingt darin doch das Bittere, *mar*, und das Wasser, *majim*, an. Nach ihrem Tod wirkte Moses hilflos, schimpfte auf seine Leute und schlug *zweimal*, also ungeduldig, auf den Felsen ein mit seinem Stab, mit dem er zuvor nur eine Andeutung machen brauchte, um etwas zu bewirken (vgl. Sh. Gold, Torah Journeys, 154-155). Damit wird nun begründet, daß Moses *und* Aaron das Land der Verheißung nicht zusammen mit dem Volk betreten dürfen (Numeri 20:7-12). Jetzt kehrte sich die Wirkung um: Nachdem seine Beteiligung am Bau des goldenen Stierbilds und an der Kritik gegenüber Moses für Aaron persönlich folgenlos geblieben war, ist er diesmal mit betroffen ohne einen ersichtlichen Grund. Er hatte lediglich geholfen, das Volk am besagten Felsen zu versammeln (Numeri 20:10). Wie gesagt, will das als Erklärung nicht reichen. Verständlicher aber wird es vor dem Hintergrund, daß hier der Anbruch einer neuen Ära vorbereitet wird. Kurze Zeit nach dem Doppelschlag auf den Felsen starb Aaron auf dem Berg Hor. Zuvor hatte Moses ihm dort oben sein Priestergewand ausgezogen und an Elazar, den älteren der beiden verbliebenen Söhne Aarons, übergeben; der trat damit die Nachfolge seines Vaters an (Numeri 20:22-29; vgl. Deuteron. 10:6).

Dreißig Tage lang trauerte die Gemeinde um Aaron; so lange gaben sie sich Zeit zur Besinnung. Aber kaum waren sie vom Berg Hor aufgebrochen, ging es auch schon wieder los: kaum Essen, kein Wasser; wieder wollen sie zurück nach Ägypten. Das aber ist nach biblischem Verständnis nicht nur ein Affront gegen Moses – „warum hast du uns bloß aus Ägypten herausgeführt, damit wir in der Wüste sterben?!" –, sondern gegen Gott selbst. Dieses Mal schickte JHWH ihnen eine Schlangenplage, um ihnen den tödlichen Ernst der Lage vorzuführen (Numeri 21:4-9). Als sie Moses anflehten, dem Sterben ein Ende zu bereiten, betete er für das Volk und baute auf Anraten von JHWH das Abbild einer Schlange aus Kupfer und hängte es an einen Stab. Allein dieses Symbol anzuschauen, sollte dem, der gebissen wurde, helfen und ihn retten. Eine Schlange an einem Stab, das kennen wir doch irgendwoher. Richtig, als Erkennungszeichen zahlreicher Apotheken in unseren Städten und Dörfern. Dieses Zeichen stammt nicht direkt aus der Bibel, sondern aus der griechischen Kultur. Möglicherweise hatten die Griechen es aber bereits aus älteren Quellen des Vorderen Orients übernommen, wie andere mythologische Anregungen auch. Den Griechen galt das Zeichen als Attribut des Asklepios, dem sagenhaften Vater aller Ärzte, Heiler und Medizinmänner. In der Bibel hatte die Schlange ihren ersten Auftritt bereits ganz am Anfang und zeigte sich dort schon in der ganzen Zwiespältigkeit ihres symbolischen Wesens. Ihr hatten es Adam und seine Frau zu verdanken, daß sie den Paradiesgarten verlassen mußten. „Sobald ihr davon [d.h. von der verbotenen Frucht] eßt, werden eure Augen geöffnet, und ihr werdet sein wie Gott ..." (Genesis 3:5), hatte sie versprochen. Danach waren die Menschen so sterblich wie alle Tiere, und wie alle Schlangen. Dies aber war, wie wir gesehen haben, ein notwendiger Teil der biblischen Definition des Menschseins. Nun tauchte die Schlange wieder auf, als tödlicher Angreifer *und* als magisches Zeichen zur Abwehr der Gefahr für Leib und Leben. In der Schlange scheint sich das Prinzip besonders zu verdichten, nach dem in der dualen Welt nichts *per se* gut und nützlich oder schlecht und verderblich ist. Die Schlange kann dem, den sie beißt, einen frühzeitigen Tod bescheren. Zugleich hat ihr Gift, richtig dosiert, eine heilsame Wirkung. In der Schlange kreuzen sich Segen und Fluch. Beides kann in unserer Welt aus der gleichen Quelle kommen. Das ist beim Geld oder bei neuen technischen Errungenschaften ganz genauso. Der Mensch entscheidet selbst, ob ihm die Dinge zum Segen oder Fluch werden. Eine Binsenweisheit? In der Bibel besitzt die Binsenweisheit jedenfalls noch eine eigene Tiefendimension im Wort der Schlange: Schlange heißt *nachasch* und wird mit *Nun*

(50), *Cheth* (8) und *Schin* (300) geschrieben. Das ergibt zusammen eine Summe von 358. Die Bezeichnung des *Maschiach*, der als Messias zum großen Hoffnungsträger auch über die jüdische Gemeinschaft hinaus wurde, besteht aus *Mem* (40), *Schin* (300), *Jud* (10) und *Cheth* (8). Tatsächlich, auch das ergibt 358. Zwischen dem, was ganz am Anfang in Garten von Eden passierte, und dem gerechten, gesalbten König der Zukunft besteht also ein innerer Zusammenhang. Ein Kreis schließt sich. Die Begegnung mit der Schlange führt die Menschen gewissermaßen hinein ins Weltgeschehen; der *Maschiach* wird sie wieder hinaus in eine qualitativ neue Existenz begleiten. Dazwischen liegt die Spanne unserer Lebenszeit, in der sich beide Qualitäten mal überlagern, mal gegenseitig ablösen. Oft hängt ein großes undurchsichtiges Cluster von Emotionen und Überlegungen an unseren Motivationen. Manchmal wissen wir selbst nicht genau, warum wir etwas gedacht und gemacht haben. In Enttäuschung und Verlust sterben wir viele kleine Tode. Und wir erleben viele kleine Erlösungen – sei es in einer gelungenen Beziehung, im für alle Beteiligten glücklich gelösten Konflikt oder in der Anerkennung für eine gute Arbeit.

Moses mußte also nun nicht nur mit der Tatsache fertig werden, daß ihm wie einem unheilbar erkrankten Menschen nicht mehr viel Zeit bleiben würde. Er mußte auch noch den Übergang organisieren und einen Nachfolger bestimmen. Daran sind in der Weltgeschichte schon viele gescheitert. Josua, der Sohn des Nun sollte es werden, der neben Kaleb, dem Sohn des Jephune als einziger aus der alten Generation von Ägypten verblieben war. Josuas Rolle als Mann des Übergangs zeigt sich schon in seinem Namen. Im Original *Joschua'* ausgesprochen, bedeutet er *Rettung* und *Hilfe*, und zwar Hilfe aus wirklich großer Not. Seine drei Wurzelkonsonanten *Jud*, *Schin* und *Ajin* werden auch für Eigenschaften benutzt, die Gott selber zugesprochen werden. Einige Gebete richten sich an ihn als *moschia'*, als *Retter*, der *jeschu'ah*, *Hilfe* bringt. Nirgendwo aber ist zu finden, daß Gott selber Joschua oder Jeschua heißt. Er tut, aber er ist nicht, was er tut. Wir haben von Gott nur Attribute des Handelns. Menschen dagegen können so heißen, um ihr Vertrauen auf seinen Beistand zu stärken. Ein Paradebeispiel dafür ist der Name des Propheten Jesaja. Er heißt in der Ursprache *Jescha'jahu*. Das kann mit *Er, der Ewige hilft* bzw. *rettet* übersetzt werden, wobei *Jah* eine kurze Form des Tetragramms darstellt. Der Name von Josuas Vater ist identisch mit dem Buchstaben *Nun*, der den Wert 50 trägt. Die 40 Jahre war er mit ihnen gewandert. Nun sollte Josua, der Mann der 50 das Volk in das Land führen. Er allein übernimmt die Führungsrolle von Moses. Was ist aber mit Kaleb? Er scheint gar keine Rolle mehr zu spielen, obwohl er mit Josua zusammen das einzige verbliebene Bindeglied zwischen den Generationen von Ägypten und den ersten Siedlern im Land bildete. Nur er und Josua waren unter den Kundschaftern vehement für die Eroberung des Landes eingetreten (Numeri 14:6-9). Auch Kalebs Name, auf Hebräisch *Kalev*, hat Bedeutung. Er besteht aus den gleichen Buchstaben, mit denen auch das Wort für Hund, *kelev*, geschrieben wird (*Kaph, Lamed, Beth*). Der Hund gilt als ein treuer Begleiter des Menschen, während die ach so schmiegsame Katze letztlich macht, was sie will. Seines Vaters Name, *Jephune*, enthält die Wurzel *Peh, Nun* und *Heh*, aus der auch das Verb *panah* gebildet wird; und das heißt *sich wenden, sich umdrehen*. Jephune klingt also nach jemandem, der sich hinwendet oder der umkehrt, umkehrt zu Gott. Wie Josua und Kaleb zueinander stehen, erschließt sich über die Stämme, denen sie angehören. Josua stammt von Ephraim, Kaleb aber von Juda (Numeri 13:6.8.16). Damit stehen die beiden am Ende jener Kette von Paaren, über die das zwiespältige Verhältnis von Leib und Seele im Menschen Schritt für Schritt definiert wurde und die ihren Anfang bei Kain und Abel nahm. Nun, vor den Toren zum gelobten Land sind Leib und Seele einander ganz zugewandt. Josua wird sich wieder in den Kampf werfen und das Volk bei der Eroberung anführen; das ist eher Sache der Körperkraft. Kaleb aber ist immer mit dabei – als die unsichtbare Seele, die es immer weiter zurück zum Ursprung zieht.

Nun konnte Moses seine Leute nicht ziehen lassen ohne eine Rückschau auf all das, was sie zusammen erlebt und durchlitten hatten. Vor dem großen Einmarsch gibt es die große Retrospektive, nachzulesen im fünften Buch Moses. Sein im Griechischen wurzelnder lateinischer Name lautet Deuteronomium und spielt darauf an, daß hier *ein Gesetz wiederholt* wird. Von einem Gesetz ist in unserem Reiseführer durch den Kosmos der Bibel wohlweislich nie die Rede gewesen, obwohl es immer wieder auch um handfeste Vorschriften geht. *Thorah* aber bedeutet nun einmal nicht Gesetz, sondern Lehre oder Weisung. So manche, mehr oder weniger gewollte Fehlinterpretation sucht noch immer, die Thora zu einem starren und blinden Gehorsam verlangenden Gesetzeskodex zu dezimieren. Daher scheint es ratsam, von Rechtsverordnung und Gesetz nur zu sprechen, wenn die dafür adäquaten hebräischen Begriffe, *choq* und *mischpat*, auch wirklich dastehen. Vieles aber wird im fünften Buch tatsächlich noch einmal gesagt, einiges unter einer anderen Perspektive, alles aber in der Ich-Form des bald aus seinem Prophetenamt scheidenden Moses. Deuteronomium ist als eine Serie von Abschiedsreden gestaltet, die Moses an das Volk auf der Ostseite des Jordans richtet. *Devarim*, Worte heißt dann auch das Buch auf Hebräisch, denn es beginnt mit: „Dies sind die *Worte*, die Moses zu ganz Israel jenseits des Jordans sprach...". Das Buch faßt die Ereignisse nicht nur zusammen. Es fordert seine Leser auch immer wieder auf, aus diesem Wissen Schlüsse fürs eigene Leben zu ziehen. Wiederholt werden nicht nur die Ereignisse seit dem Aufbruch der Israeliten vom Berg Horeb bzw. Sinai, auch der Dekalog und der komplette Kodex an Lebensregeln werden nochmal wiedergegeben – mit einigen Unterschieden im Detail (vgl. Exodus 21:1-23:19; Deuteron. 12-26). So heißt das fünfte Buch auch in der jüdischen Tradition *Mischneh Thorah*: Wiederholung der Weisung. Erst in der griechischen Übersetzung bekam das den Beigeschmack vom „zweiten Gesetz": *deutero nomion*. Die ersten jüdischen Übersetzer hatten da aber noch längst nicht die legalistische Härte späterer christlicher Auslegungen im Sinn. Der Begriff *Mischneh Thorah* kommt schon im fünften Buch selbst vor. Da aber ist nur die Rede von einer Abschrift der Weisung für den zukünftigen König Israels. Der sollte sie sein Leben lang studieren und seine Regierung an ihr ausrichten (Deuteron. 17:18-20). Als der berühmte Gelehrte Moses Maimonides (im 12. Jh.n.d.Z.) denselben Titel, *Mischneh Thorah*, für seinen eigenen Thora-Kommentar wählte, zeugte das von einem gesunden Selbstbewußtsein.

Der König soll in der Weisung lesen sein Leben lang... Einen etwas realistischeren Einblick in die politische Praxis geben die Einträge der Königsbücher. Im zweiten Königsbuch wird bemerkt, daß sich keiner um die Regeln der Thora gekümmert habe. Nicht einmal das Pesach-Fest zum Gedenken an den Auszug aus Ägypten hätten die Israeliten je gefeiert (II. Könige 23:21-23), seit sie in der Richterzeit lose nebeneinander lebten, auch nicht in der Zeit des vereinten Königreiches unter David und Salomo, und auch danach nicht bis zu jenem Tage im 18. Regierungsjahr des Königs Josia (um 622 v.d.Z.). An diesem Tag machte man im Tempel zu Jerusalem eine erstaunliche Entdeckung. Der Nordteil des israelitischen Königreiches war bereits seit 100 Jahren Geschichte. Allein dem kleinen Juda gelang es noch bis ins 6. Jh.v.d.Z. hinein, ein wenig Geschichte mitzuschreiben. König Josia ordnete eine Renovierung des Heiligtums an, und da passierte es: der amtierende Hohepriester Hilkia fand dort eine Schriftrolle. *Chilqijah* heißt übrigens „der Ewige ist mein Anteil", gebildet aus dem Wort *Teil, cheleq*, und *Jah*, jener Kurzform des Tetragramms. Er gab die Rolle dem Schreiber Schafan, der sie las und den Fund umgehend dem König meldete. Der war von ihrem Inhalt so schwer beeindruckt, daß er wie ein Trauernder seine Kleidung zerriß. Dann schickte er Hilkia und Schafan mit einer ganzen Abordnung von Würdenträgern zur Prophetin Hulda, um den *einen* Gott zu befragen, was geschehen soll, nachdem sich so lange keiner um den Inhalt des Buches gekümmert hatte. Sie kamen von ihr zurück mit einer zwiespältigen Antwort: Die ehrliche Betroffenheit des Königs werde damit honoriert, daß er vom bevorstehenden Ende seines Staates nichts mehr mitbekommen soll. Der Untergang aber würde unwiderruflich kommen, egal wie sich die Judäer von jetzt an verhalten (II. Könige 22:3-20). Die aufgefundene Buchrolle soll jenes Deuteronomium gewesen sein, das nun den letzten Band in der Serie der fünf Bücher Moses bildet. Ob es tatsächlich aufgefunden oder in jener Zeit erst geschaffen wurde, darüber scheiden sich die Geister. Der Schreiber des zweiten Königsbuches sieht diese Schriftrolle jedenfalls als *die* Inspirationsquelle für den in diesem Jahr entfachten Reformeifer Josias an. Der König verbot der Bevölkerung fortan alle Riten und Bräuche, die sie von den benachbarten Völkern übernommen hatten und die ihre Spuren selbst im Tempel hinterließen (II. Könige 23). Wahrscheinlich war Josia der erste, der den Kultus in Judäa so konsequent vereinheitlichte. Um so unverständlicher erscheint es, daß all seine Bemühungen umsonst sein sollten (II. Könige 22:19f.) Das hat wohl mit dem himmelweiten Unterschied zwischen solchen Begründungsmustern und der knallharten politischen Realität zu tun, der auch der eifrigste und redlichste König nicht entgehen kann. Jedenfalls nicht, wenn er auf einer so kleinen Scholle sitzt wie Josia mit seinen Judäern. Wenn aber Josia diese Reform tatsächlich zugeschrieben werden kann, ist ihm auch zum großen Teil die geistige Überlebensgrundlage zu verdanken, mit der die Judäer dann unter König Zedekia nach Babylonien ins Exil gingen. Der Name *Tzedeqijah* bedeutet „der Ewige ist wahrhaftig", gebildet aus dem Wort für Wahrheit, *tzedeq*, und der Kurzform des Tetragramms, *Jah*. Josias Name ist einer von denen mit der Wurzel *Jud, Schin, Ajin*, mit denen die ganze Hoffnung in die Hilfe Gottes gelegt wird. *Joschia'* heißt „der Ewige hilft" bzw. „rettet". Gerettet wurde Judäa letztlich nicht. Drei Königsamtszeiten später war alles schon vorbei. Und auch im Hinblick auf seinen eigenen politischen Erfolg war hier Nomen nicht gerade Omen. Josia verordnete seinem Volk nicht nur die jährliche Feier des Pesach-Festes. Er meinte nach seiner „Bekehrung" auch, es mit den Ägyptern seiner Zeit aufnehmen zu können. Die zwei Großmächte links- und rechtsseits von Israel/ Judäa kämpften ja regelmäßig um die Vormachtstellung im Nahen Osten. Zu Josias Zeit war es Pharao Necho, der mit seinem Heer Richtung Nordosten zog, um sich mit dem König von Assyrien zu messen. Der Zwergstaat Juda konnte zwischen diesen Mächten und Gewalten nur zerrieben werden. Allein Josia wollte das nicht wahrhaben. Als er versuchte, sich dem Pharao mit seinen paar Männern entgegenzustellen, damit der nicht einfach mit seinem Heer durch sein Land walzte, machte er auf Necho wohl eher den Eindruck eines „Ritters von der traurigen Gestalt" (um 609 v.d.Z.). Nur, Josias Gegner waren keine Windmühlen; die Armeen der beiden Reiche waren echt und bis auf die Zähne bewaffnet. Viel berichtet die Bibel nicht über seine Aktion. Sie erwähnt mehr oder weniger nur den Tatort, an dem Josia fiel: Megiddo (II. Könige 23:29).

Dem fünften Buch ist viel mehr als jedem anderen Teil der Thora anzusehen, daß es, wenn es nach vorn schaut, nicht immer wirklich in die Zukunft blickt. Vieles von dem, was hier im Futur formuliert ist, war längst gelebte Erfahrung der Schreiber, auch „all die Verwünschung, die in diesem Buch aufgeschrieben ist" (Deuteron. 29:19). Das ist keine bloße Vermutung. Deuteronomium verrät sich selbst, wenn es über die Vertreibung Israels vom eigenen Grund und Boden spricht und in einem Halbsatz nachschiebt: „wie es heute ist" (Deuteron. 29:27). Vielschichtig ist das Geschehen, auch wenn es um das Land geht. Auch das symbolische verheißene Land ist nun einmal nicht identisch mit dem historischen Kanaan. Im geschichtlichen Ländle erwarteten die Israeliten ein harter Alltag und ein Leben, das nicht sicherer war als sonstwo auf unserem Planeten. Gefahren lauerten von allen Seiten, von außen und von innen. Gegen äußere Feinde wappnet man sich am besten mit einem gut ausgebildeten Heer. Und was gibt es gegen den inneren Feind aufzubieten? Verbindliche Normen für die Gemeinschaft und den guten Willen des Einzelnen. Genau das will das Buch Deuteronomium kultivieren, indem es einerseits einen umfassenden Katalog an Rechten und Pflichten vorlegt und andererseits nahezu mit jeder Zeile ins Gewissen redet. Entscheidung ist der rote Faden des gesamten fünften Buches: „Siehe, ich lege euch heute vor Segen und Fluch..." (Deuteron. 11:26). Was tatsächlich über die Menschen hereinbricht, wird von ihrer Bereitschaft abhängig gemacht, sich in dem, von Deuteronomium gesetzten Rahmen zu bewegen. Das fünfte Buch polarisiert; es kennt nur entweder-oder, kein sowohl-als-auch. Nach ihrer Ankunft im Lande sollten sich die Israeliten die Alternativen von Segen und Fluch in einer feierlichen Inszenierung sogar noch sinnlich vergegenwärtigen. Dazu brauchte es zwei Hügel, die nicht weit voneinander entfernt liegen. Solche Bedingungen fanden sie bei Sichem auf der fruchtbaren Hochebene zwischen Jordan und Küste vor, mit den Bergen Garisim und Ebal. Der Segen sollte auf dem Berg Garisim ausgerufen werden und der Fluch vom Berg Ebal aus. Wenn das je so stattgefunden hat, war es wohl ganz großes Kino (Deuteron. 11:29-32; vgl. ebd. 27:11-26). Nach der Aufzeichnung der Rechtsverordnungen (Deuteron. 12-26) werden Segen und Fluch noch einmal proklamiert – in einem Ungleichgewicht, wie es nur der Realität entstammen kann. Allein wie der Fluch, das Scheitern, die Verfolgung ausgemalt werden, nimmt viermal so viel Platz ein wie alles, was Deuteronomium über Erfolg und Segen zu sagen weiß; und es ist mindestens viermal so eindringlich (Deuteron. 28). Der Fluch hatte sich längst realisiert und ins Gedächtnis der Menschen gebrannt. Die ellenlang ausgebreitete Unbill korrespondiert direkt mit den Ereignissen um die Belagerung und Zerstörung Jerusalems durch die Babylonier. Hier wird nicht vorausgeschaut, sondern erinnert, und zwar daran, wie die Bevölkerung der Stadt ausgehungert wurde, bevor das eigentliche Morden der Eindringlinge begann (vgl. Jeremia 14:15-20; 21:1-10; 31:15; Klagelieder 2). Und wieder einmal wird die verzweifelte Lage mit Gottes Reaktion auf den Götzendienst und Ungehorsam des Volkes begründet. Nach einem solchen Reiz-Reaktions-Schema wären dann allerdings die Kinder und Alten, die auf den Straßen verhungerten, und die Frauen, die ihre eigenen Kinder zu einer letzten Mahlzeit verarbeiteten, die Schuldigsten von allen.

Auch der Sinn für die individuelle Verantwortlichkeit mußte sich erst entwickeln. Zwei Einsichten haben sich allerdings schon in der biblischen Zeit ihren Weg an die Oberfläche des menschlichen Bewußtseins gebahnt. Erstens gibt es zwischen dem Tun und Ergehen des Einzelnen nicht immer einen direkten Zusammenhang. Das wird ausführlich im Buch Hiob diskutiert. Zweitens kann nur der Täter selbst für sein schädliches Tun schuldig sein, nicht seine Familie und schon gar nicht das ganze Volk. Deuteronomium sagt dazu selbst: „die Eltern sollen nicht um der Kinder willen sterben und die Kinder nicht um der Eltern willen. Sie sollen ein jeder für seine eigene Sünde sterben" (Deuteron. 24:16), bzw. sich verantworten. Zu diesem Gedanken gibt der Prophet Ezechiel einen ausführlichen Kommentar, der in das Fazit mündet, jeder möge von seiner Missetat umkehren, damit er lebe (Ezechiel 18). Diese Intention teilt er mit Deuternonomium. Im fünften Buch nimmt Gott seine gesamte Schöpfung in Anspruch, um es Israel einzuschärfen: „Heute rufe ich vor *euch* den Himmel und die Erde als Zeugen auf. Ich habe *dir* vorgelegt das Leben und den Tod, den Segen und den Fluch, auf daß du das Leben wählst und am Leben bleibst, du und deine Nachkommen" (Deuteron. 30:19). Allen zusammen – im Plural – legt er die Alternativen vor, auf daß sich jeder einzelne – im Singular – für das Leben entscheide. Entscheidung wird eingefordert, aber auch eine Entscheidungshilfe gegeben, die immer zuhanden ist. Wir müssen keine große Seereise antreten oder uns zu anderen Sternsystemen aufmachen, um danach zu suchen. Denn es ist sein Wort, es sind die Worte seiner Weisung, niedergelegt in diesem Buch (Deuteron. 32:46f.). Dieses Wort „ist dir ganz nah, in deinem Mund und Herzen, um es zu tun". Und es will (im Herzen) verinnerlicht und weitergegeben werden (durch den Mund), so daß es sich auch im Herzen des Nächsten niederlassen kann (Deuteron. 30:11-14).

Individuell sind auch die wiederholten Aufrufe des fünften Buches zum Hören. Selbst ein ganzes Volk hört letztlich mit einzelnen Ohren. Die berühmteste Aufforderung dieser Art ist mit Sicherheit das *Höre Israel* – „*Schma' Jissrael*". Es wird auch gern als Glaubensbekenntnis Israels bezeichnet wegen der Proklamation des *einen* Gottes in seinem ersten Satz: „Höre Israel, der Ewige ist unser Gott, der Ewige ist einer" (Deuteron. 6:4-9). In erster Linie aber lädt das *Schma' Jissrael* nicht zum Glauben ein, sondern zum Tun. Im Judentum steht das Machen vor dem Bekennen. Denn das Richtige auch ohne wohl begründete Absichtserklärung zu tun, bewirkt immer noch mehr als eine mit dem schönsten Glauben ausgestattete Tatenlosigkeit. Die Sprache verrät immer auch einiges über die Lebensphilosophie ihrer Nutzer. Wenn der Angelsachse zum Beispiel etwas begreift, *sieht* er: „*oh well, I see*" – „oh ja, ich sehe, ich verstehe". Der Hebräer aber tut es mit den Ohren: „*anj schomea' *" – „ich höre, ich verstehe". Im Deutschen macht man mit den Ohren noch etwas anderes; man kann *hören* und *gehorchen*. Die Konnotation „auf etwas" oder „jemanden zu hören" hat das hebräische Verb, *schama'* (*Schin, Mem, Ajin*), auch; das ist aber immer zusammenzudenken mit dem Verstehen. Gehorsam darf nie blind sein. Als das Volk Israel am Berg Sinai stand, antworteten alle auf das Angebot, in den Bund berufen zu werden:

„na'asseh we-nischma' " – „wir werden tun und hören" (Exodus 24:7), wir werden verstehen. Das Verständnis aber wächst im Ausdauertraining der permanenten Ausübung. Das Prinzip des lebenslangen Lernens ist nicht neu; das *Schma' Jissrael* empfiehlt es schon seit langer, langer Zeit. Wer aber beim Lernen tatsächlich etwas aufs Ohr bekommen will, braucht ein Gegenüber, muß es also gemeinsam mit anderen tun. Jüdisches Lernen funktioniert nicht als Frontalunterricht, sondern dialogisch. Es geht nur mindestens zu zweit. Das *Höre Israel*, wie es in der Liturgie der Synagoge immer wiederkehrt, besteht aus drei Teilen, die aus Stellen des fünften und vierten Buches Moses zusammengestellt sind (die Quellen sind: Deuteron. 6:4-9; 11:13-21; Numeri 15:37-41). Die Passagen kreisen im Wesentlichen um zwei Themen. Im ersten und dritten Teil geht es um geistige und sichtbare Zeichen, die bei der Pflege einer lebendigen spirituellen Praxis helfen und dabei, sie vor dem Wegsinken in eine lähmende Routine zu bewahren. Der zweite Teil stellt einen Zusammenhang zwischen der eingeübten Haltung und dem Ertrag des Landes her. Wo die Worte der Weisung im Leben nicht bewährt werden, breitet sich Dürre aus. Das dürfen wir durchaus auch als Dürre *versus* Fruchtbarkeit der eigenen Seelenlandschaft verstehen (mehr zum *Schma' Jissrael* vgl. Exkurs 4).

Bevor die Israeliten am Rande des Moabiterlandes ankamen und einen ersten Blick auf ihr ersehntes Ziel werfen konnten, mußten sie noch einige mächtige Widerstände überwinden. Wer kennt das nicht? Oft wird es kurz vor Erreichen eines großen Zieles noch einmal richtig schwer und zäh. Die Probleme türmen sich himmelhoch, und was schief gehen kann, geht auch schief. „Murphys Gesetz" wurde nicht erst in der Neuzeit erfunden, es steht schon in der Bibel. Vor allen Höhepunkten auf ihrem Weg erlebten die Israeliten diese Einbrüche, Infragestellungen, Herausforderungen. Das war so, als sie Ägypten schon hinter sich gelassen hatten und sich plötzlich höchster Gefahr ausgesetzt sahen, so eingeklemmt zwischen der Reiterarmee des Pharao und dem Schilfmeer. Da wurde es für die Israeliten buchstäblich noch einmal richtig eng. Das war so, bei der „Hängepartie" am Sinai, als sie es nicht mehr aushielten, bis Moses mit den von Gott selbst beschrifteten Bundestafeln wiederkam. Die vierzig Tage wollten einfach nicht umgehen. Da machten sie sich kurz vor dem Ziel mit dem Bau des goldenen Kalbes selbst beinahe noch alles kaputt. Mitunter kommen die Widerstände um so intensiver von innen, je länger außen keine Veränderung zu sehen ist. Und je näher sie dem Land kamen, um so mehr mußten sie kämpfen und sich durchbeißen. Ihr Ringen kulminierte in der Begegnung mit den bewaffneten Horden zweier Könige aus dem Ostjordanland: Sichon, dem Amoriter, und Og von Baschan. Noch einmal wurden die Israeliten mit voller Wucht von der körperlichen Stärke herausgefordert. Der Krieg mit den Männern von Sichon und Og hat im kollektiven Gedächtnis Israels tiefen Eindruck hinterlassen. Nicht nur die Thora selbst erinnert daran (vgl. Numeri 21:21-35, Deuteron. 2:24-3:11). Auch in den Psalmen, der biblischen Sammlung liturgischer und persönlicher Gebete, wird er besungen. Insbesondere zwei Psalmen erwähnen die Siege über Sichon und Og in einem Atemzug mit der Befreiung aus Ägypten; das sind Psalm 135 und 136. Der 136. Psalm war sicher von Anfang an für den Gebrauch im Gottesdienst gedacht. Denn er ist als Wechselgesang komponiert, in dem auf jede benannte Tat Gottes mit der Proklamation, „denn ewig währt seine Gnade", geantwortet wird. Wahrscheinlich wurde er schon im Altertum antiphonisch rezitiert. Der 136. Psalm besteht übrigens aus 26 Versen, was genau der Summe des vierbuchstabigen Gottesnamens, JHWH, entspricht. Unterwegs in der Wüste hat das Volk Israel viele kleine und große Niederlagen erlebt. Die Edomiter, Ammoniter und Moabiter zwangen es noch auszuweichen; sie ließen es bei Androhung von Gewalt weder durch ihr Gebiet ziehen, noch erlaubten sie ihm, Nahrung und Wasser für Geld zu erwerben (vgl. Numeri 20:14-21; Deuteron. 23:4-7. Anders als Numeri zeigt das fünfte Buch die Edomiter in einem positiveren Licht, denn es erinnert sich, daß sie Israel ihr Land passieren ließen. Deuteron. 23:8f.; vgl. ebd. 2:29). Als sich die Israeliten Sichon und Og stellten, war alles anders. Wenn der Widerstand kurz vor dem Ziel riesig wird, hat der Knoten plötzlich die Chance zu platzen.

Schließlich standen alle miteinander am Übergang zwischen den Ländern Moab und Kanaan. Sie brauchten nur noch herunterzusteigen, einen Fluß zu überqueren, und schon waren sie da. Sie standen aber auch im Schatten des Berges Nebo. Bevor sich Moses von ihnen verabschiedete, faßte er in zwei Reden noch einmal die ganze Ambivalenz ihres Daseins zusammen. Das *Lied des Moses* ließ sie tief in den Abgrund blicken; aber mit dem *Segen des Moses* bekamen sie auch Mut zugesprochen für ihren weiteren Weg. An diesem Ort beim Berg Nebo wird zudem der Bund zwischen Gott und dem Volk noch einmal erneuert. Erneuert? Das fünfte Buch spricht sogar von einem zweiten Bund neben dem vom Berg Horeb, dem Sinai. Dieser zweite Bund gilt ausdrücklich denen, die dort vor Ort waren, und allen, die noch nicht anwesend sein konnten – den zukünftigen Generationen (Deuteron. 28:69; 29:13f.). Die Vorstellung, daß auch die Nachfahren alles mit- und nacherleben können, hat sich inzwischen auf weitere, für die jüdische Identität entscheidende Schlüsselerlebnisse ausgedehnt. Das bewirkt die zweite Dimension der Offenbarung, die sie zu einem durch die Zeiten hindurch andauernden Prozeß macht. Jeder ist dann aus Ägypten gezogen, und jeder hat am Berg Sinai die Thora empfangen, jeder kann das Lied und den Segen des Moses hören und all das mit seinem eigenen Leben in Beziehung setzen. (vgl. K.J. Kirchner, F. Rosenzweigs Theorie, 145-147).

Das Lied des Moses ist nicht gerade eine „Ode an die Freude", sondern eher eine Ballade von der Begrenztheit des menschlichen Vermögens (Deuteron. 32:1-43). Es beklagt, wie die Menschen sich verändern, wenn es ihnen gelingt und auch genügt, sich mit materiellen Gütern zu verwöhnen. Wieder schimmert in der Zukunftsvision die Gegenwart durch: „Jeschurun" – ein anderer Name für Israel – „wurde fett und übermütig. Dick und fett und feist bist du geworden. Und er hat den Gott verlassen...", dem er seine Existenz verdankt (Deuteron. 32:15). Jeschurun kommt von *jaschar* (Jud, Schin, Resch), was *gerade* bedeutet, aber auch *geradlinig sein*. Nein, den geraden Weg ist er nicht gegangen, sondern abgebogen... Richtung Ägypten. Wir wissen, daß Deuteronomium auch hier von längst Geschehenem spricht. Aber denken wir uns einmal in die Situation hinein; wie deprimierend mußte es auf Moses selbst wirken, daß sich das Volk kaum mehr an eine Abmachung halten würde, sobald er nicht mehr da ist? Blieb also von seinem Lebenswerk nur ein Scherbenhaufen? Eben das ist die rhetorische Frage, die den Leser durch das gesamte fünfte Buch begleitet. Die Entscheidung steht immer neu aus. In der dualen Welt fett werden, macht träge, bewegungslos und ungnädig gegenüber denen, die vom Fett nichts abbekommen. Wer materiell alles kann, wiegt sich schnell in der Sicherheit, er brauche keine Perspektive mehr, die aus dieser Welt auch wieder hinausführt. Die Kirchen sind voll, wenn die Not groß ist, und leeren sich wieder, sobald die Lösung in Sicht scheint und die Lage sich entspannt. Nur wenige halten die Verbindung immer und aus einem inneren Bedürfnis heraus. Um dieses Phänomen kreisen die Gedanken im Lied des Moses. In seinen Worten schwingt die ganze enttäuschende Erfahrung mit, die sie im Land machen und sich selbst zufügen werden. Aber das ist nicht sein letztes Wort.

Moses schließt seine Rede mit einem Segen an jeden einzelnen Stamm, ähnlich wie einst Jacob jedem der zwölf Söhne eine letzte Botschaft mitgab (Deuteron. 33). Moses geht aber in einer anderen Reihenfolge vor. Und es gibt inhaltliche Akzentverschiebungen, die auf die verschiedenen Zeitebenen zurückzuführen sind – es ist ja inzwischen viel passiert – wie auch auf unterschiedliche Überlieferungsstränge. Bei Jacob nahmen die Söhne Josephs von Anfang an eine besondere Stellung ein. Joseph, der symbolisch mit dem Weiblichen und der Zwei auf der linken Seite steht, erscheint in allen Stämmelisten, wo er von seinen Söhnen, Ephraim und Menasse, vertreten wird, verdoppelt – was die Verbindung mit der Symbolik der Zwei noch unterstreicht. Levi hatte in Jacobs Gedanken noch eine unrühmliche Rolle gespielt, zusammen mit Simon, dessen Name hier völlig fehlt. Levis Bedeutung aber wuchs rasant mit der Rolle von Moses, Aaron und Miriam, mit der Begründung der Priesterdynastie Aarons und mit der Anstellung der Leviten als Tempelpersonal. Während Jacob nicht immer schmeichelhafte Charakterstudien von seinen Söhnen zeichnete (vgl. Exkurs 1), entspricht das, was Moses den Stämmen mitgibt, schon eher dem, was man sich unter einem Segen vorstellt. Die Segenssprüche kreisen meist um die

Gegenden, die die Stämme im Land besiedeln werden, und ihre Lebensbedingungen dort (mehr dazu vgl. Exkurs 5). Sein an ganz Israel gerichtetes Schlußwort handelt von der Verbindung zu Gott als dem einzigen Schutz vor den Feinden. Moses beschreibt Gott als „Schild deiner Hilfe und Schwert deines Triumphes", der „dich auf den Höhen deiner Feinde schreiten" läßt (Deuteron. 33:29). Das muß uns nicht dazu verleiten, selbstgefällig auf andere herabzuschauen. Es kann auch heißen, einen Überblick zu bekommen und Klarheit über den eigenen Weg. Dann sind in den Feinden äußere wie innere Widerstände zu erkennen, die unsere Lebenspläne bedrohen und uns den nötigen Handlungsspielraum nehmen.

Danach stieg Moses auf den Berg, um wenigstens einmal das Land zu überblicken und um von dort nicht wieder zurückzukehren. Es heißt, er starb mit seinen 120 Jahren, ohne an Lebenskraft verloren zu haben (Deuteron. 34:1-5). Das fünfte Buch erspart es uns nicht, die Stimmung will sich nicht aufhellen. Das letzte Kapitel steht unter dem Eindruck des Abschieds bis zum Schluß. Dann steht da plötzlich: „Und er begrub ihn im Tal, im Moabiterland gegenüber von Beith Peor." (Deuteron. 34:6). Es wird nicht ausdrücklich gesagt, wer der Er ist. Dennoch wird traditionell angenommen, daß er identisch ist mit dem, von dem das Buch Genesis schreibt, „und *JHWH* schloß hinter ihm zu" (Genesis 7:16) – die Tür hinter der Besatzung der *Thewah* vor der Sintflut. Wer hätte sonst auch so diskret sein können, daß bis auf den heutigen Tag niemand weiß, wo sich das Grab von Moses befindet...? Aber wie konnte es jetzt weitergehen? Als Moses Josua feierlich vor dem ganzen Volk als seinen Nachfolger eingesetzt hatte (Deuteron. 31:1-8), konnte dieser nun die Führung übernehmen. Eine Möglichkeit wäre, sich nun mit Josua zusammen in neue Abenteuer zu werfen und einfach weiterzulesen und dabei schließlich aufzuwachen angesichts der Tatsache, wie „irdisch" und „diesseitig" die Ereignisse im Lande weitererzählt werden. Die anfängliche Juchhee-Stimmung, der Eroberungseifer mußte nach und nach der Erkenntnis weichen, wie wenig doch die Wirklichkeit Kanaans den Erwartungen entsprach. Ihre Mühen, sich einen Lebensbereich zwischen den schon vorhandenen Siedlungen zu sichern, glich langfristig eher einem zähen Ringen, in dem es keine dauerhaften Sieger oder Verlierer gab – so, wie es die Richter- und Samuel-Bücher berichten. Wenn die Thora aber der Kern der Offenbarung ist und wir darin bereits die gesamte Symbolik eingefaltet finden, sollte es auch möglich sein, den Neuanfang in ihr selbst zu suchen. Genau das ist es, was die jüdischen Gemeinden in ihrem jährlichen Thoralesezyklus machen. Wenn dieser im Herbst zu Ende geht, gibt es ein besonderes Fest: *Ssimchath Thorah*, das Fest der Freude (an) der Thora. An diesem Tag werden die letzten beiden Kapitel des fünften Buches gelesen. Unmittelbar daran schließt sich das Eingangskapitel des ersten Buches an, die Schöpfung der Welt in sieben Tagen. Dem Nachruf auf Moses folgt der Satz: „Am Anfang schuf Gott den

Himmel und die Erde...". „Und jedem Anfang wohnt ein Zauber inne", wie ihn nur das Leben selber schenken kann in seiner Kraft, sich stetig zu erneuern und in neuen Formen wiederzukehren. Am Tag der Thora-Freude wird ausgelassen gefeiert und getanzt, mit allen Schriftrollen im Arm, welche die Gemeinde besitzt. So feiert niemand, der sich bedrückt fühlt von einem unerbittlichen Gesetz. Die Thora ist etwas Lebendiges. Liebevoll wird sie selbst 'Etz Chajim, Baum des Lebens genannt, weil sie den Weg zum Baum des Lebens zeigt. Wann immer in einem Gottesdienst eine Lesung aus der Thora vorgesehen ist, wird die Schriftrolle danach feierlich, von Gebeten begleitet in den Thora-Schrein zurückgebracht. In einem der Gebete heißt es, daß „ihre Wege Wege der Anmut sind und alle ihre Pfade Frieden" (Siddur Schma Kolenu, 82.404/ 405). Von *zwei* Stäben wird die *eine* Rolle gehalten und mit ihnen jeweils in die Position gebracht, die gerade gelesen werden soll. Blättern heißt hier rollen. Die jeweils aufgeschlagene Stelle ist auch ein Sinnbild für das Jetzt zwischen dem schon Gelesenen und dem, was noch gelesen wird, zwischen Vergangenem und Zukünftigem. So geht es jede Woche immer ein Stück weiter wie die Tage unseres Lebens. Zugleich öffnet die Thora die Augen für Strukturen, die hinter den scheinbar zufälligen und mitunter schwierigen Alltagseindrücken von einer ewigen Ordnung zeugen. Probleme und erschreckende Erfahrungen redet sie nicht klein, will aber zugleich Vertrauen wecken, daß dies alles aufgehoben ist in einem Gesamtsinn.

Statt eines Nachworts

Hier endet unsere Erkundungstour durch den Kosmos der Bibel, für dieses Mal. In Anbetracht dessen, was es noch alles zu erforschen gibt, war es wohl eher nur ein kurzer Ausflug mit Wharp-Antrieb. Aber es sollte deutlich geworden sein, wie sehr es die hebräische Sprache in sich hat und wie viel Sinngebung die Bibel aufgrund ihrer Struktur noch freigibt. Das Judentum muß also tatsächlich gewissermaßen buchstabentreu sein, wenn es dieses Wissen bewahren will.

Absichtlich wurden aufkommende Fragen nicht immer rückstandsfrei beantwortet. Oft reicht es schon aus, die richtigen Fragen zu stellen und sich Probleme bewußt zu machen, um Denkprozesse in Gang zu setzen. Dieser andauernden inhaltlichen Auseinandersetzung und dem möglichst gemeinsamen Lernprozeß wird in der jüdischen Tradition oft mehr Bedeutung beigemessen, als restlose Widerspruchsfreiheit herzustellen. Die Bibel selbst enthält ja kein geschlossenes philosophisches System. Sie bietet zu gleichartigen Problemen mitunter sogar gegensätzliche Lösungen an, je nachdem wie es das Leben in der jeweiligen Situation verlangt. Ebenso gibt es nicht die *eine* Perspektive auf eine Textpassage oder ein Thema. Die Offenbarung als andauernder Prozeß ist ein Gemeinschaftswerk.

Wer es nicht erwarten kann, die Expedition noch etwas fortzusetzen, für den gibt es gleich hier im Anschluß noch ein paar kleine Exkursionen. Sie führen keineswegs auf Nebenschauplätze mit kaum bekannten Spezialitäten. Ein Großteil der angesprochenen Themen ist in der Tradition ebenfalls von zentraler Bedeutung. Darüber hinaus laden die Empfehlungen weiterführender Literatur auf Deutsch und Englisch den mutigen Abenteurer zu weiteren Entdeckungsreisen ein. In diesem Sinne weiterhin *bon voyage!* auf der großen Tour durch die unendlichen Weiten des biblischen Kosmos.

Exkurs 1: Jacobs Segen und der Tierkreis

Als Jacob am Ende seines Lebens die zwölf Söhne segnete, gab es echte gute Wünsche eigentlich nur für die Zukunft von Joseph und Juda (Genesis 49:1-28). Das Leben der anderen zehn kommentierte er nicht immer gerade wohlwollend, geschuldet den Erfahrungen, die er mit ihnen gemacht hatte. Bei genauerem Hinsehen entpuppen sich die Söhne zugleich als zwölf Beispielgestalten und zwölf Menschentypen. Beim Segen Jacobs handelt es sich also nicht nur eine bloße Momentaufnahme aus dem Familienleben des Stammvaters. Tatsächlich ist der Gedanke nicht neu, daß die Charaktere der Söhne Jacobs in Grundzügen der Symbolik der Tierkreiszeichen entsprechen. Wie ist das aber zu begründen? Ist es überhaupt erlaubt, die Deuteinstrumente der Astrologie und die biblische Symbolik miteinander in Beziehung zu setzen? Im Altertum und noch bis in die Neuzeit hinein hätten die Menschen sich diese Frage so gar nicht gestellt. Denn sie haben ihr Denken noch nicht so strikt wie wir in verschiedene Areale eingeteilt und dann analysiert, wann sie das eine verlassen und das andere betreten. Solche Fragen stellen sich uns erst nach den vielen Etappen einer Jahrhunderte langen Geistesgeschichte, in denen sich unsere Denksysteme immer weiter zergliederten und ihre Aussagegehalte immer mehr verengten. Die größten Paradigmenwechsel hat es dabei in der Neuzeit gegeben und begannen schließlich auch, praktische Wirkung in Wissenschaft, Technik und Medizin zu zeigen. Vom Stand und Ansehen der Astrologie ist am Ende dieses Prozesses nicht viel übrig geblieben. Ursprünglich aber zeugten auch ihre Wissensstände von der Konzeption einer umfassenden kosmischen Ordnung. Ihre Basis fand die Astrologie in langer, geduldiger Beobachtung von Qualitäten, die an Lebewesen und Dingen immer wiederkehren sowie in abgrenzbaren Räumen und Zeiten auftreten. Dazu gehört zum Beispiel, daß bestimmte Pflanzen und Mineralien in der Natur oft zusammen vorkommen. Über Jahrhunderte haben die Menschen diesen Phänomenen nachgespürt, sie kategorisiert und klassifiziert. Dabei bemerkten sie, daß sich bestimmte Bedingungen, Eigenschaften und Zeitqualitäten in bestimmten Zeiträumen häufen, zusammenklingen oder einander ausschließen. Diese Beobachtungen schienen im Einklang mit den Stellungen und Bewegungen der sichtbaren Himmelskörper zu stehen. Insbesondere schauten die Himmelsbeobachter darauf, was sich auf der Ekliptikebene abspielte, auf der sich im Wesentlichen alle Planeten unseres Sonnensystems bewegen, und zwar vor dem Hintergrund jener Sternkonstellationen, die wir als Tierkreiszeichen kennen. Allzu sehr verwundern muß das Zusammenstimmen von Ereignissen und qualitativen Veränderungen mit den Gegebenheiten am Himmel nicht. Schließlich unterliegen die Himmelskörper denselben in der Schöpfung angelegten Strukturen wie alles, was auf der Erde existiert oder geschieht. Mit der großen astronomischen Uhr lernten die Menschen, diese Qualitäten zu bestimmen und zeitlich einzuordnen; als stimmungsmäßige Hintergrundstrahlung (Tierkreiszeichen) ebenso wie als dynamische, das konkrete Geschehen prägende Energien (Planetenbewegungen). Die mit den Zeichen assoziierten Qualitäten ziehen sich also durch alle Wirklichkeitsschichten und beschränken sich nicht auf menschliche Charaktere (Zur Einführung in die astrologische Symbolik siehe Weidner und Riemann, Literaturhinweise). Die astrologische Symbolik hat sich vom Zweistromland über die griechischen Inseln bis hin ins christliche Abendland verbreitet und weiter entwickelt. Ursprünglich entstanden ist sie also im selben Kulturraum wie die biblische Symbolik. Von daher liegt es nahe, daß beide symbolischen Systeme bis zu einem gewissen Grad miteinander korrespondieren.

Um die symbolischen Entsprechungen zwischen den Söhnen Jacobs und den Tierkreiszeichen zu durchdenken, ist eines wichtig zu wissen. Gemäß dem System der Astrologie sind auch den größeren Epochen der Menschheitsgeschichte bestimmte Qualitäten eigen. Auf der astronomischen Uhr wird der Beginn einer solchen Epoche über die Stellung des Frühlingspunktes definiert, das heißt, in welchem Tierkreiszeichen die Sonne zur Frühlingstagundnachtgleiche aufgeht (*Aszendent*). Dieser Punkt verschiebt sich mit der Zeit, weil die Erdachse mit berechenbarer Regelmäßigkeit kreiselt. Eines dieser Weltzeitalter dauert ca. 2150 Jahre, das heißt ebenso lange verweilt der Frühlingspunkt ungefähr in einem der Zeichen. Bei der Bestimmung der Übergänge des Frühlingspunktes von einem Zeichen ins nächste geht man in der Regel von einer idealisierten Unterteilung der Ekliptik in 12 x 30° aus und nicht von der tatsächlichen Fläche, welche die Tierkreiskonstellationen bedecken. Nach ca. 25.800 Jahren ist der Frühlingspunkt einmal durch alle Tierkreiszeichen gelaufen. Dabei verschiebt er sich immer zusammen mit vielen anderen markanten Stellen im System wie dem Sonnenuntergangspunkt (*Deszendent*), der höchsten Mittagsstellung der Sonne am Himmel (*Medium Caeli*) und ihrem Tiefpunkt in der Nacht (*Imum Caeli*). Neben diesen Hauptachsen gibt es weitere Übergänge zwischen den so genannten Häusern. Den Häusern werden die Inhalte verschiedener Lebensbereiche zugrundegelegt; in ihren Themen kehren aber auch die Charakteristika der Tierkreiszeichen wieder. Die Darstellungen der Astrologie zeigen, verkürzt gesagt, das Zusammenspiel einer dreifachen Variation über dieselben Themen auf, wiederkehrend im Tierkreis, in den Häusern und in den Planeten, denn es gibt auch inhaltliche Verknüpfungen zwischen Tierkreiszeichen und Planeten. Mit der Verschiebung des Frühlingspunktes verändert sich also auch die Verteilung der Hauptachsen und Häuser in den „Sternkarten" der verschiedenen Epochen – so wie es die Graphiken exemplarisch für die Epochen des Stieres und des Widders zeigen. Die Darstellung ist freilich vereinfacht; in exakten Zeichnungen liegen die Felder der Häuser und der

Zeichen meist nicht genau übereinander. Für die qualitative Prägung eines Hauses ist entscheidend, in welchem Zeichen der Anfang des Hauses liegt. Beim ersten Haus ist die Linie, die den Hausanfang markiert, identisch mit dem Aszendenten. Im Zeitalter des Widders war der Widder das Zeichen, in dem der Frühlingspunkt bzw. der Aszendent des Epochen-Horoskops lag. Im Zeitalter des Stieres war es der Stier. Das Zeichen, in dem der Frühlingspunkt liegt und wo das erste Haus anfängt, gibt also der Epoche ihren Namen.

Tierkreis im Zeitalter
des Widders
ca. 2300 v.d.Z. - ca. 150 v.d.Z.

Tierkreis im Zeitalter
des Stiers
ca. 4450 v.d.Z. - ca. 2300 v.d.Z.

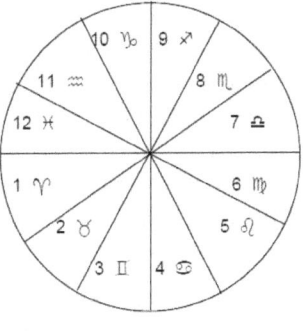
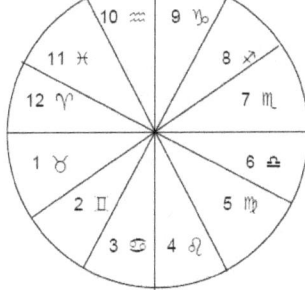

♈ Widder
♉ Stier
♊ Zwillinge
♋ Krebs
♌ Löwe
♍ Jungfrau

♎ Waage
♏ Skorpion
♐ Schütze
♑ Steinbock
♒ Wassermann
♓ Fische

Seine erste gründliche Ausarbeitung erfuhr das astrologische System im Zeitalter des Widders (um 2300 - um 150 v.d.Z.), also in jener Epoche, da Babylonien und Griechenland zu Hochkulturen aufstiegen und zu Zentren der Himmelskunde. So verdanken wir schon den Babyloniern ein immenses astronomisches Wissen aufgrund ihrer Jahrhunderte langen Erfahrung in der Himmelsbeobachtung, den Griechen und ihrer Mythologie aber einen Großteil unserer Sternbilder. Mit Beginn des Fische-Zeitalters um 150 v.d.Z. hätte sich das epochale Häuserrad in den astrologischen Darstellungen eigentlich wieder um je ein Zeichen weiterdrehen müssen. Inzwischen ist auch das vorbei und die Übergangsphase zu einer neuen Ära angebrochen, der des Wassermanns. Die Sternkarten der Astrologie zeigen aber heute immer noch die Anordnung, wie sie im Widder-Zeitalter erarbeitet wurde, als die Aufzeichnungen auch mit dem übereinstimmten, was seinerzeit am Himmel zu sehen war. Es wäre interessant, einmal der Frage nachzugehen, welche Folgen diese Diskrepanz für die symbolische Aussagekraft der heutigen astrologischen Darstellungen im Detail hat.

Wenn es um die jeweilige Prägung der ganzen Epoche geht, können wir jedenfalls die Verteilung der Tierkreissymbole in den Feldern der Häuser nicht ignorieren. In der Widder-Ära bestimmte also das Widder-Zeichen qualitativ das erste Haus, Stier das zweite, Zwillinge das dritte u.s.w. Die Geschichten und Bilder der Bibel stammen selbst zu einem großen Teil aus dem Widder-Zeitalter; zum Teil wurzeln sie aber viel tiefer, in der Zeit des Stiers. In der Stierzeit wiederum standen der Stier im ersten Haus, Widder im zwölften und Zwillinge im zweiten. Das ist der Grund, warum der Reigen der Jacobssöhne beim Erstgeborenen, Ruben, nicht mit der Widder-, sondern der Stiersymbolik eröffnet wird. Die Übereinstimmungen zwischen der Zeichensymbolik und den Charakteren der Söhne sind signifikant. Das ist aber nicht allein aus der Abfolge erkennbar, in der Jacob seine Segenssprüche bringt. Sie erschließen sich erst vollständig, wenn wir auch die Reihenfolge mit einbeziehen, in der die Söhne zur Welt gekommen sind. Jacob bestimmt mit seinen Aussagen den Inhalt; seine Frauen aber legen mit ihren Geburten die Stellung der Söhne im Tierkreis fest. In der Zusammenschau von Segen (Genesis 49:1-28) und Geburtenfolge (Genesis 29:31-30:24; 35:16-20) ergibt sich folgendes Bild von den Söhnen Jacobs als Repräsentanten der Tierkreissymbole:

Ruben – Stier. Ruben war zwar der erstgeborene Sohn Jacobs, dennoch bekam er nicht die traditionell damit verbundenen Vorzugsrechte zugestanden. Beschrieben wird er mit Attributen, passend zum Zeichen des Stieres: mächtig und kräftig, mitunter ungeduldig, voll männlicher Potenz. Nur setzte er diese auch ein, wo es absolut nicht angebracht war: im Bett von Bilha, einer der beiden Nebenfrauen Jacobs. Das hat der Vater offenbar seinen Lebtag nicht vergessen und nicht verzeihen können (vgl. Genesis 35:22).

Die Gewaltbereitschaft von *Simon* und *Levi* aber machte dem Vater weit größere Sorgen. Das Beste, was Jacob ihnen wünschen konnte, war, in alle Zukunft so uneins zu sein, daß sie nie wieder in so geballter Kraft auftreten konnten. In so geballter Kraft, wie als Dina, die einzige im Geburtenwettstreit zwischen Lea und Rachel erwähnte Tochter Jacobs (Genesis 30:21), vom Sohn eines kanaanitischen Stammeshäuptlings vergewaltigt worden war. Als Sichem, der Täter, sie schließlich auch noch heiraten wollte, folgte auf seinen Antrag der Hinterhalt. Dinas Brüder täuschten Zustimmung vor und machten zur Bedingung, die Töchter untereinander austauschen zu können, daß sich alle Männer des Chiviter-Stammes beschneiden lassen. Diese ließen die schmerzhafte Prozedur tatsächlich über sich ergehen; dann machten sie erst einmal krank. Das nutzten Simon und Levi aus, fielen mit Schwert und Dolch über die wehrlosen Männer her und ließen keinen von ihnen am Leben – um zu rächen, was mit ihrer Schwester passiert war. Dann plünderten alle Söhne Jacobs zusammen das Hab und Gut der Chiviter und nahmen alles mit, was nicht niet- und nagelfest war, auch die Frauen und Kinder. Jacob stellte Simon und Levi zur Rede, weil er um seinen Ruf fürchtete. Schließlich mußte er mit noch ein paar mehr Kanaanitern in seiner Umgebung auskommen (Genesis 34). Ein direkter Bezug zur Symbolik von Zwillinge und Krebs scheint hier zunächst nicht herstellbar zu sein.

Simon – Zwillinge. Zumindest hat der Name Simons, auf Hebräisch *Schim'on* ausgesprochen, etwas Dialogisches und erinnert an die Doppelgestalt des Zwillings; denn er hat über seine Wurzel *Schin, Mem, Ajin* mit *hören* zu tun. Um zuhören oder auf jemanden hören zu können, braucht es ein Gegenüber. Kommunikation, Wißbegierde und Wissensvermittlung aber gehören zu den Kerneigenschaften des Zeichens Zwillinge.

Levi – Krebs. Und wenn wir an den Werdegang des *Stammes* Levi denken, gibt es auch einige Bezüge zum symbolischen Spektrum des Krebses. Die Leviten waren nicht nur für den Tempelbetrieb, sondern auch für die Unterweisung der Menschen in der Thora zuständig. *Lewi* (*Lamed, Waw, Heh*) heißt auf Hebräisch *Begleiter*. Und Aufgabe der Leviten war es ja, die Menschen durch ihr Leben zu begleiten und ihnen dabei zu helfen, die Verbindung zur Herkunft und zum Ursprung zu halten. Sich aber bewußt in der Herkunft zu verwurzeln und daraus auch seelische Nahrung zu beziehen, sind Qualitäten des Krebses.

Juda – Löwe. Juda wird bereits von Jacob als Löwe bezeichnet und mit Attributen belegt, die an den König der Tiere erinnern. Ein König, mit dem Szepter der Macht über die Menschen ausgestattet, so ist Juda die Aufmerksamkeit seines Vaters und der späteren Geschichte sicher. Er wird die hebräische Kultur weiterführen und ihren Fortbestand sichern. Dafür kann er das selbstbewußte Naturell des Zeichens Löwe gut gebrauchen und den Anspruch, mit seiner Persönlichkeit und Kreativität im Mittelpunkt zu stehen. Es fällt auf, wie nachdrücklich Jacob Judas Wohlergehen mit Bildern des Weinstocks und des aus ihm gemachten Getränks untermalt. Juda und der Wein sind, wie wir inzwischen wissen, beide Symbole der Geistseele.

Dan – Jungfrau. In der Reihe der Geburten geht es weiter mit *Dan*. Ihm spricht Jacob die Kompetenzen eines Richters und Schlichters zu; diese sind ihm auch in den Namen eingeschrieben. Denn *richten* heißt auf Hebräisch *dun* und stammt von der gleichen Wurzel wie Dan (*Daleth, Waw, Nun*). Das scharfe und zum Teil berechnende Urteil gehört auch zur Symbolik des Jungfrau-Zeichens. Sie schließt die Geduld ein, die jemand braucht, um sich durch das Paragraphengeflecht von Regelwerken und die Zahlenkolonnen von Rechnungen und Bilanzen zu arbeiten.

Naphtali – Waage. In Naphtali sieht Jacob eine schnelle Hirschkuh und einen Menschen schöner Rede. Aussehen wie Aussprache zeugen also von einem gewissen Sinn für Ästhetik und einer rhetorischen Begabung. Das sind zugleich Themen des Waage-Zeichens. Beide – ästhetisches wie rhetorisches Geschick – zielen weniger darauf, im Sinne des Rechthabens korrekt als vielmehr ausgewogen zu sprechen – die wohl gewählten Worte eines Waage-Menschen, der Konflikte lieber glättet als schürt.

Gad – Skorpion. Mit Gad bringt Jacob ein Wortspiel, das von Variationen über die Wurzel *Gimel*, *Daleth*, *Daleth* lebt. Aus ihr wird unter anderem das Verb *gadad* gebildet, das *angreifen* heißt. Gad wird selbst bedrängt werden, aber mit einem für die Gegner unangenehmen Effekt. Jacob sagt nicht einfach, er sei stärker als sie, sondern daß er sie seinerseits an der Ferse attackiert. Einem Fersenstecher war auch der große Kämpfer und Jägermeister Orion – das griechische Pendant des biblischen Nimrod – zum Opfer gefallen: dem Skorpion. Es heißt, daß deshalb beide Sternbilder niemals zusammen am Himmel erscheinen. Wenn der Skorpion im Sommer auftaucht, verschwindet Orion. Und wenn sich Orion im Winter zeigt, macht sich der Skorpion erstmal für ein halbes Jahr davon. Jemanden von hinten unten angreifen, das ist verschlagen und abgründig und nach der Tierkreissymbolik eine skorpionische Qualität.

Asser – Schütze. Was Jacob zu Asser – hebräisch gesprochen *Ascher* – sagt, paßt sehr gut zur Anspielung auf den Wohlstand in seinem Namen. *Ascher* ist verwandt mit *oscher* (*Aleph*, *Schin*, *Resch*), dem Reichtum. An gehaltvollem Brot und leckerer Speise solle es ihm nie fehlen und von Erfolg werde er gekrönt sein. Erfolg und Glück, die idealerweise auf spirituell fundierten Prinzipien und Werten aufbauen, das sind auch Qualitäten des Schützen.

Issachar – Steinbock. Issachar wird beschrieben als ein knochiger Esel, der beständig und zuverlässig dient. Das entspricht dem Steinbock-Zeichen genau. Auch wenn er sich durch eine schöne und anmutige Landschaft bewegt, fällt ihm alles so schwer, als steige er durch hartes, felsiges Gebiet. Alles dauert seine Zeit und geht nur in kleinen Schritten vorwärts. Doch am Ende kommt er an. Darum können die Qualitäten des Steinbocks ihre Güte wohl auch erst im Alter richtig zeigen

Sebulon – Wassermann. Sebulon wohnte am Meer und war neben Issachar einer der zwei Stämme Israels, die sich auch auf die hohe See wagten und die Ostküste des Mittelmeeres „unsicher" machten. Symbolisch hat der Wassermann aber weniger mit dem Wasser als mit der furchtlosen Entdeckerfreude selbst zu tun. Hier äußern sich Mut und Innovation des Menschen im Vordringen zu neuen Horizonten – und wenn es die Horizonte Phöniziens sind, wo die Metropole Sidon lockt.

	Reihenfolge der Jacobssöhne nach ihrer Geburt (Genesis 29: 31-30:24; 35:16-20)		Entsprechung der Tierkreiszeichen nach der Geburtenfolge	Reihenfolge der Söhne im Segen Jacobs (Genesis 49:1-28)
1	Ruben	Lea	Stier	Ruben
2	Simon	Lea	Zwillinge	Simon
3	Levi	Lea	Krebs	Levi
4	Juda	Lea	Löwe	Juda
5	Dan	Bilha	Jungfrau	Sebulon
6	Naphtali	Bilha	Waage	Issachar
7	Gad	Silpa	Skorpion	Dan
8	Asser	Silpa	Schütze	Gad
9	Issachar	Lea	Steinbock	Asser
10	Sebulon	Lea	Wassermann	Naphtali
11	Joseph	Rachel	Fische	Joseph
12	Benjamin	Rachel	Widder	Benjamin

Joseph – Fische. Sein Lieblingssohn wächst, nach den Worten Jacobs, wie ein am Wasserlauf tief verwurzelter Baum – fest im Boden verankert und zugleich nah an der Quelle. Wo er sich behauptet, tut er das immer auch dank seiner engen Verbindung zu Gott. Ein Segen, der bis zum Himmel und zum Horizont des Meeres reicht, das entspricht der grenzenlosen Spiritualität des Fische-Zeichens. Sie löst selbst die härtesten dogmatischen Schranken und Verkrustungen auf. Josephs Affinität zur linken Seite und seine weiblichen Attribute korrelieren außerdem mit der Weiblichkeit des Fische-Zeichens. Dieser Zusammenhang wird überdeutlich, wo Jacob über Joseph die Segnungen der Brüste und des Mutterleibs, *birkoth schadajim wa-rechem*, herabruft (Genesis 49:25). Von den *schadajim* wie vom *rechem* leiten sich auch zwei Gottesnamen her, von denen einer in der Zeit der Erzeltern schon geläufig war, das ist *El Schadaj*. *Schadaj* ist etymologisch unübersehbar verwandt mit den *schadajim*, den weiblichen Brüsten. Der andere Gottesname ist *El ha-Rachamin*, was in der Regel mit „der barmherzige Gott" übersetzt wird. Vom Herzen ist in der Ursprache nicht die Rede. Der Name hat seine Wurzel (Resch, Cheth, Mem) vielmehr gemeinsam mit *rechem*, dem Mutterleib und spricht von einer Geborgenheit, wie ihn das noch ungeborene Kind im Bauch seiner Mutter erfährt. Die Urkraft der Schöpfung kommt also nicht nur als männliche Energie daher, die mit drückender Herrschaft droht. Auch urweibliche Qualitäten bringt sie mit. Kein Wunder, ist sie doch die Quelle von beiden.

Benjamin – Widder. Zu guter Letzt gibt es da noch den zweiten Sohn Rachels. Er ist ganz männlich, die rechte Seite steckt schon in seinem Namen: *Ben Jamin* heißt Sohn der Rechten. Das Bild des reißenden und Beute machenden Wolfes umschreibt sehr gut auch eine Kernqualität des Widder-Zeichens. Man sieht förmlich die Klauen und die Zähne, die am Typus des Widders ebenso hervorstechen. Zugleich kommt in Jacobs Worten dessen ritterliche Großzügigkeit zum Tragen, in der er dann auch gern die Beute mit anderen teilt.

In Reinkultur hat kaum ein Mensch die Qualitäten der Tierkreiszeichen aufzuweisen. Jeder hat von allen etwas, nur eben in seiner ganz speziellen Mixtur. Die Systeme der biblischen und der astrologischen Symbolik sind Hilfsmittel, um die kosmische Ordnung und die in ihr waltenden Kräfte zu verstehen. Beide wollen aber auch dem einzelnen dabei helfen, seine Potentiale zu entdecken und zu entfalten. Zugleich machen sie auf Einflüsse aufmerksam, denen wir uns unterordnen müssen, weil sie außerhalb unserer Handlungsreichweite liegen. Versuche, die Astrologie zu nutzen, um den persönlichen und globalen Verlauf der Zukunft zu prognostizieren, stehen allerdings der in der Bibel vertretenen Auffassung entgegen, daß die Zukunft in der dafür notwendigen Stringenz nicht festgelegt ist. Die Bibel verbietet den Menschen, die sich dem Bund mit Gott angeschlossen haben, ausdrücklich, Sonne, Mond und Sterne anzubeten (Deuteron. 4:19f.); das heißt, ihnen so viel Einfluß zuzutrauen, daß sie selber das Geschick der Menschen lenken. Die Annahme, konkrete Ereignisse vorhersagen zu können, beruht auf einem linearen Denken und der Vorstellung einer weitgehenden Determination der Vorgänge in der Welt. Das entspricht nicht der Realität, bewegen wir uns doch vielmehr in *Feldern* von Qualitäten und Energien. Felder aber bedecken immer eine ganze Fläche der Raumzeit und können nicht wie Richtfunksignale oder Laserstrahlen genau zu ihrer Quelle zurück oder auf ihr Ziel hin verfolgt werden. Eine präzise Prognose ist so kaum möglich. Der große Lernprozeß der Menschheit hat mit der Zeit auch die Erkenntnis hervorgebracht, daß „im Himmel wie auf Erden" – oder wie man früher auch zu sagen pflegte – „oberhalb" und „unterhalb des Mondes" die selben Gesetze gelten. Damit unterliegt die gesamte Schöpfung im großen Ganzen wie in ihren feinsten Verästelungen den gleichen Strukturen und der gleichen Entwicklungsdynamik. Und in der Schöpfung ist die Zukunft offen.

Exkurs 2: Der Dekalog

Die Schöpfung der Welt steht unter dem Zeichen des Buchstabens *Beth*, der Zwei. *Beth* ist das erste Zeichen im Buch der Bücher, weil die Schöpfung auf der Grundlage zahlreicher Dualitäten funktioniert. Mit den Zehn Worten (*'Assereth ha-Dibroth*) überreichte Gott den Menschen seine Visitenkarte und einige Grundregeln, die alle Epochen und gesellschaftlichen Entwicklungsstände überdauern sollten (Exodus 20:1-14; Deuteron. 5:6-18). Die Zehn Worte wiederum beginnen mit dem *Aleph*, dem Buchstaben der Eins, der Gott selbst als den Autor der Sprüche auf den Steintafeln ausweist. Übergeben werden sie, passend zu der von Dualitäten geprägten Welt, in einem Doppelpack. Graviert auf *zwei* Steinplatten, bilden sie *eine* Einheit und stellen damit zugleich das Verhältnis von zwei zu eins dar. Auf den ersten Blick scheint das, was auf der ersten Tafel steht, mehr um das Verhältnis zwischen Mensch und Gott zu kreisen, während die Worte der zweiten auf das Verhalten der Menschen untereinander zielen. Man könnte also meinen, daß die ersten fünf Sprüche mehr theologisch ausgerichtet sind, die zweiten fünf Sprüche aber eher ethisch und praktisch. Nur, das läßt sich so nicht ohne weiteres sagen. Denn im Rahmen des Dekalogs ist auch die Haltung gegenüber dem Mitmenschen und seinem Hab und Gut ein Ausdruck des Verhältnisses zu Gott. Wie stark die Beziehung des Menschen zu Gott mit der zu seinem menschlichen Nachbarn korrespondiert, ist sinnfälligerweise auch an inhaltlichen Parallelen zwischen den Sprüchen ablesbar, die auf den Tafeln jeweils einander gegenüberstehen. Diesen Querverweisen wollen wir hier einmal nachspüren.

Erstes und Sechstes Wort: Das erste Wort beginnt mit „*Anj JHWH, Elohejcha...*", „Ich bin der Ewige, dein Gott...". So stellt er sich einerseits als der gerechte Schöpfergott (*Elohim*) vor und andererseits als die in der Geschichte erfahrbare, empathische Person (*JHWH*). In der Geschichte – als Lenker vom Weltgerichte? Die Idee, daß der Geist Gottes das Geschick der Menschheit im Großmaßstab vorherbestimmt, wurde wohl am prominentesten vom Großmeister des Deutschen Idealismus, Georg F.W. Hegel, vertreten. Sie ist allerdings mit der Konzeption einer grundsätzlich offenen Zukunft, wie sie in der Bibel vertreten wird, nicht vereinbar. Die in der Bibel angestrebte Rückkehr zum Ursprung als einzigem Fernziel führt potentiell über unendlich viele Pfade. Und welcher von ihnen sich jeweils realisiert haben wird, verrät immer erst die Rückschau. So gesehen, wirkt Gott in der Weltgeschichte viel mehr als Begleiter der vielen, individuellen Lebenswege. Auch die dicken Linien großer, epochaler Vorgänge werden so mit den unzähligen Pinselstrichen persönlicher Geschichten gezeichnet. „Ich bin *dein* Gott". Das kann kaum von jemandem gesagt werden, der sich nur einmal irgendwann in grauer Vorzeit theatralisch an einem rauchenden Berg mitgeteilt hat. Die Offenbarung dauert an. Schon ihre Aufzeichnung in der Thora enthält die Erfahrung vieler Generationen. Die Thora ist für das Judentum das Fundament, auf dem die Gemeinschaft auch in der Gegenwart steht. Zugleich verjüngt sich die Offenbarung immer wieder im Erleben aller, die die Gemeinschaft jetzt tragen. Der beim Berg Nebo geschlossene zweite Bund ist biblisches Vorbild für die Kette der Überlieferung. Nicht nur die Menschen vor Ort werden angesprochen, sondern alle später Geborenen, die dort noch nicht anwesend waren (Deuteron. 29:13f.). Im Licht dieses Bundes gesehen, kann sich jeder Mensch auch in Zukunft die Erfahrung zueigen machen, selbst aus der Enge und Angst von *Mitzrajim* befreit zu sein und zu wissen, wem er das verdankt: „Ich bin der Ewige, dein Gott, der dich aus dem Land Ägypten geführt hat." Ebenso hat Gott den Bund am Sinai auch mit den zukünftigen Generationen geschlossen. Dem ersten Wort steht als erstes der zweiten Tafel die Aussage, „du sollst nicht töten", gegenüber. Das heißt, du sollst nicht Hand anlegen an das Leben eines anderen oder an dein eigenes. Als einzige Ausnahme gilt der Verteidigungsfall. Das entspricht weitgehend auch unserem heutigen Rechtsempfinden; das aber war nicht immer und überall so. Man denke nur an die in der Stoa entwickelte Haltung, das eigene Leben durch Selbsttötung an den Kosmos oder die Götter auch wieder zurückgeben zu können. Oder an die Praxis in der griechischen und römischen Antike, die eigenen Kinder einfach auszusetzen, wenn sie krank waren oder wenn man meinte, sie nicht mehr mit ernähren zu können. Traditionell interpretiert, sind im sechsten Wort bereits andere, tiefere Ursachen der äußeren Gewaltausübung inbegriffen. Das Töten beginnt schließlich schon da, wo der andere verleumdet und verunglimpft wird. Von da aus ist es oft nur noch ein kleiner Schritt, ihm dann auch tatsächlich den Garaus zu machen. Wenn es stimmt, daß die Offenbarung persönliche Erfahrung einer jeden Generation werden und sich in ihrem Leben bewähren soll, dann heißt das, jeder Mensch fügt ihr mit seinen Handlungen, Gesten und Begegnungen unverwechselbare Komponenten hinzu. Das heißt dann aber auch, mit jedem Menschen, der gewaltsam aus dem Leben gerissen wird, verliert Gott eine Möglichkeit, sich zu offenbaren (vgl. K.J. Kirchner, F. Rosenzweigs Theorie, 152f.).

Zweites und Siebtes Wort: Die innere Verbindung zu finden zwischen dem zweiten Wort, „du sollst keine anderen Götter neben mir haben", und dem siebten, „du sollst nicht die Ehe brechen", dürfte nicht allzu schwer sein. Ein Vergleich des Bundes zwischen Gott und Mensch mit dem Bund der Ehe bietet sich geradezu an. Schon der Prophet Hosea (8.Jh. v.d.Z.) benutzte ihn immer wieder, um den Israeliten ihre Untreue gegenüber Gott vorzuführen. Aber auch positiv und liebevoll wird die Beziehung zwischen Gott und seinem Volk seit alters mit Metaphern der Beziehung zwischen Mann und Frau umschrieben. Die Mutter aller Beispiele ist hier das Hohelied Salomos. Ursprünglich wahrscheinlich ein reines, orientalisches Liebeslied, wird es schon seit Tausenden von Jahren gelesen als Ausdruck des Liebesspiels zwischen dem Bräutigam Gott und seiner Braut Israel. Dazu paßt dann aber auch hervorragend die Vorstellung vom eifernden und eifersüchtigen Gott, El qana (vgl. Exodus 20:5; vgl. Deuteron. 4:24). Denn hier ist es wie in jeder festen Beziehung: Sie verpflichtet auch gegenüber dem Partner. Dauerhafte Liebe gedeiht nur auf dem Boden der Treue. Bezogen auf das siebte Wort, ist der Betrug am menschlichen Partner immer auch ein Ausdruck der Untreue gegenüber Gott. Seit die Menschheitsgeschichte den Monotheismus hervorgebracht hat, ist schon das Liebäugeln mit anderen Göttern gefährlich für den Haussegen. Im griechischen und römischen Pantheon herrschte da noch große Toleranz. Viele Götter existierten einträchtig nebeneinander. Dort gab es nur ein paar wenige, in der Hierarchie höher stehende Göttergestalten, die mit weiter reichenden Kompetenzen ausgestattet waren. Allen anderen wurde Einfluß immer nur für einen begrenzten Lebens- oder Wirklichkeitsbereich zugesprochen. Im Monotheismus aber werden alle Mächte und Gewalten in der Welt auf *eine* Ursache zurückgeführt, den *einen* Schöpfergott. Viele echte Götzen sind allerdings in der Moderne erst entstanden; echt, sofern sie das Leben umfassend besetzen und sogar den Respekt vor der Natur untergraben, die den Griechen und Römern noch heilig war. Die modernen *Ascheroth* und *Ba'alim* heißen Ansehen, Macht, Reichtum. Hier scheint ein Einwand angebracht: Gab es die Gier und die Lust daran, andere zu übervorteilen, nicht schon immer? Ja, aber solange das spirituell untermauerte Wertesystem intakt war, hatte man Habsucht und Übervorteilung immerhin noch als überaus unrühmliche Motivatoren im Bewußtsein. Das hat sich inzwischen geändert. Beide haben sich gemausert zu allgemein anerkannten Instrumenten der Erfolgssicherung und Gewinnmaximierung (vgl. K.J. Kirchner, F. Rosenzweigs Theorie, 166f.).

Das zweite Wort spricht aber auch davon, daß der eifernde Gott, *El qana* Missetaten heimsucht bis in die dritte und vierte Generation. Das klingt, als würde nun doch, anders als früher besprochen, den Kindern die Bürde der Verantwortung für die Verfehlungen ihrer Eltern und weiterer Vorfahren aufgeladen. Warum sagt die Bibel das so an so zentraler Stelle? Widerspricht das nicht der Aussage, daß die Kinder nicht für die Sünden ihrer Eltern sterben sollen und umgekehrt (vgl. Deuteron 24:16; Ezechiel 18)? Das zu bejahen und auf die uns heute näherliegende Aussage auszuweichen, wäre zu bequem. Die Sache mit der dritten und vierten Generation wirft vor allem Fragen auf, wenn es um Kinder geht, die unter schlechten Vorbildern aufwachsen und dabei auch noch selbst Gewalt erleiden. Hier scheinen Triebe zu walten, die mit nahezu mechanischer Unerbittlichkeit wirken und weitervererbt werden. Als erklärter

Wille oder heilsame Strafe Gottes kann es wohl kaum verstanden werden. Warum bestehen die Zehn Worte überhaupt so sehr auf der Ehre der Eltern, während die ganze Bibel sonst nirgends auf die Wertschätzung der Kinder dringt? Vielleicht kann man ja diese Passage von den bedrohten Kindern und Kindeskindern wenigstens als indirekte Warnung an die Eltern verstehen. Der späte, in der Nachexilszeit aktive Prophet Maleachi macht die Versöhnung zwischen Eltern und Kindern wie zwischen Kindern und Eltern zur Voraussetzung dafür, daß die Welt überhaupt Bestand hat. Diese Versöhnung voranzutreiben, wird nach Maleachi die vornehmliche Aufgabe des Propheten Elia sein, wenn Gott ihn zu den Menschen zurücksenden wird (Maleachi 3:23f.). Die Zehn Worte selbst schaffen bereits ein Gegengewicht zu den teils natürlich, teils sozial vererbten Mechanismen, indem sie ihnen die bleibende Wirkung der tausenden Generationen gegenüberstellt, die Gott lieben und seine Lebensregeln halten. Erst ihn lieben und dann aus Liebe seine Regeln halten – das ist die Reihenfolge, mit der es sich wirklich frei lebt. Geboten zu gehorchen aus Angst vor Strafe, davon hat schon der Philosoph aus Königsberg zu Recht nichts gehalten. Immanuel Kant setzte dem Kadavergehorsam einen Kategorischen Imperativ entgegen, den der Mensch aus freien Stücken einhalten können sollte – einfach so, weil er einsieht. Sein Lackmustest dafür, ob etwas gut zu tun oder besser zu lassen sei, bestand in einer einfachen Überlegung: Man stelle sich vor, wie es wäre, wenn alle das Gleiche täten. Taugte es zu einem allgemeinen Gesetz? Gut und plausibel klingt das. Nur leider ist der Mensch nicht allgemein. Dem Kategorischen Imperativ fehlt die persönliche Ansprache. Dagegen ist nichts persönlicher als die Liebe. In der empathischen Zuwendung schwingt immer auch eine Aufforderung mit: „du bist gemeint". Alle Zehn Worte sind an *dich* gerichtet.

Drittes und Achtes Wort: Das dritte Wort warnt davor, den Namen Gottes für Nichtigkeiten zu mißbrauchen. Was kann aber der Gottesname mit der Aussage des achten Wortes, „du sollst nicht stehlen", zu tun haben? Das verbindende Dritte ist hier die Zweckentfremdung. Den Namen Gottes zur Unterstützung falscher Aussagen oder für Trivialitäten zu benutzen oder ihn gar zu negieren, setzt ihn ebenso in einen falschen Kontext, wie der Diebstahl Gegenstände aus ihrem angestammten Zusammenhang reißt. Den *einen* Gott, den Urheber des ganzen Universums kann freilich niemand zweckentfremden. Aber sein Name ist in der Welt und damit allerlei Unsinn ausgesetzt. So pflegte man zum Beispiel im Europa vor seiner großen Union, die Heere vor jedem Waffengang im Namen Gottes zu segnen – auf beiden Seiten der Front im Namen desselben Gottes. Und das für „hehre" Ziele wie etwa, die Macht und die Ressourcen diverser Reiche und Fürstentümer zu vergrößern. Ein anderes Beispiel sind die neuen Glaubenskriege; diese „Dschihads" setzen wie die alten Kreuzzüge voraus, daß selbstverständlich immer die anderen die Ungläubigen sind.

Neu daran ist eigentlich nur, daß die Kämpfe in der Kulisse einer hoch technisierten Welt und umgeben von modernster Waffentechnik ausgetragen werden. Wie lange das wohl gut geht für den Rest der Welt? Auch wenn er neben den großen kriegerischen Raubzügen so klein und harmlos aussieht, ist auch der Diebstahl kein Kavaliersdelikt. Denn er untergräbt die körperlichen und geistigen Anstrengungen des Betroffenen, für sich und seine Angehörigen zu sorgen. Dabei sind im achten Wort nicht nur gewöhnliches Rauben und Stehlen oder Betrug, Unterschlagung und Fälschung inbegriffen. Es geht auch um die zahlreichen neuartigen Geschäftsmodelle, mit denen über virtuelle Transaktionen von Geld und anderen Tauschmitteln und mit tatkräftiger Unterstützung des Rechtssystems Gewinne eingefahren werden können, die im Gegenzug anderer Leute Existenzen ruinieren. Selber zu wachsen am Schrumpfen der anderen ist Enteignung und nach dem achten der zehn Worte nichts anderes als Diebstahl.

Viertes und Neuntes Wort: Die Verbindung zwischen dem Gebot des Ruhetages und dem Wort, keine falschen Zeugnisse zu geben, wird am ehesten einsichtig über die Bedeutung des Schabbat für die Schöpfungsordnung. Nicht die Schöpfungstaten des sechsten Tages samt der Erschaffung des Menschen, sondern erst der Schabbat hatte die Schöpfung in ein Stadium überführt, von wo aus sie sich selbständig weiter entwickeln konnte. Die Evolution in sich liefe ziellos vor sich hin, getrieben allein von den jeweils gerade vorherrschenden Umweltbedingungen. Mit dem siebten Tag erst kommt eine Richtung, eine Zukunftsorientierung in den Prozeß, die auch noch Überraschungen bietet jenseits der ewig selbigen Prozeduren des Lebenserhalts. Wöchentliche Unterbrechungen des Arbeitsalltags soll es schon zur Zeit des Königs Hammurabi im frühen Babylonien (18. Jh. v.d.Z.) gegeben haben. Hammurabi ist in die Geschichte eingegangen, weil er als einer der ersten seinen Untertanen mit einem Gesetzeskodex nachweislich eine gewisse Rechtssicherheit garantierte. Mindestens seit seiner Zeit soll es auch einen Kalender gegeben haben, nach dem an bestimmten Tagen diverse Tätigkeiten nicht ausgeführt wurden; und zwar am 7., 14., 21. und 28. Tag eines Monats. Das wurde allerdings unter eher negativen Vorzeichen verordnet. Denn man hielt diese Daten für Unglückstage und befürchtete ein Mißlingen der Arbeit (vgl. Endres/ Schimmel, Mysterium der Zahl, 145f.). Vielleicht hängt es damit zusammen, daß der siebte Tag seit dem Altertum mit dem Saturn, dem „Miesepeter" unter den Planeten in Verbindung gebracht wird – was sich heute noch in seinem englischen Namen widerspiegelt, dem *Saturday*. Oft kommt es an den Übergängen zwischen verschiedenen Epochen oder Stadien kultureller Entwicklung zu großen Reinterpretationen früherer Bedeutungszusammenhänge, die dann mitunter entweder ins Negative oder Positive verkehrt werden. Bei der Übernahme des Ruhetages hat es demnach eine Wendung ins Positive gegeben. Zwei Mal sind die Zehn Worte in der Thora überliefert, im zweiten und im fünften Buch Moses (Exodus 20:8-11; Deuteron. 5:12-15). In der Exodus-Version heißt es: „Gedenke des Schabbat" (*zakhor eth jom ha-Schabath*); Deuteronomium aber rät: „Halte den Schabbat" (*schamor eth jom ha-Schabath*). Das Buch Exodus fordert dazu auf, sich der kosmischen Ordnung zu erinnern und sie zu verinnerlichen. Hier findet der Ruhetag seine Begründung im siebten Schöpfungstag, an dem Gott ausruhte. Deuteronomium wiederum lädt dazu ein, mit Hilfe der Schabbat-Riten die eigenen schöpferischen Prozesse zu unterbrechen und zur Ruhe zu kommen. Es erklärt dies mit den Zuständen von *Mitzrajim*, wo es keine Pause gibt und gerast wird mitunter bis zum Burnout; damit begründet es den Ruhetag auch sozial. Wer sich regelmäßig gut regenerieren kann, geht auch um so lieber wieder tüchtig ans Werk. Das vierte Wort ist neben dem Wort von der Elternehre das einzige echte Gebot und in beiden Versionen im Imperativ formuliert. Das unterstreicht die Bedeutsamkeit des Schabbat für die Seins- und Sinnstruktur der Schöpfung. Das gemeinsame Thema von Schabbat und falschem Zeugnis ist die Verfälschung selbst. Das heißt, man kann auch an diesem Tag etwas falsch machen, indem man am Schabbat durch Arbeit physikalische Veränderungen in der Welt bewirkt oder anderweitig kreativ tätig ist. Not- und Bereitschaftsdienste, welche die Infrastruktur des Landes erhalten, unterliegen dieser Regel natürlich nicht (Babylon. Talmud, Joma 85b, vgl. Talmud, Mayer, 582f.). Denn die Sicherung des Lebens steht immer über dem Schabbat. Jede Arbeit jenseits davon aber erweckt den Eindruck, als sei die Schöpfung, wie sie in dem Moment gerade ist, nicht in Ordnung. Hier liegt die Verwandtschaft mit dem falschen Zeugnis, in dem über den Mitmenschen etwas behauptet wird, was er nicht ist oder nicht getan hat.

Fünftes und Zehntes Wort: Die Annahme, daß sich die ersten fünf Worte vornehmlich auf das Verhältnis zu Gott konzentrierten und die zweiten auf das Verhältnis zu den Mitmenschen, geht spätestens an dieser Stelle nicht mehr auf. Denn was hat dann die Aufforderung, den Vater und die Mutter zu ehren, auf der ersten Tafel zu suchen? Ihre zentrale Stellung hier ist, wie gesagt, eine Herausforderung vor allem für die, die ihre Eltern nicht gerade als liebevolle Erzieher und Ratgeber erlebt haben. Zugleich ist jeder, was er ist, zu einem Großteil immer auch durch seine Eltern, seine Vorfahren, seine Ahnen. Auf die Generationenfolge ist nicht zuletzt die Überlieferungskette der Tradition angewiesen. Die jüdische Tradition bekräftigt die Notwendigkeit einer gesunden Rückbindung an die Vergangenheit in all jenen Gebeten, die Gott als „*Elohejnu we-Elohej avothejnu*" – „unseren Gott und Gott unserer Vorfahren" ansprechen. Nicht immer können uns die leiblichen Eltern den Schatz an Erfahrung und Weisheit selber mitgeben. Wenn uns in dieser Hinsicht niemand der direkten Vorfahren aktiv begleiten kann, ist es immerhin möglich, im Laufe des Lebens Lehrer und Berater auch unter anderen Vertrauenspersonen und Freunden zu finden. Wir können uns neue Verbündete suchen. Dennoch wirken im Hintergrund immer auch die unsichtbaren Verbindungen zu den Ahnen mit; selbst zu jenen, denen wir nie persönlich begegnet sind. Diese werden nicht nur von genetischen Informationen getragen, sondern immer auch von Kräften, die über die Familiengeschichte wirken. Darum knüpfen sich die Bande zum Ursprung am stabilsten über eine versöhnte Beziehung zu den Vorfahren.

Die Worte von der Elternehre und vom falschen Begehren sind miteinander verbunden über das Vergleichen, über ein sich Messen mit den Anderen. Dem kann sich kaum ein Mensch entziehen. Was hat der Nachbar geleistet, was kann er sich nun leisten; und was habe ich dem gegenüber vom eigenen Elternhaus mitbekommen? Wird nicht von der Herkunft schon bestimmt, für welche Ausbildung es reicht; ob für einen anspruchsvollen Beruf oder eine bloße Anpassungsqualifizierung? Jene Gebete, die Gott als den „Gott unserer Vorfahren" ansprechen und sich direkt auf die Erzeltern beziehen, rufen damit natürlich immer auch die eigene Herkunft ins Bewußtsein (vgl. Siddur Schma Kolenu, u.a. 57.188.352/353). Zugleich erinnern sie aber daran, daß es neben dem Erbe immer auch eigenes Potential zu entdecken gibt. Wagten Abraham und Sara nicht den absoluten Neuanfang? Das Wort vom falschen Begehren, das letzte auf der zweiten Tafel, hebt sich wie das letzte der ersten Tafel von seinen Vorgängern ab. Denn es nennt im Grunde keine Taten, sondern ein Motiv, das seinerseits hinter allen zuvor genannten mißbilligten Handlungen steht. Neid, Mißgunst und Begehren nach etwas, das einem legitimerweise nicht zusteht, sind letztlich die Triebfedern von Raub, Schwindel, Ehebruch und Mord. Dem können wir direkt die Motivation des zweiten Wortes gegenüberstellen, das seinen besten Ausdruck in der Liebe, im Respekt gegenüber Gott findet – wie es auch im *Höre Israel* heißt (Deuteron. 6:5). Die Liebe zu Gott aber kann nie echt sein, wenn sie nicht auch Liebe zu den Mitmenschen ist.

Exkurs 3: Von den dreizehn Eigenschaften Gottes

Nachdem er im Zorn über das goldene Stierbild die zwei beschrifteten Steinplatten zerbrochen hatte, mußte Moses noch einmal den Berg besteigen und noch einmal 40 Tage und Nächte ohne Essen und Trinken ausharren, um eine neue Niederschrift des Dekalogs zu bekommen (Exodus 34:28). Noch völlig schockiert darüber, wozu Menschen ohne Führung und geistigen Beistand in der Lage sind, bat er den *einen* Gott nun, ihm den weiteren Weg – seinen eigenen und den des Volkes – klarzulegen. Moses tat dies in einer Offenheit, wie *JHWH* das einem anderen Menschen wohl kaum hätte erlauben können. *JHWH* ließ ihn gewähren, hatte er doch mit ihm und dem Volk dort am Fuße des Berges noch wichtige geschichtliche Weichenstellungen vor. Aber selbst der Blick in die Zukunft reichte Moses nicht; er wollte die Präsenz Gottes spüren, wenn nicht gar sehen. Einem Mystiker gleich riskierte er alles, um das unbegreifliche Wesen wenigstens einmal von Angesicht zu Angesicht zu schauen. Das aber konnte *JHWH* nicht zulassen. So direkt würde kein Mensch seinem Energiestrom standhalten, und sei er spirituell noch so hoch begabt wie Moses. Darum wird ihm der Wunsch nur über eine teils akustische und teils visuelle Erscheinung erfüllt (Exodus 33:12-21). Am brennenden Busch hatte *Elohim* sich Moses bereits mit seinem berühmten „*ehijeh ascher ehijeh*" – „ich werde dasein, als der ich dasein werde" vorgestellt und damit die Bedeutung des Tetragramms erklärt (Exodus 3:14). Jetzt, da er *JHWH* bereits kennt, kann dieser ihm weitere Aspekte seines Wesens zeigen. Hier erklärt er seinen Namen noch einmal so: „Wem ich mich gnädig erweise, dem bin ich gnädig, wem ich mich erbarme, dessen erbarme ich mich" (Exodus 33:19). Die traditionelle Verbindung zwischen dem vierbuchstabigen Gottesnamen und der Vorstellung vom liebenden, mitfühlenden Gott hat hier einen ihrer direkten biblischen Bezüge. Dann stellte sich Moses, wie ihm Gott geraten hatte, in eine kleine Felshöhle, um sich vor der tödlichen Energie zu schützen. Er spürte etwas über sich, das der Text mit der „Hand Gottes" umschreibt. Ein Druck lastete auf Moses und hinderte ihn daran, sich umzuschauen. Der ließ erst nach, als die Präsenz Gottes bereits vorübergegangen war. Nur noch im Entschwinden konnte Moses ihr hinterherschauen (Exodus 33:22f.). Diese Erfahrung verwandelte den Mann. Manche Ereignisse beeindrucken einen Menschen so sehr, daß sie dauerhafte Spuren in seinem Antlitz hinterlassen – abgrundtiefes Entsetzen ebenso wie höchstes Entzücken. Diese Begegnung hat Moses so verzaubert, daß ein Abglanz davon auf seinem Gesicht zurückblieb. Von einem Glänzen spricht der Text. Aber, wo kommen bloß die Hörner auf so vielen Bildern und Skulpturen her, die ihn in dieser Situation zeigen, wie er noch unter dem Eindruck der Nähe Gottes, mit den zwei Tafeln im Arm vom Berg runterkommt? Sie wurden ihm von Übersetzern aufgesetzt, die wohl nicht richtig fürs Hebräisch-Examen gelernt hatten. Sonst hätten sie gemerkt, daß *qaran 'or panaw* nicht, ‚ihm wuchsen Hörner überm Gesicht' bedeutet, sondern „die Haut seines Gesichtes glänzte" (Exodus 34:29). Zu ihrer Ehrenrettung sei gesagt, daß das Verb fürs Glänzen (*qaran*) und das Horn (*qeren*) einander tatsächlich sehr ähneln und beide Wörter eine gleichlautende Wurzel (*Qoph, Resch, Nun*) haben. Verwirrenderweise kommt noch hinzu, daß im Latein – der damaligen *lingua scientifica franca* – das Horn fast genauso klingt: *cornu*. Nun ziert der Übersetzungsfehler sogar einige kunsthistorische High-lights. Am populärsten hat ihn wohl Michelangelo in Stein gemeißelt, zu besichtigen in der Kirche San Pietro in Vincoli zu Rom. Als Moses mit den neuen Tafeln vom Berg wieder herabkam, begannen sich die gewöhnlichen Leute vor ihm zu fürchten. So blieb ihm nichts weiter übrig, als sich – beinahe wie eine orientalische Frau – zu verschleiern und sein Haupt nur zu entblößen, wenn er mit *JHWH* direkt sprach und wenn er dem Volk die Ergebnisse der Unterredungen mitteilte (Exodus 34:30-35).

Das neue Set der Bundestafeln mußte Moses selbst anfertigen und beschriften. Allein der Inhalt war ihm vorgegeben. Als er mit den Blöcken, die er aus dem Gestein gehauen und in Form gebracht hatte, wieder oben auf dem Berg angekommen war, kam ihm *JHWH* erneut in der Einsamkeit entgegen. Er senkte sich herab, verhüllt von einer Wolke. Moses rief den Namen Gottes an, und wieder gab es einen Moment inniger Nähe (Exodus 34:1-6). Nur wird das in einem Telegrammstil erzählt, daß der Leser es schnell übersehen kann. Nachdem das Wesen wieder an ihm vorübergegangen war, offenbarte es ihm verschiedene Facetten seiner Wirksamkeit. Gott nennt Moses eine Reihe von Begriffen, die als seine *dreizehn Eigenschaften* in die Religionsgeschichte eingegangen und aus dem liturgischen Gebrauch der jüdischen Gemeinden nicht mehr wegzudenken sind. An hohen Feiertagen, insbesondere am Großen Versöhnungstag werden sie von allen zusammen proklamiert in der Hoffnung, daß sich so die Wirkung der mit ihnen assoziierten Energien entfaltet. Moses empfand schon die Diskrepanz zwischen der Präsenz des Heiligen hier und dem erbärmlichen Dasein seiner Leute da unten als so groß, daß er nur noch seufzte: „Ach, wollest du doch nur mitten unter uns mitgehen; denn hartnäckig ist dieses Volk. Verzeih uns unsere Sünde..." (Exodus 34:9). Um wie viel einfacher wäre doch alles, könnten sie die Präsenzerfahrung nur ansatzweise mit ihm teilen. Stattdessen ist das Gemüt der Vielen so dumpf und stumpf, daß die politischen und religiösen Kräfte an der Spitze es noch viel einfacher verführen als führen können. Da es nunmal so sein sollte – die Schöpfung samt dem Menschen war schließlich „sehr gut" (Genesis 1:31) –, gibt es jetzt diese permanente Jojo-Bewegung im Leben zwischen Gottesferne und Gottesnähe und macht rituelle Instrumente für eine geordnete Umkehr unentbehrlich. Die Jom-Kippur-Liturgie hat eine ihrer Quellen genau hier im Buch Exodus, wo sie die Gemeinde dazu anleitet, mit den Worten von Moses zu bitten: „Verzeih uns unsere Sünde und unsere Übertretung; und nimm uns als dein Erbe an" (Exodus 34:9). Und so wendet sich das Gebet auch an das Wesen mit seinen dreizehn Eigenschaften, die Moses hier zum ersten Mal gezeigt werden. Warum es genau dreizehn sind, können wir uns denken, seit wir wissen, daß die Summe der Eins Dreizehn ist und daß damit auch diese Zahl als Symbol des *einen* Gottes gilt. Wie kommt aber diese Zählung in der Passage von Exodus 34, Vers 6 und 7 überhaupt zustande? Sie erschließt sich jedenfalls nicht auf den ersten Blick. In der Ursprache heißen die Eigenschaften *schelosch 'essreh midoth*, das heißt „dreizehn Maße". Es sind nicht Attribute allein, sondern Maßstäbe Gottes an das Leben. Und hier sind sie:

(1) *JHWH (Adonaj)*. Das Tetragramm ist eben deshalb eine unaussprechbare Form von Sein, weil wir uns immer nur in einer der drei Zeitformen bewegen und ausdrücken können. Wir können uns zwar auch Vergangenheit und Zukunft im Gedächtnis vergegenwärtigen – also erinnern und antizipieren –, aber wirklich *sein* können wir dort nicht mehr oder noch nicht. Bei *JHWH* ist das anders, er *ist* präsent in allen Zeiten. „Ich werde da sein, als der ich da sein werde". In dieses Dasein und Mitsein wird alles hineingelegt, was an Liebe und Empathie denkbar ist – und das in doppeltem Maße.

(2) *JHWH (Adonaj)*. Denn auch das zweite Tetragramm im Text wird mit gezählt. In der dualen Welt mit ihren Herausforderungen und Unwägbarkeiten können wir eine Extraportion seiner liebenden Güte gut gebrauchen. Zweimal *JHWH* kann auch heißen: Gott ist barmherzig vor und nach Verfehlung und Umkehr.

(3) *El*. Das wird wie *Elohim* am besten mit *Gott* übersetzt. Ursprünglich war *El* der Name einer im Nahen Osten weit verbreiteten Gottheit, die man sich bereits als eine allen anderen Mächten und Gewalten übergeordnete Kraft vorstellte, ein Gott des Himmels und der Naturkräfte. *El* ist deshalb wie *Elohim* mit der anderen Seite des *einen* Gottes verbunden; mit Gott als dem Urheber der Naturgesetze, der auch Grundregeln für die Gemeinschaft unter den Menschen stiftet; Gott, der Recht und Gerechtigkeit einfordert.

(4) *rachum*. Das ist jene Barmherzigkeit, die in erster Linie nicht von Herzen kommt, sondern vom Mutterleib, *rechem*. Es ist ein Schutz, der in sich birgt und nährt wie die Mutter das ungeborene Kind in ihrem Bauch. Er ist weniger einer, der verteidigt und den Kampf riskiert; er ist weich und warm. Hier darf der Mensch auch schwach sein und sich fallen lassen.

(5) *we-chanun*. Das ist Gnade, die nicht überhilft, sondern aus der Fähigkeit zum Mitfühlen kommt. Sie will befähigen, sich selbst zu helfen. Sie gibt sich nicht mit Almo-

sen zufrieden, die dem Empfänger auf Dauer seine Würde nehmen. Selbst wieder aufrecht zu gehen, unterstützt diese Qualität.

(6) *erekh apajim.* Das beste deutsche Wort für diese Eigenschaft ist wohl die Langmut. Dem hebräischen Ausdruck liegt allerdings ein etwas anderes Bild zugrunde. In ihm steckt etwas von „zweimal Zorn". Denn *apajim* ist der Dual von *aph,* dem *Zorn;* und *erekh* heißt *lang sein.* Der Abstand zwischen zwei Wutausbrüchen ist also groß. Gott handelt nicht im Affekt. Es dauert, bis er Konsequenzen fordert, aber Konsequenzen muß es geben, und wenn es die rechtzeitige Umkehr ist.

(7) *we-rav chesed.* Voll liebender Güte sein, auch das ist eine Quelle des Mitgefühls. Diese Energie befähigt den Menschen, sich nun auch für den Nachbarn einzusetzen und anderen zu helfen. Die Kraft dazu kann kein Mensch dauerhaft nur aus sich selbst beziehen. Sie kommt von dieser Qualität. Mit *chesed* wird traditionell die Liebe umschrieben, die der Gerechtigkeit Gottes, *din,* gegenübersteht. Eine ausgewogene Mischung von beidem hat Gott in das Gefäß der Welt gegeben, damit es nicht an einem Zuviel des einen und einem Zuwenig des Andern wie an einem Überschuß Kälte oder Hitze zerbricht (vgl. Bin Gorion, Sagen der Juden, 26f.).

(8) *we-emeth.* Das bedeutet Wahrheit und Wahrhaftigkeit. Tiefsinnigerweise hat das Deutsche zwei eigene Worte für diese Doppelbedeutung: wahr und wahrhaft. Um Wahres zu erfassen, brauchen wir nur die Logik und unseren Verstand anzustrengen. Wahrhaftigkeit aber schließt eine weitere geistige Größe ein, hat auch eine ethische Dimension. Zwischen Gott und Mensch gibt es keine Täuschung, keine Ausweichmanöver, kein Flunkern. Wer echt sein will auch vor den Menschen, bezieht seine Energie von hier.

(9) *notzer chesed le-alaphim.* Das heißt wörtlich: „er behält (sein) Mitgefühl für tausende (Generationen)". Das heißt auch, er bewahrt das Gute der Menschen über einen Zeitraum hinweg, in dem wir kaum denken können. Nichts geht verloren, auch da, wo das menschliche Erinnerungsvermögen nicht mehr hinreicht. Diese Qualität stärkt die Treue zur eigenen Identität und die Kontinuität im Zusammenhalt der Generationen.

(10) *nosseh 'awon* – er trägt die Sünde... und er trägt noch mehr, denn die Kette geht noch weiter mit den nächsten zwei Begriffen. Missetaten mit verschiedener Konnotation in ihren Ursachen und Wirkungen werden aufgezählt. Diese hier, *'awon,* wurzelt in Haltlosigkeit und dem Verlust der Balance.

(11) *wa-phescha'* – er trägt die Übertretung, die Grenzen überschreitet und jenes Terrain der Ordnung verläßt, das ein friedliches Zusammenleben erst ermöglicht.

(12) *wa-chata'ah*. Und er trägt das Vergehen, das geschieht, wenn man gedankenlos aus der Spur ausschert. Jeder muß auf seinem persönlichen Weg, bei der Verwirklichung seiner Ziele mit anderen kooperieren. Wer stattdessen die Mitmenschen zurückweist und sich vor ihnen verschließt, läuft Gefahr, sein Ziel zu verfehlen.

Alle drei Arten von Vergehen (10-12) passieren nicht aus Versehen, sondern mit Absicht. Warum trägt sie Gott dann? Weil die Boshaftigkeit von Anfang an in der menschlichen Natur mit angelegt war und wohl auch nie ganz überwunden werden kann.

(13) *we-naqeh lo jenaqeh*. Das heißt: „er entsühnt, und läßt doch nichts ungesühnt". Und weiter geht es mit: „Er sucht die Sünde der Väter heim noch an den Kindern und Kindeskindern bis in die dritte und vierte Generation" (vgl. zu dieser Aussage Exkurs 2, zweites und siebtes Wort). An der Qualität von *Elohim*, an seinem Willen zur Gerechtigkeit hat die Barmherzigkeit ihre Grenze. Bei aller Liebe und Freundlichkeit, schwere Schuld darf nicht unbeantwortet bleiben. Das würde alles Rechtsempfinden und alles Bemühen um eine Ordnung untergraben, welche dem Leben in der Gemeinschaft erst Sicherheit verleiht. Wenn am Großen Versöhnungstag die dreizehn Eigenschaften geradezu beschwörend aufgerufen werden, wird von der dreizehnten nur die Sequenz „*we-naqeh*" rezitiert – er entsühnt, er reinigt. Der Rest fehlt und das aus gutem Grund. Denn an diesem Tag steht die Möglichkeit der Umkehr ganz im Mittelpunkt. Wer umkehrt und sich mit den Qualitäten all dieser Eigenschaften innerlich verbindet, der muß nicht weiter mit seinen Belastungen leben. Er kann ganz neu anfangen.

Exkurs 4: Schma' Jissrael – Vom Hören und Verstehen

Das *Höre Israel*, wie es in der Liturgie der Synagoge immer wiederkehrt, besteht aus drei Teilen, die aus Passagen des fünften und vierten Buches Moses zusammengestellt sind (die Quellen sind Deuteron. 6:4-9; 11:13-21; Numeri 15:37-41). Diese Texte kreisen vor allem um zwei Themen: Im ersten und dritten Teil geht es um geistige und sichtbare Zeichen, die helfen sollen, alle Sinne für die Weisung des *einen* Gottes wachzuhalten. Der zweite Teil stellt einen direkten Zusammenhang zwischen der persönlichen Haltung und dem Ertrag des Landes her. Wir wissen inzwischen nur zu gut, wie sehr die Menschen mit dem Betreiben intensiver Landwirtschaft imstande sind, halbe Kontinente erst in Monokulturplantagen und dann in ausgelaugte Wüsten zu verwandeln. Wie das Wetter wird, beeinflussen wir allerdings nicht, jedenfalls nicht damit, wie wir uns untereinander benehmen. Worauf wir aber sehr wohl Einfluß haben, ist unsere eigene Seelenlandschaft. Wie wir sie pflegen und nähren, spürt dann auch unsere Umgebung.

Ehe wir uns mit den geistigen und sichtbaren Zeichen befassen, wollen wir zunächst bei jenem Aufruf verweilen, der den ersten Textabschnitt einleitet und die Schlagzeile über allen drei, stets zusammen rezitierten Passagen bildet (Deuteron. 6:4). Da heißt es: *„Schma' Jissrael, JHWH Elohejnu, JHWH echad"*; „Höre Israel, der Ewige ist unser Gott, der Ewige ist einer." Dieser Satz wird wohl zu Recht auch als jüdisches Glaubensbekenntnis bezeichnet. Denn der strenge Monotheismus, dem entsprechend es nur einen Gott gibt, ist tatsächlich das einzige, nicht weiter hinterfragbare Axiom bzw. Dogma im Judentum. Damit ist Gott die *eine* Herkunft (*echad*) aller Lebewesen und Dinge, aller Materie und Energie (*Elohim*), wie auch aller Verbindungen und lebendigen Prozesse in der Welt (*JHWH*). Wer das einfach mal schnell bejaht, hat es vielleicht intellektuell erfaßt. Wirklich begreifen kann man es eigentlich nur nach längerer Kontemplation. Dieses riesenhafte, unbeschreibliche Wesen dürfen wir *unseren Gott* nennen (*Elohejnu*). Dein, mein, unser Gott sagen zu können, setzt wiederum voraus, daß er auch eine personale Seite (*JHWH*) hat.

Der nächste Satz bietet eine gute Gelegenheit, noch einmal auf die mögliche Herkunft des fünften Buches Moses zurückzukommen. Er lautet: „Liebe *JHWH*, deinen Gott von ganzem Herzen, ganzer Seele und ganzem Vermögen" (Deuteron. 6:5). Ob Deuteronomium tatsächlich mit dem Schriftstück identisch ist, das zur Zeit des Königs Josia im Jerusalemer Tempelgelände gefunden wurde, ist mit wissenschaftlicher Präzision nicht mehr feststellbar. Stilistisch aber ähneln das fünfte Buch Moses und das zweite Königsbuch an dieser Stelle einander so sehr, daß wir nicht nur eine enge Geistesverwandtschaft feststellen können. Der Gleichklang reicht bis in die Wortwahl hinein. Wenn das zweite Königsbuch über Josia berichtet, daß es keinen König außer ihm gab, der „von ganzem Herzen, ganzer Seele und ganzem Vermögen" zu *JHWH* zurückgekehrt sei (II. Könige 23:25), dann ist die Übereinstimmung mit dem zweiten Satz aus dem *Schma' Jissrael* nicht zu übersehen. Was aber verlangt der zweite Satz da eigentlich? Kann man denn Liebe überhaupt gebieten? Ja, zumindest wenn „man" Gott selbst ist. Den Menschen untereinander können Zuneigung, Offenheit, Respekt, Vertrauen nicht befohlen werden. Aber wo immer Gott erst einmal als Prinzip der Zuneigung, Offenheit, Verbindung und des Respekts verstanden wird, können diese Qualitäten dann auch unter den Menschen wirksam werden. Die Liebe ist ein so abgegriffenes Wort; und doch hat bisher niemand einen geeigneteren Begriff für einen Kontakt dieser Intensität gefunden. Das Wesen der Liebe ist, so genau zu zielen wie ein Laserstrahl. Sie konzentriert sich immer direkt auf bestimmte Personen. Wie lange aber ihre Bindekraft anhält, können wir nie genau wissen. Wir müssen uns der Liebe immer wieder gegenseitig neu versichern. Allein bei ihrer Urquelle ist das anders. JHWH sendet seinen Strom verbindender Energie immer aus, um die Menschen mit ihr zu nähren. Darum kann er allein von ihnen auch verlangen, die Liebe zu erwidern. Menschenrechte und Menschenpflichten können allgemein formuliert werden. Aber lieben – das geht nicht allgemein. Rechte und Pflichten appellieren an die Vernunft. Die Liebe aber bindet mit den Emotionen auch die wohl stärksten Motivationsträger ein. Die Liebe zu erwidern, ist genau das, worum es im zweiten Satz geht. Wenn er dazu anhält, sich „mit ganzem Herzen, ganzer Seele und ganzem Vermögen" zu engagieren, dann heißt das, mit aller Intuition, mit Sinn und Verstand, mit Leib und Seele, mit allem, was du hast und bist.

Die Motivation saß nach altem Verständnis vor allem in Herz und Nieren; diese wurden „geprüft", wenn es darauf ankam. So bittet ein Psalmist Gott, sein Herz zu erforschen, weil er weiß, daß er seine innersten Beweggründe ohnehin kennt. Er kann und will sie auch gar nicht vor Gott verbergen, sondern mit ihm teilen (Psalm 139:23). Auch die moderne Psychologie erarbeitet sich inzwischen das Verständnis neu, daß wir letztlich mit allen Fasern unseres Seins fühlen und reagieren. Dieser Zusammenhang zwischen Emotion und Motivation steht im Hintergrund des nächsten Satzes, in dem Gott dem Menschen wünscht, daß „die Worte, die ich dir heute gebiete, in deinem Herzen seien." Im Hebräischen gibt es für das Herz zwei Wörter von der gleichen Wurzel (*Lamed, Beth, Beth*): *lev* und *levav*. *Lev* ist die eher neutrale Bezeichnung für das Organ; in *levav* aber schwingt noch eine ethische Konnotation mit. Die Verdoppelung von Wurzelkonsonanten geht auf eine besondere grammatikalische Form zurück, die weitere Bedeutungsnuancen zu bilden ermöglicht. Zum Beispiel kann sie auf ein Mehr, sozusagen auf das doppelte Maß einer Qualität hinweisen wie etwa bei *japheh* (*Jud, Peh, Heh*); das heißt *schön*. Mit Verdopplung, *jephephah* ausgesprochen, wird die Schönheit dann zu noch größerer Anmut gesteigert. Eine andere Sinnverschiebung entsteht, wo die Verdopplung tatsächlich auch eine Dualität in die Bedeutung des Wortes einbringt. Das ist beim Herzen der Fall. Hier kommt die Doppelbödigkeit unserer Motivationen ins Spiel. Jeder lebt mit diesem Zwiespalt – mit einem Herzen, das guten Willens ist, und einem Herzen, das sich auch auf unlautere Manöver einläßt. Im *Schma' Jissrael* wird die verdoppelte Form, *levav*, verwendet, weil das Wort des *einen* Gottes beide erreichen will.

Wenn der Rezipient des *Höre Israel* im nächsten Schritt dazu aufgefordert wird, die Worte seinen Kindern zu lehren, geht es auch um Sinn und Funktion der Tradition. *Tradition* bedeutet ja Überlieferung; sie steht und fällt mit der Folge der Generationen, über die sie immer weiter getragen wird. Das Hebräische hat für die Tradition zwei Wörter parat, die in zwei Richtungen zielen und den Überlieferungsprozeß erst zusammen vollständig erfassen. Das eine ist *Kabalah* und heißt *Empfangen*; das andere ist *Masoreth* und bedeutet *Weitergeben*. Empfangen und reflektiertes Weitergeben – das ist Tradition. Wenn nun da steht „bringe sie deinen Kindern bei", sind zunächst tatsächlich die eigenen Kinder gemeint. Die Familie ist schließlich die Urzelle der gesamten Gemeinschaft. Es müssen aber nicht mit Notwendigkeit leibliche Kinder sein; mögliche Zielgruppen sind auch Schüler und Studenten. Letztlich aber sind es alle Menschen, von denen wir lernen (empfangen) und denen wir die Worte vorleben (weitergeben).

Dann fährt der Text fort, den Handlungsrahmen abzustecken. Denn, wenn etwas im Judentum reglementiert ist, ist es die konkrete Tat. Im Denken ist, wie gesagt, nur ein Dogma verankert, dafür aber gibt es um so mehr Handlungsanweisungen. „Sprich von ihnen, wenn du in deinem Haus sitzt, wenn du deinen Weg gehst, wenn du dich niederlegst und wenn du aufstehst." Hier ist mit Händen zu greifen, daß es um nachhaltige, tägliche Übung geht. Da steht zwar „sprich", aber das ist eine Metapher. Denn mit viel Gerede ist letztlich nicht viel getan. Im eigenen Haushalt, unterwegs auf der Arbeit, in der Schule, im Geschäft – es ist ein Lebenswerk, das sich aus unzähligen, kleinen Aktionen zusammensetzt. Wer das wirklich durchziehen will, kann sich keine Auszeit nehmen; er ist im Dienst von dem Moment an, da er sich aus den Federn erhebt, bis zum Moment, da er nach erfülltem Tag wieder in die Kissen sinkt.

Mit dem nächsten Satz kommen die Merkzettel und Textmarker ins Spiel: „Mache sie [also wieder Gottes Worte] fest als Zeichen an deinem Arm, und sie seien zur Mahnung zwischen deinen Augen." Aus diesem Rat ist der schöne Brauch entstanden, im alltäglichen Morgengebet kleine lederne Gebetskapseln, die *Thephilin* zu tragen, die nach der *Thephilah*, dem Gebet benannt sind, das sie unterstützen sollen. In den Kapseln sind Pergamentblättchen enthalten, die mit den ersten beiden Teilen des *Schma' Jissrael* und einem weiteren Ausschnitt aus der Thora beschriftet sind (Exodus 13:1-10; Exodus 13:11-16; Deuteron. 6:4-9; Deuteron. 11:13-21; die Stelle aus Exodus ist aufgeteilt, da die Kapsel für den Kopf tatsächlich vier Fächer hat, die diese Portionen separat enthalten). Die Befestigung der Kapseln an Lederriemen ermöglicht es, sich die Worte tatsächlich am linken Arm in der Nähe des Herzens und am Kopf in der Mitte oberhalb der Augen anzubringen. Jede Religion hat ihre Konzentrationshilfen. Haltungen, Gebärden, Räucherstäbchen, Gebetsketten, Gebetsriemen. Aber dieser Satz ist auch ganz praktisch gemeint. Die Stirn und der Arm sind schließlich auch Sinnbilder für unser Denken und Handeln. Beide sollen von den Worten geleitet sein.

Auch die Empfehlung, „schreibe sie an die Pfosten deines Hauses und deiner Tore", hat inzwischen eine solche inhaltliche *und* materialisierte Bedeutung angenommen. Wenn eine, oft recht fein gestaltete, längliche Hülse die Eingangstüren jüdischer Haushalte ziert, dann hat das mit diesem Satz zu tun. Sie heißt *Mezuzah* und ist benannt nach dem Ort, an dem sie haftet: dem Türpfosten. Auch dieses Röhrchen ist gefüllt mit den passenden Merkzetteln aus der Thora bzw. dem *Schma' Jissrael* (Deuteron. 6:4-9 und 11:13-21). Wie die Gebetsriemen oder der Knoten im Taschentuch hat auch die *Mezuzah* nur eine Reminderfunktion. Mit „deinem Haus", das ist klar, ist der Privatbereich angesprochen. Das sind die eigene Wohnung, die Familie, die Gastfreundschaft. Was meint aber „deine Tore"? Nicht jeder hat eine eigene Scheune oder eine Fabrik mit entsprechend großem Eingang. Bei den Toren war früher der öffentliche Raum des Dorfes oder der Stadt. Dort wurden Versammlungen abgehalten, Informationen ausgetauscht, geklatscht, und Recht gesprochen. „Deine Tore" zielt also auf Gesellschaft und Politik.

Der dritte Abschnitt des *Schma' Jissrael* aus dem Buch Numeri (Numeri 15:37-41) spricht von einem weiteren besonderen Merkutensil. Da ist die Rede von Schaufäden, die man sehen soll, um sein Herz nicht abzuwenden von Gott und seiner Weisung. Das kleine Bündel aus mehreren Fädchen heißt auf Hebräisch *Tzitzith* (im Plural *Tzitzioth*). Vier davon werden aufgrund dieses Textes an den vier Ecken eines eigens dafür entworfenen Gebetsschals, dem *Thalith*, angebracht getragen. Wer die Fäden tatsächlich immer sehen will, trägt unter dem Hemd ein Leibchen, an dem man sie dann auch ganz gekonnt aus der Kleidung hängen lassen kann. Dieses Spezialhemd heißt *Thalith qatan*, kleiner *Thalith*. Der normale Gebetsschal wird dagegen nur beim Morgengebet genutzt. Nächtens soll man einen *Thalith* sowieso nicht tragen, weil die *Tzithioth* nur bei Tageslicht zu sehen sind und künstliche Beleuchtung nach alter Regel nicht gilt. Und wer in seiner Heia friedlich schlummert, kann sie ohnehin nicht anschauen.

Die vier *Tzitzioth* sind mit einer komplexen Symbolik ausgestattet. Sie bestehen jeweils aus vier einzelnen Fäden, von denen einer länger ist. Wenn sie durch die Löcher an den Ecken des Gebetstuches gezogen werden, entstehen daraus *acht* Fäden, die dann geflochten werden. Und geflochten wird so: an den Anfang wird ein doppelter Knoten gesetzt; dann wird ein Ende des längeren Fadens sieben Mal um das Bündel der restlichen Fäden gedreht; dann kommt wieder ein doppelter Knoten, dann wird er acht Mal um die Fäden gedreht; dann kommt wieder ein doppelter Knoten, dann wird er elf Mal drumherum gedreht; dann kommt wieder ein doppelter Knoten, dann wird er dreizehn Mal um das Bündel gedreht, dann kommt wieder ein doppelter Knoten; fertig ist der Schaufaden. Der Rest hängt lang runter. Sieben, acht, elf und dreizehn sind alles Zahlen, deren Symbolik wir inzwischen kennen. Und wie viele doppelte Knoten waren das doch gleich? Tatsache, fünf. Die Anzahl der Knoten ist hier verheißungsvoll nicht mehr in Vier und Eins unterteilt. Das Wort *Tzitzith* wird übrigens aus *Tzade* (90), *Jud* (10), *Tzade* (90), *Jud* (10), *Thaw* (400) zusammengesetzt und hat eine Summe von 600. Das würde in sich nur für eine absolut abgeschlossene Welt stehen. Zählt man aber die *acht* Fäden und die *fünf* Knoten mit ihren „grenzüberschreitenden" Zahlen hinzu, kommt man auf eine Summe von 613 und damit genau auf die symbolische Anzahl der 613 Gebote, die das Judentum insgesamt aufzubieten hat. So erfüllt man mit dem Anschauen der Fäden exakt, was im Text steht: „Ihr möget ihn [d.h. den blauen Schaufaden] sehen und euch an *alle* Gebote von *JHWH* erinnern und sie tun." Ein Faden in dem Bündel sollte also blau sein. Da aber für lange Zeit keiner mehr eine Ahnung hatte, wie dieses gewisse Blau (*thekheleth*) genau hergestellt wurde, wird in der Regel nicht versucht, es nachzugestalten. Die Schaufäden sind meist komplett weiß.

Zwei der hier vorgestellten Hilfsmittel, nämlich die Gebetsriemen und der Gebetsschal, finden schon Erwähnung in der christlichen Bibel, im Neuen Testament. Wie schön, dokumentiert das doch, wie lange sie schon Teil der jüdischen Praxis sind – wenigstens 2000 Jahre; wie mißlich aber auch, soll dort doch vor allem die Überzeugung genährt werden, daß die Pharisäer und Schriftgelehrten diese Dinge vor allem dazu benutzten, um sich gegenseitig etwas vorzumachen. Da heißt es: „Alle ihre Werke aber tun sie, damit sie von den Leuten gesehen werden. Sie machen ihre Gebetsriemen (*Thefilin*) breit und die Quasten (*Tzitzioth*) an ihren Kleidern groß" (Matthäus-Evangelium 23:5). Ja, solche Eitelkeiten gibt es unter den Juden wohl ebenso wie unter den Anwendern aller sonstigen religiösen Angebote. Im Gebot von den Schaufäden aber ist in erster Linie wichtig, daß ihr Träger sie selber sieht. Um das bewußt zu tun, ist es ein schöner Brauch, bei der Rezitation des *Schma' Jissrael* die Schaufäden von allen vier Ecken zusammen in die Hände zu nehmen und mit ihnen symbolisch alle vier Enden der persönlichen Lebenswelt. So eingehüllt in das Gewand der Liebe, kann man dann auch seine gelungenen wie schwierigen Erfahrungen mit hineinnehmen in die Zwiesprache mit dem transzendenten Gegenüber.

Exkurs 5: Der Segen des Moses und das Land

Bevor sich Moses von den Israeliten für immer verabschiedete und auf den Berg Nebo stieg, segnete er sie, jeden Stamm einzeln. Dabei ging er in einer anderen Reihenfolge vor als Jacob mit seinen Söhnen. Warum das so ist, wollen wir uns hier noch einmal genauer anschauen. Unter den Söhnen Jacobs hatte Joseph eine besondere Stellung eingenommen, ebenso wie dessen Söhne, Ephraim und Menasse. In den Listen der Stämme Israels erscheint Joseph, der Mann von der linken Seite, dann jeweils verdoppelt, wo er von Ephraim und Menasse vertreten wird. Damit war meist der Effekt eines latenten Übergangs von der Zwölf zur Dreizehn in der Anzahl der Stämme verbunden (vgl. Numeri 2:1-33; 3:14-39). Meist, aber nicht immer, denn im Segen des Moses kommt die Zwölfzahl durch die Aufspaltung von Joseph in Ephraim und Menasse überhaupt erst zustande, weil hier der Name von Simon fehlt. Simon wurde schon im Jacobssegen mit Levi zusammen abgehandelt. Während Levi mit der Laufbahn von Moses, Aaron und Miriam an Bedeutung gewann, blieb Simon die weitere Geschichte hindurch ziemlich farblos.

Bei der Lösung der Frage, wie der Segen des Moses zu seiner Abfolge und Gewichtung kam, kann uns wieder der Kontext helfen, in dem er steht. Das Volk war inzwischen auf der Ostseite des Jordans auf dem Gebiet von Moab angekommen. Vom Berg Nebo aus sollte Moses das ersehnte Land wenigstens einmal aus der Ferne sehen können. Dort hinauf stieg er erst nach seiner letzten Abschiedsrede. Von früheren Situationen wissen wir, daß in der Bibel Zusammenhänge nicht erst über genau durchkomponierte Gedankenabfolgen entstehen, sondern die Nähe der Texte zueinander ausreicht, um bestimmte Inhalte aufeinander beziehen zu können. Hier nun besteht die Verbindung darin, daß Moses die Stämme in der Formation segnet, wie sie im Land Israel verteilt siedeln werden (Deuteron. 33). Nahezu die gleiche Anordnung überschaut er dann auch vom Berg Nebo aus (Deuteron. 34:1-4). Das gibt sich hier freilich als Zukunftsschau, denn nach dem Stand der Geschichte hatten sie ja noch keinen Fuß auf das Land gesetzt. Die Folge der Segenssprüche schreitet von Süden nach Norden voran. Auf der Karte, wie wir sie aus dem Atlas oder aus den Nachrichten kennen, müßte also unser Blick von unten nach oben wandern. Das wirkt nicht mehr so seltsam, wenn wir uns an das auf den Kopf gestellte Weltbild erinnern. Drehen wir die Karte, dann geht Moses sie von oben nach unten durch. Wäre Simon dabei gewesen, hätte er entsprechend den später überlieferten Siedlungsgebieten die Liste angeführt. So aber beginnt Moses mit Ruben, dem er wünscht zu leben und nicht zu sterben, trotz seiner geringen Größe. Während Jacobs Segen eher die Charaktere seiner Söhne beschrieb, gibt Moses den Stämmen tatsächlich einen Segen mit auf den Weg.

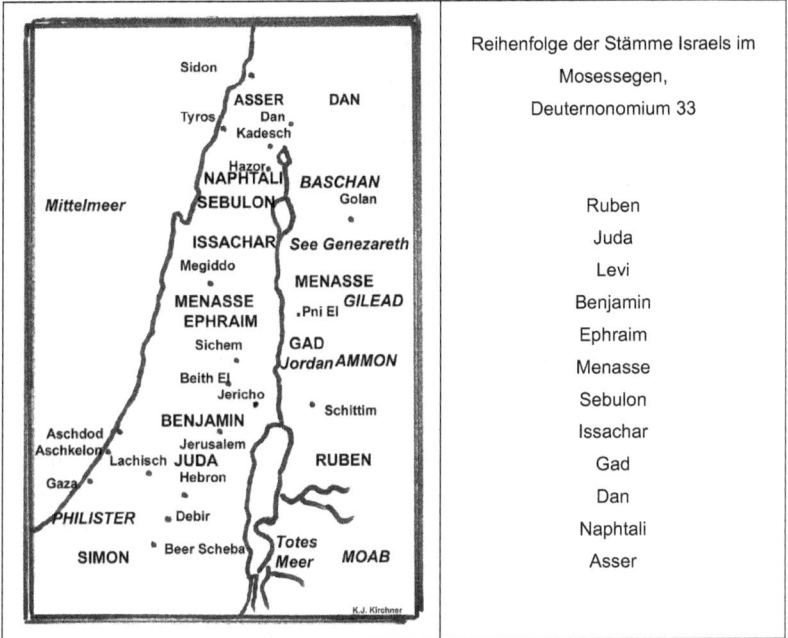

Wie Jacob bedenkt er sie aber mit einem unterschiedlichen Maß an Aufmerksamkeit. Die meisten Worte findet er für Levi und für Joseph, dessen Name auch mit genannt ist, der aber hier vor allem von Ephraim vertreten wird. Ihm gegenüber erscheint Menasse geradezu wie eine Fußnote. Levis Bedeutung haben wir bereits hinreichend begründet. Der Segen für ihn kann sich natürlich nicht aufs Land beziehen, er hat ja keins. Sein Anteil ist der Dienst für *JHWH* selbst. In der Zukunft sollte er dem Volk die Weisung Gottes lehren und den Opferdienst im Tempel absichern. Genauer gesagt, besteht sein Anteil also in den Opfergaben, welche das Volk für die Zeremonien am Tempel ablieferte und von denen, wie wir gesehen haben, nur ein Bruchteil wirklich auf dem Altar landete. Noch vor Levi wird Juda mit seinem Segen bedacht. Dieses Zusammenstehen hat seine innere Logik, sofern auf dem Territorium von Juda der Tempel stehen wird. Auch das düstere Schicksal Judas, von einer Großmacht aus dem Osten bedrängt und schließlich zerstört zu werden, klingt hier schon an. Denn *JHWH* wird um Hilfe gerufen und gebeten, Juda mehr Kraft zu geben, um sich gegen seine Feinde wehren zu können. Der Umstand, daß Benjamin klein und bescheiden im Schatten Judas vor sich hinlebt, scheint ihm gerade zum Segen zu gereichen. Seine Zukunft wird als viel rosiger beschrieben als die von Juda. Moses begründet Benjamins sichere Lage mit seinem geschützten Wohnort auf Thüringer-Wald-Niveau (um 900 m) in den Bergen nördlich von Jerusalem.

Warum Ephraim hier so ein Schwergewicht bildet, verrät ein Blick auf die Landkarte. Die Fläche der von ihm besetzten Gebiete ist einerseits sehr groß. Andererseits war ein Teil von Menasse bei der Landnahme im Ostjordanland zurückgeblieben, was seine Bedeutung insgesamt schwächte. Entsprechend kompakt stand Ephraim da. Sein Name wurde nach der Teilung des Königreiches von David und Salomo – wie Israel selbst – zu einem Synonym für den gesamten Nordteil. Ephraim und der halbe Stamm Menasse saßen im fruchtbarsten Teil des Landes, wo heute noch die Landwirtschaft am besten gedeiht. Dementsprechend kreist ihr Segen um den reichen Ertrag der hügeligen Erde und um die Stärke des Stiers, das Symbol von Fruchtbarkeit und Prosperität.

Auch die kleineren Stämme bekommen ihren Segen entsprechend ihrer Position im Land, es sei denn der Inhalt bezieht sich, wie bei Ruben und Juda, allein auf den Wunsch nach Durchsetzungskraft gegenüber ihren Feinden. Sebulon und Issachar, die Moses in einem Atemzug nennt, ließen sich im Gebiet des heutigen Carmel-Gebirges nieder. Wer einmal nach Haifa fährt und auf halber Höhe mit dem Gebirge im Rücken das Meer vor sich ausgebreitet sieht, kann die Qualität dieses Segens noch heute nachempfinden. Sebulon und Issachar haben auch die Ehre der Israeliten in Sachen Nichtschwimmerruf gerettet. Während alle anderen recht wasserscheu waren, wagten sie sich raus aufs Meer. Sie wußten die Schätze der Küstengegend zu heben und für sich zu nutzen. Das Gebiet, das Gad zugesprochen wurde, war ein heiß umkämpfter Bereich in der Richterzeit. Ähnlich wie die drei Waldstädte Uri, Schwyz und Unterwalden, die sich nach dem Schweizer Gründungsmythos einst im Rütli-Schwur zusammenschlossen, lebten auch die Stämme um das Gebiet von Gilead am Jordan zwischen dem See Genezareth und Totem Meer relativ unabhängig voneinander, halfen sich aber gegenseitig bei äußerer Bedrohung. Das Bild vom Löwen, der genüßlich seine Beute zerreißt, spielt darauf an. Nach gemeinsam errungenem Sieg ging man dann in der Regel wieder seiner Wege. Der Segen impliziert, daß sich die Zusammenschlüsse immer wieder um Leute aus Gad vollziehen.

Auch Dan wird mit einem jungen Löwen verglichen, der aus Baschan hervorprescht. Er wurde also heimisch im Gebiet östlich vom See Genezareth. Der See heißt eigentlich *Jam Kinereth*. Der Name geht wohl auf seine Form zurück, sieht er doch mit etwas Phantasie aus wie eine Harfe von der Art, wie sie König David bespielt haben soll; das war der *Kinor*. Dan machte es sich also auf der östlichen Seite des Sees beim Golan bequem. Der Verbleib von Naphtali scheint nicht ganz klar. Nach den Worten von Moses wird er, gesättigt vom Segen Gottes, im Westen und Süden lagern. Demnach hielt er sich zunächst in der Nachbarschaft der Philister bei den Städten Aschdot und Aschkelon auf. Die Nähe zu den Philistern war ihm aber auf Dauer zu unheimlich. Also zog er um und siedelte westlich vom See Genezareth, wo er mit

Dan und Asser nun angenehmere Nachbarn hatte. So erklärt es sich, daß Moses Naphtali im Westen und Süden verortet – weshalb er eigentlich die Liste anführen müßte –, ihn aber als vorletzten zwischen Dan und Asser nennt, die sich viel weiter im Norden niederließen. Asser breitete sich am weitesten in den Norden aus, bis in die Nähe der phönizischen Städte Tyros und Sidon, saß also zum Teil schon auf dem Territorium des heutigen Libanon. Auf seinem Außenposten brauchte er gut befestigte Städte und Tore mit eisernen Schlössern. Seinen Fuß tauche er in Öl, bringt es also ordentlich zu etwas – materiell und spirituell. Kein Wunder, daß er die Anerkennung der Stammesbrüder genießt. Gern schauen die Menschen hinauf zu den Erfolgreichen. Sein Alter soll wie seine Jugend sein und sein Wohlergehen beständig. Dieser Wunsch hat wohl damit zu tun, daß Asser etwas aus sozio-ökonomischer Sicht selten Positives gelingt: seinen eigenen Wohlstand zu vermehren, ohne den der Nachbarn zu verzehren.

Literaturhinweise

Primärliteratur (Quellen in Übersetzung und in Auszügen)

Etz Hayim. Torah and Commentary. Hrsg. THE RABBINICAL ASSEMBLY/ THE UNITED SYNAGOGUE OF CONSERVATIVE JUDAISM. New York (The Jewish Publication Society) ²2004.

Das Gilgamesch-Epos. Übers.u.m. Anm. v. Albert SCHOTT. Stuttgart (Reclam) 1992.

The Language of Truth. The Torah Commentary of the Sefat Emet, R. YEHUDAH LEIB ALTER OF GER, translated and interpreted by Arthur GREEN, Philadelphia (Jewish Publication Society) 1998.

Die Sagen der Juden. Hrsg., gesammelt und bearbeitet von Micha Josef BIN GORION, Köln (Parkland, Lizenz) 1997.

Siddur Schma Kolenu. Übers. von Rav Joseph SCHEUER. In Zusammenarbeit mit der Israelitischen Cultusgemeinde Zürich. Basel/ Zürich (Morascha) 2000.

Der Talmud. Ausgewählt, übersetzt und erklärt von Reinhold MAYER. München (Goldmann) ⁵1980.

Sekundärliteratur

ENDRES, Franz Carl/ SCHIMMEL, Annemarie: Das Mysterium der Zahl. Zahlensymbolik im Kulturvergleich. München (Eugen Diederichs VL) 1984, Sonderausgabe 1998.

The First Jewish Catalog. A Do-It-Yourself Kit. Compiled and edited by Richard SIEGEL, Michael STRASSFELD and Sharon STRASSFELD. Philadelphia (Jewish Publication Society of America) o.J.

GREEN, Arthur: Radical Judaism. Rethinking God and Tradition. New Haven/ London (Tale University Press) 2010.

R. GOLD, Schefa: Torah Journeys. The Inner Path to the Promised Land. Teaneck, NJ (Ben Jehuda Press) 2009.

KIRCHNER, Katrin Jona: Franz Rosenzweigs Theorie der Erfahrung. Ein Beitrag zur Überwindung totalitärer Denkstrukturen und zur Begründung einer Kultur der Pluralität. Würzburg (Königshausen & Neumann) 2005.

R. KLEIN, Isaac: A Guide to Jewish Religious Practice. Supplement by R. ROTH, Joel. New York/ Jerusalem (Jewish Theological Seminary) 1992.

R. PRAGER, Marcia: The Path of Blessing. Experiencing the Energy and Abundance of the Divine. Woodstock (Jewish Lights Publ.) 1998.

SCHECHTER, Solomon: *Aspects of Rabbinic Theology. Major Concepts of the Talmud.* New York (Schocken) 1961.

WEINREB, Friedrich: *Buchstaben des Lebens. Nach jüdischer Überlieferung.* Weiler im Allgäu (Thauros) 1990.

WEINREB, Friedrich: *Die Rolle Esther. Das Buch Esther nach der ältesten jüdischen Überlieferung.* Bern (Origo) 1980.

WEINREB, Friedrich: *Schöpfung im Wort. Die Struktur der Bibel in jüdischer Überlieferung.* Übers. aus d. Niederländischen K. Dietzfelbinger/ F. Lukassen. Weiler im Allgäu (Thauros) 1994.

WEINREB, Friedrich: *Zahl, Zeichen, Wort. Das symbolische Universum der Bibelsprache.* Weiler im Allgäu (Thauros) ³1986.

Einführungen in die astrologische Symbolik

RIEMANN, Fritz: *Lebenshilfe Astrologie. Gedanken und Erfahrungen.* Stuttgart (Pfeiffer bei Klett Cotta) 1999.

ROSENBERG, Alfons: *Durchbruch zur Zukunft. Der Mensch im Wassermannzeitalter.* Bietigheim (Turm VL) 2. Aufl. o.J.

WEIDNER, Christopher: *Die Sprache der Sterne. Ein Astrologiebuch für Einsteiger.* München (Knaur) 1999.

WEINREB, Friedrich: *Die Astrologie in der jüdischen Mystik.* Textfassung: Christian SCHNEIDER. München (Thauros) 1982.

www.ingramcontent.com/pod-product-compliance
Lightning Source LLC
Chambersburg PA
CBHW050535300426
44113CB00012B/2103